高等职业教育金融类经典系列教材

银行会计实务

主　编　羊　建　温淑贤
副主编　李敬改　叶　乔　李玉竹　邓巧玲
参　编　董　倩　吕圣明　但　玎

北京理工大学出版社
BEIJING INSTITUTE OF TECHNOLOGY PRESS

版权专有　侵权必究

图书在版编目（CIP）数据

银行会计实务 / 羊建，温淑贤主编. —北京：北京理工大学出版社，2021.3（2021.4 重印）
ISBN 978-7-5682-9433-1

Ⅰ. ①银… Ⅱ. ①羊…②温… Ⅲ. ①银行会计-高等学校-教材 Ⅳ. ①F830.42

中国版本图书馆 CIP 数据核字（2021）第 004963 号

出版发行 /	北京理工大学出版社有限责任公司
社　　址 /	北京市海淀区中关村南大街 5 号
邮　　编 /	100081
电　　话 /	（010）68914775（总编室）
	（010）82562903（教材售后服务热线）
	（010）68948351（其他图书服务热线）
网　　址 /	http://www.bitpress.com.cn
经　　销 /	全国各地新华书店
印　　刷 /	三河市天利华印刷装订有限公司
开　　本 /	787 毫米×1092 毫米　1/16
印　　张 /	16.25
字　　数 /	372 千字
版　　次 /	2021 年 3 月第 1 版　2021 年 4 月第 2 次印刷
定　　价 /	49.80 元

责任编辑 /	王俊洁
文案编辑 /	王俊洁
责任校对 /	周瑞红
责任印制 /	施胜娟

图书出现印装质量问题，请拨打售后服务热线，本社负责调换

前　言

2006 年颁布的《企业会计准则——基本会计准则》是目前商业银行会计业务执行的主要依据。2014 年、2017 年《企业会计准则——基本会计准则》先后进行了较大幅度的修订，新颁布的企业会计准则体系和有关金融法规，对商业银行会计核算产生了很大的影响。本书主要以财政部颁布的《企业会计准则——基本会计准则》和中国人民银行等监管机构颁布的相关制度为标准阐述银行会计业务。本书在编写中对涉及金融企业的新准则和新规范均进行了较全面的反映。

本书作者在编写之前做了大量的市场调研，组织行业专家和教学经验丰富的一线教师编写教材；同时吸收了行业的最新发展动态和科研成果，以求最大限度地满足培养符合市场经济条件下金融复合型技能人才的要求。因此本书在编写过程中，以高等职业教育的人才培养目标和人才培养模式改革为重点，注重知识的系统性和适用性；注重商业银行业务的一体化、实践运用的真实化；注重实务操作，强调内容资料的实用性，注重培养学生的实践操作能力。

一、注重知识的系统性和适用性

本书以商业银行会计任务项目为主线，以"项目导向、任务驱动"为模式，介绍了基本核算方法处理、单位存款业务处理、支付结算业务——结算方式处理、支付结算业务——票据结算处理、贷款和票据贴现业务处理、单位外汇业务处理、资金汇划与资金清算业务处理、金融机构往来业务处理、银行损益业务处理、年度决算业务处理等内容，从实际运用的需求出发，具有较强的系统性和适用性。

二、注重商业银行业务的一体化、实践运用的真实化

本书将商业银行会计的理论知识和实际操作融入项目内容和工作任务中，使学生通过理论知识的学习和实际操作来掌握和领会商业银行会计的账务处理和操作流程，强化对学生实际操作能力和解决问题能力的培养，使学生具备商业银行会计的职业素质和职业能力。

三、注重实务操作，强调内容资料的实用性，注重培养学生的实践操作能力

本书突出实用性及操作性，运用大量的案例，在相关任务和项目活动中，全面、系统地阐述了商业银行会计的基本理论原理和核算方法，设计了可实际操作的经典案例及模拟实训，注重模拟商业银行的真实环境，提供了相应的实训图表、流程图、凭证、账簿与报表等，为学生熟练掌握商业银行会计实务提供了丰富的素材，有利于学生提高职业技能，增强学生

的岗位适应能力。

本书共十个项目,由羊建(重庆城市管理职业学院)、温淑贤(重庆城市管理职业学院)担任主编,由李敬改(重庆工商职业学院)、叶乔(重庆城市管理职业学院)、李玉竹(重庆商务职业学院)、邓巧玲(重庆财经职业学院)担任副主编。本书的具体编写分工为:项目一、项目二由羊建编写,项目三由李敬改编写,项目四由但玎(重庆城市管理职业学院)、羊建、邓巧玲编写,项目五由温淑贤编写,项目六由李玉竹编写,项目七、项目九由吕圣明(重庆城市管理职业学院)编写,项目八由叶乔编写,项目十由董倩(重庆城市管理职业学院)编写。中国银行重庆市分行褚光参与了本书的研讨,提出了指导性建议;我们在教材的编写过程中采纳修订。全书由羊建、温淑贤负责修改、总纂并定稿。本书是重庆市教育科学"十三五"规划2019年度一般课题(2019—GX—517)的阶段性成果。

本书既可以面向高等职业学校,培养高职金融高素质、高技能复合型人才,也可以作为金融领域相关从业人员的参考用书。

本书在编写过程中得到了金融机构专业人士的指导和帮助,也参阅、借鉴了大量的文献资料,吸取了大量有价值的观点,在此向所有文献作者表示深深的谢意。

由于编者水平有限,书中疏漏之处在所难免,敬请广大读者提出宝贵意见,以便今后改进和完善。

编 者

目 录

项目一　基本核算方法处理 ……………………………………………………（1）

　　任务一　会计科目和会计账户 ………………………………………………（2）
　　　　【项目活动1】会计科目分类 ……………………………………………（3）
　　　　【项目活动2】会计账户 …………………………………………………（6）
　　任务二　记账方法 ……………………………………………………………（7）
　　　　【项目活动1】借贷记账法 ………………………………………………（8）
　　任务三　会计凭证 ……………………………………………………………（11）
　　　　【项目活动1】会计凭证填制 ……………………………………………（15）
　　　　【项目活动2】会计凭证的审核、传递和保管 …………………………（19）
　　任务四　会计账簿和账务处理程序 …………………………………………（21）
　　　　【项目活动1】会计账簿 …………………………………………………（28）
　　　　【项目活动2】账务组织 …………………………………………………（29）

项目二　单位存款业务处理 ……………………………………………………（35）

　　任务一　单位活期存款业务处理 ……………………………………………（36）
　　　　【项目活动1】单位存入现金的业务处理 ………………………………（37）
　　　　【项目活动2】单位支取现金的业务处理 ………………………………（40）
　　　　【项目活动3】单位活期存款的利息计算与处理 ………………………（44）
　　任务二　单位定期存款业务处理 ……………………………………………（48）
　　　　【项目活动1】单位定期存款存入业务处理 ……………………………（49）
　　　　【项目活动2】单位定期存款支取业务处理 ……………………………（49）
　　　　【项目活动3】单位定期存款的利息计算与处理 ………………………（50）

项目三　支付结算业务——结算方式处理 ……………………………………（53）

　　任务一　汇兑业务处理 ………………………………………………………（54）
　　　　【项目活动1】汇兑汇出 …………………………………………………（57）
　　　　【项目活动2】汇兑汇入 …………………………………………………（60）

任务二　委托收款业务处理 …………………………………………………… (62)
　　　　【项目活动1】收款人开户行受理委托收款 …………………………………… (65)
　　　　【项目活动2】付款人开户行付款 ……………………………………………… (67)
　　　　【项目活动3】收款人开户行收款 ……………………………………………… (69)
　　任务三　托收承付业务处理 …………………………………………………… (73)
　　　　【项目活动1】全额支付 ………………………………………………………… (76)
　　　　【项目活动2】逾期付款 ………………………………………………………… (79)
　　　　【项目活动3】拒绝付款 ………………………………………………………… (81)

项目四　支付结算业务——票据结算处理 …………………………………… (84)

　　任务一　支票业务处理 ………………………………………………………… (85)
　　　　【项目活动1】出票人开户行受理支票的业务处理 …………………………… (88)
　　　　【项目活动2】持票人开户行受理支票的业务处理 …………………………… (93)
　　　　【项目活动3】支票退票的业务处理 …………………………………………… (96)
　　任务二　银行本票业务处理 …………………………………………………… (99)
　　　　【项目活动1】银行本票签发 …………………………………………………… (101)
　　　　【项目活动2】银行本票兑付 …………………………………………………… (105)
　　　　【项目活动3】银行本票结清 …………………………………………………… (107)
　　任务三　银行汇票业务处理 …………………………………………………… (108)
　　　　【项目活动1】银行汇票签发 …………………………………………………… (110)
　　　　【项目活动2】银行汇票兑付 …………………………………………………… (115)
　　　　【项目活动3】银行汇票结清 …………………………………………………… (117)
　　任务四　商业汇票业务处理 …………………………………………………… (120)
　　　　【项目活动1】商业承兑汇票结算业务处理 …………………………………… (122)
　　　　【项目活动2】银行承兑汇票结算业务处理 …………………………………… (126)

项目五　贷款和票据贴现业务处理 …………………………………………… (132)

　　任务一　单位贷款业务的核算 ………………………………………………… (133)
　　　　【项目活动1】贷款发放的处理 ………………………………………………… (135)
　　　　【项目活动2】贷款收回的处理 ………………………………………………… (138)
　　　　【项目活动3】贷款利息的计算和处理 ………………………………………… (141)
　　任务二　票据贴现业务的核算 ………………………………………………… (143)
　　　　【项目活动1】票据贴现款发放的处理 ………………………………………… (145)
　　　　【项目活动2】票据贴现款到期收回的处理 …………………………………… (147)

项目六　单位外汇业务处理 …………………………………………………… (150)

　　任务一　单位外汇交易业务处理 ……………………………………………… (151)
　　　　【项目活动1】结汇业务处理 …………………………………………………… (155)
　　　　【项目活动2】售汇业务处理 …………………………………………………… (157)
　　　　【项目活动3】套汇业务处理 …………………………………………………… (159)

任务二　单位外汇存款业务处理…………………………………………………（161）
　　【项目活动1】外汇存款存入业务处理………………………………………（163）
　　【项目活动2】外汇存款支取业务处理………………………………………（165）
任务三　单位外汇贷款业务处理…………………………………………………（166）
　　【项目活动1】短期外汇贷款发放业务处理…………………………………（167）
　　【项目活动2】短期外汇贷款收回业务处理…………………………………（168）

项目七　资金汇划与资金清算业务处理……………………………………（171）

任务一　系统内资金汇划与资金清算业务处理…………………………………（172）
　　【项目活动1】发报经办行办理往账……………………………………………（174）
　　【项目活动2】发报清算行办理往账和收报清算行办理来账…………………（175）
　　【项目活动3】收报经办行办理来账……………………………………………（176）
任务二　现代化支付系统…………………………………………………………（177）
　　【项目活动1】一般大额支付业务处理…………………………………………（182）
　　【项目活动2】小额支付同城贷记业务处理……………………………………（185）
　　【项目活动3】小额支付异地贷记业务处理……………………………………（186）
　　【项目活动4】小额支付同城借记业务处理……………………………………（186）
　　【项目活动5】小额支付异地借记业务处理……………………………………（187）

项目八　金融机构往来业务处理………………………………………………（189）

任务一　商业银行与中央银行往来业务处理……………………………………（190）
　　【项目活动1】向中央银行存取现金业务………………………………………（190）
　　【项目活动2】商业银行缴存财政性存款业务…………………………………（194）
　　【项目活动3】商业银行缴存一般性存款业务…………………………………（199）
　　【项目活动4】再贷款业务………………………………………………………（202）
　　【项目活动5】再贴现业务………………………………………………………（203）
任务二　商业银行之间往来业务处理……………………………………………（206）
　　【项目活动1】同城票据交换与资金清算业务…………………………………（206）
　　【项目活动2】异地跨系统转汇的核算业务……………………………………（210）
　　【项目活动3】同业拆借业务……………………………………………………（213）
　　【项目活动4】转贴现业务………………………………………………………（215）

项目九　银行损益业务处理……………………………………………………（218）

任务一　收入的处理………………………………………………………………（219）
　　【项目活动1】贷款利息收入的处理……………………………………………（220）
　　【项目活动2】金融企业往来收入的处理………………………………………（221）
　　【项目活动3】中间业务收入的处理……………………………………………（222）
　　【项目活动4】汇兑损益的处理…………………………………………………（222）
　　【项目活动5】其他营业收入的处理……………………………………………（222）
任务二　成本和费用的处理………………………………………………………（223）

【项目活动1】核算利息支出 …………………………………………………（224）
【项目活动2】核算金融企业往来支出 …………………………………………（225）
【项目活动3】核算手续费支出 …………………………………………………（226）
【项目活动4】汇兑损失的处理 …………………………………………………（226）
【项目活动5】税金及附加的处理 ………………………………………………（227）
【项目活动6】业务及管理费的处理 ……………………………………………（227）
【项目活动7】资产减值损失的处理 ……………………………………………（228）
【项目活动8】其他业务成本的处理 ……………………………………………（228）
【项目活动9】营业外收支的处理 ………………………………………………（229）
【项目活动10】所得税费用的处理 ……………………………………………（230）
任务三 利润的处理 ……………………………………………………………………（230）
【项目活动1】银行投资收益的处理 ……………………………………………（231）
【项目活动2】银行净利润和利润分配的处理 …………………………………（233）

项目十 年度决算业务处理 ………………………………………………………………（236）

任务一 年度决算的工作 …………………………………………………………………（237）
【项目活动1】年度决算日前的准备工作 ………………………………………（237）
【项目活动2】年度决算日的工作 ………………………………………………（239）
【项目活动3】年度决算日后的工作 ……………………………………………（241）

任务二 财务报告及编制说明 ……………………………………………………………（241）
【项目活动1】财务报告的内容 …………………………………………………（242）
【项目活动2】财务报告的编制要求 ……………………………………………（247）

参考文献 …………………………………………………………………………………………（249）

项目一

基本核算方法处理

知识目标

1. 了解会计科目的概念及设置会计科目的意义，了解会计科目与会计账户的联系和区别；
2. 掌握商业银行会计科目的分类、体系结构；
3. 掌握借贷记账法的主要内容及基本应用；
4. 了解会计凭证的概念和作用，掌握银行会计凭证的种类、特点、基本内容及其填制与审核要求；
5. 掌握银行会计账务组织系统、账务处理程序和账务核对。

职业能力目标

1. 能够了解会计科目与会计账户的联系和区别；
2. 能够按照分类标准对商业银行的会计科目进行准确划分；
3. 能够掌握银行会计凭证的种类、特点、基本内容及其填制与审核要求；
4. 能够运用复式记账法和借贷记账法进行账务处理；
5. 能够熟悉商业银行的账务组织系统、账簿设置和账务处理程序。

素质目标

1. 具备爱岗敬业、诚实守信、遵纪守法、坚持准则、廉洁自律、客观公正、强化服务的职业道德和社会责任感；
2. 具有严谨、细致、规范、认真、诚信、踏实的职业态度；
3. 具备执行能力、团队协作能力、沟通能力和创新精神；
4. 具备热爱工作、追求极致的工匠精神。

知识结构导图

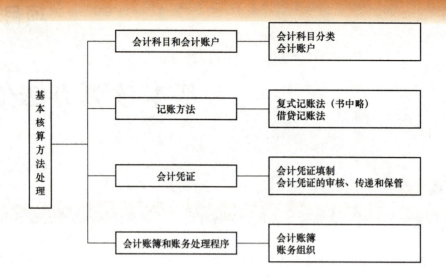

任务一　会计科目和会计账户

任务描述

了解会计科目的概念及设置会计科目的意义，了解会计科目与会计账户的联系和区别；掌握商业银行会计科目的分类、体系结构。

知识准备

一、会计科目的概念

会计科目是按照经济业务的内容和管理的要求，对会计要素的具体内容进行分类核算和监督的项目或名称。即对银行的资产、负债、所有者权益、收入、费用和利润进行具体分类的项目或名称。

二、会计科目在会计核算中的重要意义

（一）会计科目是复式记账的基础

复式记账要求对发生的每一笔经济业务都要在两个或两个以上相互联系的账户中进行记录，以反映资金运动的来龙去脉，而银行账户必须依据会计科目开设。

（二）会计科目是填制记账凭证的重要前提

记账凭证是登记账簿的直接依据，而填制记账凭证必须依据会计科目。

（三）运用会计科目可将经济业务条理化、系统化和明晰化，对外提供口径统一的数据信息

各商业银行根据统一的会计科目进行核算，可以保证会计核算指标在全国范围内口径一

致，便于会计信息的审核汇总和分析利用。

（四）会计科目为编制财务报表提供了方便

财务报表是提供会计信息的重要载体，商业银行财务报表中的许多项目是根据会计科目的本期发生额和期末余额填列的。

三、设置会计科目的原则

会计科目是设置商业银行会计账户、进行商业银行会计账务处理必须遵循的依据，是正确进行会计核算的一个重要条件。为了充分发挥会计科目的作用，提高会计核算的质量和效率，必须科学、合理地设置会计科目。设置会计科目应当遵循以下原则：

（一）合法性原则

为了保证会计信息的可比性，会计科目的设置应当符合国家会计制度、企业会计准则的规定。在我国，会计科目是由财政部统一制定。各商业银行总行会计主管部门统一负责各商业银行会计科目的设立、使用、停用、撤销等，辖内行均无权随意合并、更改，不得自行设立会计科目，但考虑到各地区的具体情况，确实需要增设会计科目的，应报商业银行总行会计主管部门批准，由总行统一增设，以便统一归口管理。

（二）相关性原则

会计科目的设置，应当充分考虑会计信息使用者对会计信息的需求，既要满足对外提供统一会计信息的需要，又要满足商业银行加强经营管理的需要。

（三）权责发生制、谨慎性原则

权责发生制和谨慎性原则以其对企业经营活动和企业最终经营成果的重大影响力，在企业会计准则中始终处于核心地位。

【项目活动1】会计科目分类

【活动目标】

掌握商业银行会计科目的分类、体系结构。

【基本知识】

为了便于正确使用会计科目和适应管理工作的需要，对设置的会计科目还应进行科学分类，即对统一制定的会计科目，按照其性质和用途的不同进行分类。

一、按照会计科目与资产负债表的关系分类

按照会计科目与资产负债表的关系，商业银行的会计科目分为表内科目和表外科目两大类。

（一）表内科目

表内科目是反映银行资金实际增减变化的会计科目，其变化会影响会计报表的平衡。

1. 资产类科目

资产类科目反映银行的资金占用与分布情况,包括各项资产、债权和其他权利。设置如"库存现金""存放中央银行款项""贷款""固定资产"等科目,期末余额在借方。

2. 负债类科目

负债类科目反映银行的资金取得与形成的渠道,包括各项债务和应付款项和其他应偿付的债务。设置如"吸收存款""向中央银行借款"等科目,期末余额在贷方。

3. 资产负债共同类科目

商业银行由于业务需要,设置了资产负债共同类科目。资产负债共同类科目反映商业银行的往来业务和金融衍生业务,如果期末有借方余额,则为资产,如果期末有贷方余额,则为负债。在期末编制资产负债表时,根据其余额方向,分别纳入流动资产或流动负债予以反映。

4. 所有者权益类科目

所有者权益类科目用于核算投资者对银行净资产的所有权。主要包括"实收资本(股本)""资本公积""盈余公积""一般风险准备""未分配利润"等,一般都属于商业银行的核心一级资本。

5. 损益类科目

损益类科目反映商业银行的各项财务收入、财务支出以及经营成果,进一步划分,可分为收入类和成本费用支出类科目。收入类科目,余额在贷方;成本费用类科目,余额在借方。期末,损益类各科目余额均转入"本年利润"科目,自身应无余额。

(二)表外科目

表外科目是指不纳入资产负债表及统一财务报表内,用于记载不涉及资金运动的重要业务事项的科目。这类业务不影响商业银行的实际资金增减变动,其设置的目的是保护财产、有价单证和重要空白凭证的安全或积存对业务处理有重要作用的资料,如"未发行国家债券""银行承兑汇票""开出保函"等科目。

二、按照其反映的经济内容分类

按照其反映的经济内容分类,商业银行的会计科目可以分为资产类科目、负债类科目、资产负债共同类科目、所有者权益类科目、损益类科目。商业银行会计科目见表1-1-1。

表1-1-1 商业银行会计科目

代号	会计科目名称	代号	会计科目名称
	一、资产类科目	1121	应收票据
1001	库存现金	1122	应收账款
1002	银行存款	1131	应收股利
1003	存放中央银行款项	1132	应收利息
1011	同业存放	1221	其他应收款
1031	存出保证金	1231	坏账准备
1101	交易性金融资产	1301	贴现资产
1111	买入返售金融资产	1302	拆出资金

续表

代号	会计科目名称	代号	会计科目名称
1303	贷款	2501	长期借款
1308	贷款损失准备	2502	应付债券
1501	债权投资	2701	长期应付款
1502	债权投资减值准备	2801	预计负债
1503	其他债权投资	2901	递延所得税负债
1504	其他权益工具投资		
1511	长期股权投资		三、资产负债共同类科目
1512	长期股权投资减值准备	3001	清算资金往来
1531	长期应收款	3002	货币兑换
1601	固定资产	3101	衍生工具
1602	累计折旧	3201	套期工具
1603	固定资产减值准备		
1604	在建工程		四、所有者权益类科目
1606	固定资产清理	4001	实收资本
1701	无形资产	4002	资本公积
1702	累计摊销	4101	盈余公积
1811	递延所得税资产	4102	一般风险准备
1901	待处理财产损溢	4103	本年利润
		4104	利润分配
	二、负债类科目	4201	库存股
2002	存入保证金		其他综合收益
2003	拆入资金		
2004	向中央银行借款		五、损益类科目
2011	吸收存款	5011	利息收入
2012	同业存放	5012	金融企业往来收入
2021	贴现负债	5021	手续费及佣金收入
2101	交易性金融负债	5051	其他业务收入
2111	卖出回购金融资产款	5061	汇兑损益
2205	开出本票	5101	公允价值变动损益
2211	应付职工薪酬	5111	投资收益
2221	应交税费	5301	营业外收入
2231	应付利息	5402	其他业务成本
2232	应付股利	5403	税金及附加
2241	其他应付款	5601	业务及管理费
2311	代理买卖证券款	5602	金融企业往来支出
2312	代理承销证券款	5603	手续费及佣金支出

续表

代号	会计科目名称	代号	会计科目名称
5701	资产减值损失		应收未收利息
5711	营业外支出		代保管有价值品
5801	所得税费用		未发行国家债券
			银行承兑汇票
	表外科目		开出保函
	重要空白凭证		发出托收结算凭证

【想一想】

商业银行的会计科目是如何分类的？与一般企业有什么不同？

【模拟实训1-1-1】

将下列会计科目按照其反映的经济内容进行分类：

"实收资本""固定资产""拆入资金""衍生工具""库存现金""一般风险准备""同业存放""吸收存款""利润分配""开出本票""应交税费""金融企业往来支出""向中央银行借款""业务及管理费""长期借款""投资收益""贷款""应收利息""清算资金往来""应付股利""应付职工薪酬""货币兑换""应付利息""汇兑损益"。

【项目活动2】会计账户

【活动目标】

了解商业银行会计账户的概念，了解会计科目与会计账户的联系和区别。

【基本知识】

一、会计账户的概念

会计账户（账号）是指具有一定结构，用以分类记录经济业务引起会计要素的增减变化及其结果的一种记账载体，简称账户。

二、会计科目与会计账户的联系和区别

会计科目和会计账户是两个不同的概念，两者之间既有联系，又有区别。会计科目是会计账户的名称，会计账户是按照会计科目设置的，会计科目规定的经济内容也就是会计账户进行核算和记录的内容。然而，会计科目仅仅表明经济业务的内容，它只有名称，不存在具体的结构；而会计账户是按照会计科目所确定的经济内容来记录资产、负债、所有者权益、收入和费用等具体增减变动情况及结果的，它有一定的结构形式，是商业银行记录和汇总各种会计信息的载体。

设置会计科目仅仅是对会计要素的具体内容进行科学的分类。为了序时、连续、系统地

核算由经济业务引起的各项具体会计要素的增减变动,提供各种会计信息,还必须按照规定的会计科目开设一系列反映不同经济内容的会计账户,以对各项经济业务进行记录。如商业银行以"吸收存款"为会计科目,为开户单位设立会计账户以记录客户的存款资金运动情况。可见,会计账户就是分类核算的载体,会计科目则是分类核算的依据。

【想一想】

会计科目与会计账户的联系和区别是什么?

任务二 记账方法

任务描述

了解复式记账法的概述;掌握商业银行借贷记账法的主要内容及基本应用。

知识准备

一、复式记账法的概述

复式记账法是指对发生的每项经济业务都以相等的金额,同时在两个或两个以上相互联系的账户中进行对照登记的记账方法。我国曾采用过的复式记账法主要有收付记账法、增减记账法和借贷记账法三种。目前按照我国现行《企业会计准则》和《金融企业会计制度》的规定,商业银行表内科目采用的是借贷记账法,商业银行表外科目采用的是收付记账法。

二、借贷记账法的记账原理

借贷记账法是指以复式记账为原理,以"资产=负债+所有者权益"的会计等式作为理论基础,体现了商业银行的资产总额与负债和所有者权益类总额之间数量上的平衡关系。它所记录和核算的内容包括全部资产、负债、所有者权益以及各项损益的所有增减变动情况。

三、借贷记账法的记账符号

借贷记账法是指以"借"和"贷"作为记账符号,在账户中设有借方、贷方和余额三栏,以反映资金的增减变动情况和结果的一种复式记账方法。

借贷记账法以"借"和"贷"两个字作为记账符号,用以指明记入账户金额的方向。"借"字表示账户的"借方";"贷"字表示账户的"贷方"。资产类、成本类和费用类账户的增加记入账户的"借方",减少则记入账户的"贷方";负债类、所有者权益类和收入类账户的增加记入账户的"贷方",减少则记入账户的"借方"。以上各类账户借贷的记账方向见表1-2-1。

表 1-2-1 各类账户借贷的记账方向

借方	贷方
资产增加	资产减少
负债减少	负债增加
所有者权益减少	所有者权益增加
收入减少	收入增加
费用增加	费用减少
余额表示资产或费用的数额	余额表示负债、所有者权益或收入的数额

四、借贷记账法的记账规则

借贷记账法以"有借必有贷,借贷必相等"作为记账规则。借贷记账法是按照复式记账的原理,要求对发生的每项经济业务,以相等的金额记入有关账户的借方和有关账户的贷方,为更清楚地反映经济业务发生的实质,一般采用"一借一贷""一借多贷""多借一贷"的记账方式,商业银行外汇业务还允许采用"多借多贷"的记账方式。

五、平衡关系

借贷记账法以全部账户的借贷双方总额相等作为试算平衡的依据,由于每一项经济业务均根据"有借必有贷,借贷必相等"的记账规律进行核算,以借贷双方相对应的方式进行记账,就使每一项经济业务记入借方的金额与记入贷方的金额相等。因此,在一定期间内全部账户的借贷双方发生额的合计数必然相等,全部账户借贷双方的期末余额合计数也必然相等,从而为进行试算平衡提供了依据。

各科目借方发生额合计 = 各科目贷方发生额合计

各科目借方余额合计 = 各科目贷方余额合计

当日账务平衡可用试算平衡表来表示。

【项目活动 1】借贷记账法

【活动目标】

掌握借贷记账法的记账原理和记账规则,能够根据借贷记账法的记账规则对不同经济业务进行记账。

【案例引入】

下面以模拟银行西城支行发生的经济业务为例,说明借贷记账法的记账规则在商业银行的具体运用。

类型一:资产增加,负债或所有者权益增加;

类型二:资产减少,负债或所有者权益减少;

类型三:一项资产增加,另一项资产减少;

类型四：一项负债或所有者权益增加，另一项负债或所有者权益减少。

【案例 1-2-1】

经审核，模拟银行西城支行向鸿宇股份有限公司（以下简称鸿宇公司）发放短期贷款 10 000 元。

这项经济业务的发生，一方面使模拟银行的"贷款"账户增加 10 000 元，另一方面使模拟银行的"吸收存款"账户增加 10 000 元，它涉及"贷款"资产类账户和"吸收存款"负债类账户，贷款的增加是资产类的增加，应记入"贷款"账户的借方，吸收存款的增加是负债类的增加，应记入"吸收存款"账户的贷方，这项经济业务会计分录如下：

借：贷款——短期贷款——鸿宇股份有限公司　　　　　　　　10 000
　　贷：吸收存款——活期存款——鸿宇股份有限公司　　　　　　　10 000

【案例 1-2-2】

鸿宇股份有限公司签发现金支票向模拟银行西城支行支取差旅费 7 000 元，现金支付。

这项经济业务的发生，一方面使模拟银行的"吸收存款"账户减少 7 000 元，另一方面使模拟银行的"库存现金"账户减少 7 000 元，它涉及"吸收存款"负债类账户和"库存现金"资产类账户，吸收存款的减少是负债类的减少，应记入"吸收存款"账户的借方，库存现金的减少是资产类的减少，应记入"库存现金"账户的贷方，这项经济业务会计分录如下：

借：吸收存款——活期存款——鸿宇股份有限公司　　　　　　　 7 000
　　贷：库存现金　　　　　　　　　　　　　　　　　　　　　　　7 000

【案例 1-2-3】

模拟银行西城支行向发生临时性资金紧张的工商银行东大街支行拆借资金 700 000 元。

这项经济业务的发生，一方面使模拟银行的"拆出资金"账户增加 700 000 元，另一方面使模拟银行的"存放中央银行款项"账户减少 700 000 元，它涉及"拆出资金"和"存放中央银行款项"这两个资产类的账户，拆出资金的增加是资产类的增加，应记入"拆出资金"账户的借方，存放中央银行款项的减少是资产类的减少，应记入"存放中央银行款项"账户的贷方，这项经济业务会计分录如下：

借：拆出资金　　　　　　　　　　　　　　　　　　　　　　 700 000
　　贷：存放中央银行款项　　　　　　　　　　　　　　　　　　　700 000

【案例 1-2-4】

模拟银行西城支行将资本公积 1 000 000 元转增资本。

这项经济业务的发生，一方面使模拟银行的"资本公积"账户减少 1 000 000 元，另一方面使模拟银行的"实收资本"账户增加 1 000 000 元，它涉及"资本公积"和"实收资本"这两个所有者权益类账户，资本公积的减少是所有者权益类的减少，应记入"资本公积"账户的借方，实收资本的增加是所有者权益类的增加，应记入"实收资本"账户的贷方，这项经济业务会计分录如下：

借：资本公积　　　　　　　　　　　　　　　　　　　　　1 000 000
　　贷：实收资本　　　　　　　　　　　　　　　　　　　　　1 000 000

以上4笔业务的各科目借贷方发生额和余额均应相等，编制试算平衡表见表1-2-2。

表1-2-2　试算平衡表　　　　　　　　　　　　　　　　元

科目名称	期初余额		本期发生额		期末余额	
	借方	贷方	借方	贷方	借方	贷方
库存现金	900 000			7 000	893 000	
存放中央银行款项	7 000 000			700 000	6 300 000	
固定资产	5 100 000				5 100 000	
贷款	6 000 000		10 000		6 010 000	
拆出资金	2 000 000		700 000		2 700 000	
吸收存款		8 000 000	7 000	10 000		8 003 000
实收资本		10 000 000		1 000 000		11 000 000
资本公积		3 000 000	1 000 000			2 000 000
合计	21 000 000	21 000 000	1 717 000	1 717 000	21 003 000	21 003 000

通过编制试算平衡表，可以检查和验证账户记录的正确性。如果试算不平衡，则可以肯定账户记录或计算有错误；如果试算平衡，也只能说明账户记录或计算基本正确，而不能绝对肯定记账或计算没有错误，因为有些错误并不影响借贷双方的平衡关系。比如：重记或漏记某些经济业务；记录经济业务的应借应贷账户相互颠倒；记录经济业务的账户错误；记录某账户的错误金额一多一少，刚好互相抵消。由于账户记录可能存在这些不能从试算平衡表发现的错误，所以需要对一切会计记录进行日常或定期的复核，以保证会计账面记录的正确性。

【模拟实训1-2-1】

1. 晨光百货有限公司填制现金缴款单，向模拟银行西城支行存入销售收入现金20 000元。
2. 晨光百货有限公司签发现金支票，向模拟银行西城支行支取差旅费5 000元。
3. 模拟银行西城支行向发生临时性资金紧张的建设银行南山支行拆借资金300 000元。
4. 模拟银行西城支行将资本公积300 000元转增资本。

完成以上4笔业务的会计分录，并编制试算平衡表，见表1-2-3。

表1-2-3　试算平衡表　　　　　　　　　　　　　　　　元

科目名称	期初余额		本期发生额		期末余额	
	借方	贷方	借方	贷方	借方	贷方
库存现金	200 000					
存放中央银行款项	3 000 000					

续表

科目名称	期初余额		本期发生额		期末余额	
	借方	贷方	借方	贷方	借方	贷方
固定资产	3 100 000					
贷款	700 000					
拆出资金	700 000					
吸收存款		1 000 000				
实收资本		6 000 000				
资本公积		700 000				
合计						

知识拓展

单式记账法

表外科目用于记载不涉及商业银行资金运动的或有事项和其他重要业务事项，如重要空白凭证、银行承兑汇票等。表外科目商业银行采用单式收付记账方法，即以收入、付出作为记账符号。业务发生时记收入，业务销减时记付出，余额反映在收入方，表示已经发生但尚未完成的业务事项。各科目只是单方面反映自身的增减变动，不涉及其他科目，也不存在平衡关系。

任务三 会 计 凭 证

活动目标

了解银行会计凭证的意义、银行会计凭证的种类，掌握会计凭证填制的基本要求，掌握会计凭证的审核、传递和保管。

知识准备

一、银行会计凭证的作用

（一）银行会计凭证的定义

银行会计凭证是指银行记录经济业务的发生，明确经济责任，并作为记账依据的书面证明。在处理银行业务和核算时，由于需要将会计凭证在银行内部有关部门之间传递，因此银行会计凭证又称为"传票"。

（二）银行会计凭证的作用

会计凭证在商业银行会计工作中起着重要的作用，具体作用如下：

1. 会计凭证是会计核算的基础

银行会计凭证能够反映每项经济业务的内容，是经济业务发生的书面证明。

2. 会计凭证是处理账务的依据

会计凭证不仅能够完整地反映经济内容，而且经过严格的审核和签章手续，能够保证记录经济业务的合法性和合理性。因此处理账务必须依据会计凭证。

3. 会计凭证是明确经济责任的书面证明

二、银行会计凭证的种类

（一）银行会计凭证按照来源划分，可分为原始凭证和记账凭证

1. 原始凭证

原始凭证是指在经济业务发生时取得或填制的，用以记录经济业务的发生，并作为记账原始依据的会计凭证。

2. 记账凭证

记账凭证又称传票，是指由根据审核无误的原始凭证填制的，用来记录经济业务简要内容，确定会计分录，作为记账直接依据的会计凭证。

（二）银行会计凭证按照形式划分，可分为复式凭证和单式凭证

1. 复式凭证

它是指将一项经济业务所涉及的会计科目全部集中填制在一张凭证上的记账凭证。这种凭证的优点是能集中反映账户的对应关系，便于了解经济业务的全貌。

2. 单式凭证

它是指按每笔经济业务所涉及的每个会计科目，分别填列在各张凭证上的记账凭证。采用单式凭证有利于加快凭证传递和分工记账，方便按科目汇总、日终轧账。银行通常将单式凭证和复式凭证结合起来运用。

（三）银行会计凭证按照使用的范围划分，可分为基本凭证和特定凭证

1. 基本凭证

基本凭证是指银行根据有关原始凭证或业务事项自行编制或生成的凭以记账的书面证明。基本凭证可分为八种：现金收入传票、现金付出传票、转账借方传票、转账贷方传票、特种转账借方传票、特种转账贷方传票、表外科目收入传票、表外科目付出传票，见图1-3-1～图1-3-8。

2. 特定凭证

特定凭证是指根据某项经济业务的特殊需要而制定的专用凭证。这类凭证一般由银行统一印制，由客户购买和填写，并提交银行凭以办理某种业务。银行可以用特定凭证来代替记账凭证并凭以记账，如银行汇票、银行本票、支票、进账单、现金缴款单、存取款凭条等。

图1-3-1 现金收入传票

图1-3-2 现金付出传票

图1-3-3 转账借方传票

图 1-3-4 转账贷方传票

科目				金 额											
户名或账号	摘要	对方科目	十	亿	千	百	十	万	千	百	十	元	角	分	
合 计															

模拟银行西城支行　转账贷方传票　总字第　号　字第　号
年　月　日
附件　张
事后监督　复核　记账　制票

图 1-3-4　转账贷方传票

模拟银行西城支行　特种转账借方传票　总字第　号　字第　号
年　月　日

付款单位	全　称			收款单位	全　称											
	账号或地址				账号或地址											
	开户银行		行号		开户银行			行号								
金额	人民币（大写）					十	亿	千	百	十	万	千	百	十	元	角	分
原凭证金额		赔偿金														
原凭证名称		号码														
转账原因				科目（借）………………												
				对方科目（贷）…………												
	银行盖章			事后监督　复核　记账　制票												

附件（　）张

图 1-3-5　特种转账借方传票

模拟银行西城支行　特种转账贷方传票　总字第　号　字第　号
年　月　日

付款单位	全　称			收款单位	全　称											
	账号或地址				账号或地址											
	开户银行		行号		开户银行			行号								
金额	人民币（大写）					十	亿	千	百	十	万	千	百	十	元	角	分
原凭证金额		赔偿金														
原凭证名称		号码														
转账原因				科目（贷）………………												
				对方科目（借）…………												
	银行盖章			事后监督　复核　记账　制票												

附件（　）张

图 1-3-6　特种转账贷方传票

```
            模拟银行西城支行   表外科目收入传票        总字第    号
  科目                    年   月   日                字第    号
                                          金      额
       户名或账号           摘  要    
                                   十亿千百十万千百十元角分     附
                                                          件
                                                          张
                 合    计
  事后监督            复核              记账              制票
```

图 1-3-7 表外科目收入传票

```
            模拟银行西城支行   表外科目付出传票        总字第    号
  科目                    年   月   日                字第    号
                                          金      额
       户名或账号           摘  要    
                                   十亿千百十万千百十元角分     附
                                                          件
                                                          张
                 合    计
  事后监督            复核              记账              制票
```

图 1-3-8 表外科目付出传票

【想一想】

商业银行会计凭证和企业记账凭证有无区别？

【项目活动1】会计凭证填制

【活动目标】

掌握商业银行会计凭证的基本要素，掌握商业银行填制会计凭证的基本方法和要求。

【案例引入】

2020年10月26日营业终了时，银行柜员田斌发现当时出纳长款300元。（见图1-3-9）

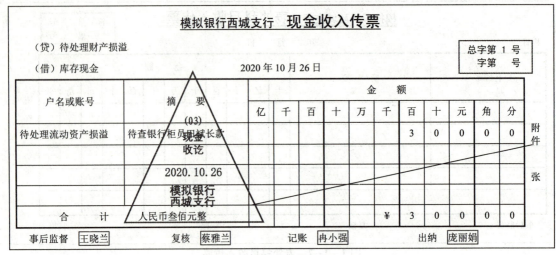

图 1-3-9 出纳长款 300 元

一、会计凭证的基本要素

尽管商业银行会计凭证的种类不少，格式也不相同，但必须具备下列基本要素：

（1）银行会计凭证的名称；
（2）会计凭证的编号和填写日期；
（3）会计科目和明细科目的名称；
（4）收付款人的账号、户名和开户银行；
（5）人民币或外币符号和大小写金额；
（6）款项来源、摘要及附件张数；
（7）客户确认标识及预留银行印鉴；
（8）银行及有关人员签章等。

二、商业银行填制会计凭证的基本方法和要求

（一）填制会计凭证的总要求

要素齐全，内容真实完整，数字正确，字迹清晰，填制及时。

（二）商业银行填制会计凭证的基本方法和要求

（1）填制单联式凭证用蓝黑墨水书写；填制多联式凭证用蓝黑圆珠笔（签字笔）、双面复写纸套写；套写的传票，不准分单张写。目前商业银行会计传票多为自带复写纸。

（2）填制记账凭证文字、数字书写要清晰。

（3）摘要简明。会计凭证的摘要应简明扼要，概括出经济业务的主要内容。既要防止简而不明，又要避免过于烦琐。

（4）会计分录正确。会计凭证必须按照会计制度统一规定的会计科目填写，不得任意简化或改动，不得只写科目编号，不写科目名称；同时，二级和明细科目也要填列齐全。

（5）连续编号。会计凭证按照顺序编号，不得跳号、重号。若某项经济业务需要填制多

张会计凭证，应按照该项经济业务的会计凭证数量编列分号，例如，某项经济业务需要填制3张会计凭证，会计凭证的顺序号为6，这3张会计凭证的分字第号应分别为1/3、2/3、3/3。

（6）附件齐全。会计凭证所附的原始凭证必须完整无缺，并在会计凭证上注明所附原始凭证的张数，以便于核对摘要及所编会计分录是否正确无误。若两张或两张以上的会计凭证依据同一原始凭证，则应在未附原始凭证的会计凭证上注明"原始凭证×张，附于第×号会计凭证之后"，以便日后查阅。

（7）人民币或外币要有货币符号，大小写金额数字一定要清楚、准确、一致。

（8）票据的收款人、出票日期和金额不得更改。

（9）现金收付业务，每笔现金收入业务，只填制一张现金收入凭证；现金付出业务，只需填制一张现金付出凭证。每笔转账业务，则必须同时填制两张或两张以上的凭证，且借贷凭证双方的金额应该相等。

知识拓展

正确填制票据和结算凭证的基本规定

银行、单位和个人填写的各种票据和结算凭证是办理支付结算和现金收付的重要依据，直接关系到支付结算的准确、及时和安全。票据和结算凭证是银行、单位和个人凭以记载账务的会计凭证，是记载经济业务和明确经济责任的一种书面证明。因此，填写票据和结算凭证，必须做到标准化、规范化，需要素齐全、数字正确、字迹清晰、不错漏、不潦草，防止涂改。

（1）中文大写金额数字应用正楷或行书填写，如壹、贰、叁、肆、伍、陆、柒、捌、玖、拾、佰、仟、万、亿、元、角、分、零、整（正）等字样。不得用一、二（两）、三、四、五、六、七、八、九、十、毛、另（或0）填写，不得自造简化字。如果金额数字书写中使用繁体字，也应受理。

（2）中文大写金额数字到"元"为止的，在"元"之后，应写"整"（或"正"）字，在"角"之后可以不写"整"（或"正"）字。数字有"分"的，"分"后面不写"整"（或"正"）字。

（3）中文大写金额数字前应标明"人民币"字样，大写金额数字应紧接"人民币"字样填写，不得留有空白。大写金额数字前未印"人民币"字样的，应加填"人民币"三字。在票据和结算凭证大写金额栏内不得预印固定的"仟、佰、拾、万、仟、佰、拾、元、角、分"字样。

（4）阿拉伯小写金额数字中有"0"时，中文大写应按照汉语语言规律、金额数字构成和防止涂改的要求进行书写。举例如下：

① 阿拉伯数字中间有"0"时，中文大写金额要写"零"字。如¥3 608.70，应写成人民币"叁仟陆佰零捌元柒角"。

② 阿拉伯数字中间连续有几个"0"时，中文大写金额中间可以只写一个"零"字。如¥7 005.69，应写成人民币"柒仟零伍元陆角玖分"。

③ 阿拉伯金额数字万位或元位是"0"，或者数字中间连续有几个"0"，万位、元位也

是"0",但千位、角位不是"0"时,中文大写金额中可以只写一个零字,也可以不写"零"字。如¥3 150.67,应写成人民币"叁仟壹佰伍拾元零陆角柒分",或者写成人民币"叁仟壹佰伍拾元陆角柒分";又如¥306 000.17,应写成人民币"叁拾万陆仟元零壹角柒分",或者写成人民币"叁拾万零陆仟元壹角柒分"。

④阿拉伯金额数字角位是"0",而分位不是"0"时,中文大写金额"元"后面应写"零"字。如¥59 607.05,应写成人民币"伍万玖仟陆佰零柒元零伍分"。

(5)阿拉伯小写金额数字前面,均应填写人民币符号"¥"。阿拉伯小写金额数字要认真填写,不得连写造成分辨不清。

(6)票据的出票日期必须使用中文大写。为防止变造票据的出票日期,在填写月、日时,月为壹、贰和壹拾的,日为壹至玖和壹拾、贰拾和叁拾的,应在其前加"零";日为拾壹至拾玖的,应在其前加"壹"。如1月16日,应写成"零壹月壹拾陆日"。再如10月20日,应写成"零壹拾月零贰拾日"。

(7)票据出票日期使用小写填写的,银行不予受理。大写日期未按要求规范填写的,银行可予受理,但由此造成损失的,由出票人自行承担。

(8)会计凭证不得涂改、挖补、刀刮、皮擦,禁止使用涂改液销蚀。

【模拟实训1-3-1】

1. 2020年10月26日营业终了时,银行柜员张岚发现当时出纳短款900元。请按照要求编制现金付出传票。(见图1-3-10)

图1-3-10 出纳短款900元

2. 2020年10月26日,开户单位渝安电子有限公司(6300800600169766009)提交了一张面额为700 000元的号码为09637的商业汇票申请承兑,经信贷部门审核同意并到会计部门办理相关承兑手续,模拟银行西城支行根据协议按票面金额万分之五收取承兑手续费,由经办柜员编制特种转账传票进行承兑手续费收取。(见图1-3-11)

模拟银行西城支行　　特种转账借方传票														总字第　　号 字第　　号	
				年　　月　　日											
付款单位	全　称			收款单位	全　称										附件（　）张
	账号或地址				账号或地址										
	开户银行		行号		开户银行				行号						
金额	人民币（大写）					十亿	千	百	十万	千	百	十元	角	分	
原凭证金额			赔偿金												
原凭证名称			号码												
转账原因		银行盖章			科目（借）………………… 对方科目（贷）………………… 事后监督　　复核　　记账　　制票										

图 1-3-11　特种转账借方传票

【项目活动 2】会计凭证的审核、传递和保管

【活动目标】

掌握商业银行会计凭证的审核、传递和保管。

一、会计凭证的审核

商业银行在受理或编制会计凭证时，必须认真、仔细和全面地审核会计凭证的真实性、合法性、正确性和完整性。只有经过审核无误的会计凭证，才能作为登记会计账簿的依据。

对会计凭证进行审核的内容如下：

（1）会计凭证的账号、户名是否相符，是否属于本行受理的凭证；

（2）凭证的种类、联数的使用是否正确；

（3）大小写金额是否正确，计息、收费、赔偿金等计算是否正确；

（4）凭证是否在有效期内，有无涂改伪造的迹象，密押和印鉴是否相符；

（5）款项的来源和用途是否符合政策和资金管理的规定；

（6）应用的会计科目及明细科目是否正确；

（7）账户对应关系是否清晰；

（8）凭证要素、各项内容是否完整、齐全。

二、会计凭证的传递

（一）会计凭证传递的定义

会计凭证的传递是指会计凭证从取得或填制起到归档保管为止，按规定的程序和时间在银行内部和有关单位及人员之间的传递和交接。

（二）会计凭证的传递原则

（1）准确及时地传递会计凭证。商业银行要按照会计凭证传递程序，准确及时地传递会

计凭证，做到手续严密、先外后内、先急后缓，避免发生会计凭证积压、丢失等现象。

（2）现金收入业务须"先收款、后记账"，防止差错发生，以保证账款一致。

（3）现金付出业务必须"先记账、后付款"，以防止透支、错支事故的发生，以保护商业银行资金的安全。

（4）转账业务必须"先记付款人账户、后记收款人账户"，即先付后收，以贯彻银行不垫款原则。

（5）代收他行票据必须坚持收妥抵用，以防止票据退票而造成银行垫款。

（6）商业银行间或银行内部凭证不得交由客户传递，以防产生弊端，给银行造成损失。

三、会计凭证的保管

（一）会计凭证的归档

会计凭证是会计档案的重要组成部分，银行各部门在完成经济业务手续和登记账簿后，必须按规定立卷归档，形成会计档案资料，妥善保管，保证其完整无缺，以备日后随时查阅和事后查考。

（二）会计凭证的整理

会计凭证的整理有按照会计科目编号整理和按照交易流水序号整理两种模式。

1. 按照会计科目编号整理

每日营业终了，将会计凭证连同所附的原始凭证折叠整齐，按照银行会计科目表的顺序排列，同一科目的记账凭证则按现收、现付、转账借方、转账贷方的顺序排列，再将科目日结单分明排列在该科目的记账凭证之前。

2. 按照交易流水序号整理

目前商业银行采用计算机进行账务处理，因此很多商业银行按照交易流水序号整理会计凭证，一般同一营业机构所有柜员的会计凭证均按照柜员号顺序进行整理。

（三）会计凭证的装订

会计凭证经整理后，加具封面和封底，装订成册，并在装订线上加贴封签，在封签处由装订人员和会计主管加盖骑缝章，以明确责任。在封面上应由装订人员注明单位名称、日期、会计凭证的种类及起讫号数，并注明科目日结单、记账凭证和原始凭证的张数。

年度内装订成册的会计凭证由会计部门指定专人负责保管，在年终会计决算后，由会计部门编造清册移交本单位的档案部门保管。根据规定，会计凭证的保管期限通常为 15 年，但涉及外事和其他重要的会计凭证要永久保管。在保管期间，倘若发生经济案件，需要某一会计凭证作证时，应采取复制的方式，不能直接抽出原始凭证。对于保管期满需要销毁的会计凭证，必须编造清单，经本单位领导审核，报经上级主管部门批准后，由上级主管部门、档案部门和会计部门共同派员监销。

【想一想】

会计凭证按照交易流水序号应如何整理？

会计凭证的签章

在商业银行会计核算体系中，会计凭证的签审是明确经济责任和表明凭证处理情况的标志。因此，会计凭证在处理过程中必须经过签章。

商业银行的会计印章包括现金收讫章、现金付讫章、转讫章、业务公章、专用章、个人名章等。

1. 现金收讫章、现金付讫章

现金收入凭证及现金缴款单应加盖现金收讫章，现金付出凭证应加盖现金付讫章。

2. 转讫章

转账凭证和转账回单及收付款通知应加盖转讫章。

3. 业务公章

用于对外的重要单证、有价单证和回单，如存单、存折等应加盖业务公章。

4. 专用章

对外签发结算凭证、资金汇划应加盖结算专用章、票据专用章、资金汇划专用章等，其他专用章按照相关业务管理规定使用。

5. 个人名章

会计人员经办和记载的凭证账簿、报表应加盖个人名章。

6. 其他

会计凭证的附件要加盖附件戳记；重要空白凭证作废不得销毁，应加盖作废戳记。

以上印章，除个人名章外，均应冠以行名，并带有年月日。

会计印章应由专人妥善保管和使用，单位要建立"会计印章保管、使用登记簿"，记载印章启用和停用日期、保管人员的更换等事项。会计印章的掌管人应经会计主管指定，掌管人调换时要办理交接手续。重要印章的使用人员临时离岗时应妥善保管。

任务四　会计账簿和账务处理程序

任务描述

掌握商业银行账务组织、账簿设置和账务处理的流程和方法，能够根据业务规范要求完成银行柜员的账务处理以及账务处理差错的冲正处理。

知识准备

一、会计账簿的意义和作用

（一）会计账簿的意义

会计账簿是指由具有一定格式的账页所组成的、以会计凭证为依据、序时和分类地记录全部经济业务的簿籍。商业银行发生经济业务后取得的原始凭证，经过会计人员的审核整理后编制成记账凭证，但这些会计凭证反映的资料是个别的、分散的，需要予以集中和归类整理后登记到账簿中，以全面反映企业经济活动状态。

（二）会计账簿的作用

设置和登记会计账簿在会计核算中起着重要的作用。

（1）通过账簿记录可将会计凭证上反映的零散资料加以归类汇总，形成集中、全面、系统的会计核算资料，从而为经营管理者提供系统、完整的会计信息。

（2）通过会计账簿提供的资产、负债、所有者权益、收入和费用成本增减变动的资料，可以检查、考核经营过程和成果，分析费用、成本预算的执行情况，以促进企业改善经营管理和提高经济效益。

（3）会计账簿内的资料是定期编制财务报告的依据。

二、会计账簿的种类

会计账簿按用途不同，可分为日记账簿、分类账簿和登记账簿三类。

（一）日记账簿

日记账簿又称序时账簿，是指按照经济业务发生的时间先后顺序，逐日逐笔地记录经济业务的账簿。商业银行的日记账簿由现金收入日记簿、现金付出日记簿和现金库存簿组成。

1. 现金收入日记簿

它是指反映现金收入详细情况的账簿。它由出纳员根据现金收入传票逐日逐笔进行登记，营业终了，结出合计数并将合计数记入现金库存簿内，见图1-4-1。

模拟银行西城支行　现金收入日记簿																		总第　　页									

组（柜）　　　　　　　　　　　　　年　月　日　　　　　　　　　　　　　　第　　页

凭证号数	户名或账号	摘要	金　　额									凭证号数	户名或账号	摘要	金　　额							
			千	百	十	万	千	百	十	元	角	分				千	百	十	万	千	百	十	元	角	分

会计　　　　　　　　　　　　　　　复核　　　　　　　　　　　　　　　出纳

图1-4-1　现金收入日记簿

2. 现金付出日记簿

它是指反映现金付出详细情况的账簿。它由出纳员根据现金付出传票逐日逐笔进行登记，营业终了，结出合计数并将合计数记入现金库存簿内，见图1-4-2。

图1-4-2 现金付出日记簿

3. 现金库存簿

它是指反映现金收入、付出和结存详细情况的账簿。它由出纳员根据现金收入日记簿和现金付出日记簿的合计数进行登记，并据以计算库存现金的结存额，见图1-4-3。

图1-4-3 现金库存簿

（二）分类账簿

分类账簿是指对经济业务按照账户的分类进行分户登记的账簿。可分为明细分类账簿和总分类账簿。

1. 明细分类账簿

明细分类账簿简称明细账，又称分户账，是指按照明细分类账户进行分类登记的账簿。根据业务和核算的需要，它有以下四种基本格式：

（1）甲种账。它设置借方发生额、贷方发生额和余额三栏金额，适用于银行内部资金的账户，以及不计息或使用余额表计息的账户，如损益类账户。其格式如图 1-4-4 所示。

图 1-4-4 甲种账

（2）乙种账。设有借方发生额、贷方发生额、余额、日数、积数五栏，适用于在账页上计算利息的账户，其格式如图 1-4-5 所示。

模拟银行西城支行　活期存款　（乙种账）

户　名：鸿宇公司　　领用现金支票号码：_____
账　号：_____　领用转账支票号码：_____　　利率：0.30%　　记账员_____

本账总页数
本户页数

2020年 月 日	摘要	凭证号码	对方科目代号	借方	贷方	借或贷	余额	日数	积数	复核员签章
3 21	承前页					贷	1 0 0 0 0 0 0	5	5 0 0 0 0 0 0	黄莉
3 26	委托收款划回				2 0 0 0 0 0 0	贷	3 0 0 0 0 0 0	5	1 5 0 0 0 0 0 0	黄莉
3 31	交换提入				1 0 0 0 0 0 0	贷	4 0 0 0 0 0 0	1	4 0 0 0 0 0 0	黄莉
4 1	提现			2 0 0 0 0 0 0		贷	2 0 0 0 0 0 0	38	7 6 0 0 0 0 0 0	黄莉
5 9	现收				6 0 0 0 0 0	贷	2 6 0 0 0 0 0	32	8 3 2 0 0 0 0 0	黄莉
6 10	转账			1 0 0 0 0 0 0		贷	1 6 0 0 0 0 0	5	8 0 0 0 0 0 0	黄莉
6 15	提现			3 5 0 0 0 0		贷	1 2 5 0 0 0 0	6	7 5 0 0 0 0 0	黄莉
6 21	利息				① 1 6 5 6	贷	1 2 5 1 6 5 6			黄莉

图 1-4-5　乙种账

（3）丙种账。设有借方发生额、贷方发生额、借方余额和贷方余额四栏，适用于借贷双方反映余额的往来账户，如资产负债共同类账户。如图1-4-6所示。

模拟银行西城支行　分户账　（丙种账）

户　名：_____　领用现金支票号码：_____
账　号：_____　领用转账支票号码：_____　　利率：____%　　记账员_____

本账总页数
本户页数

年 月 日	摘要	凭证号码	对方科目代号	借方发生额	贷方发生额	借方余额	贷方余额	复核员签章

图 1-4-6　丙种账

(4) 丁种账。设有借方发生额、贷方发生额、余额和销账四栏，适用于逐笔记账、逐笔销账的一次性业务的账户。如应收账款、应付账款、存入保证金、其他应付款等，其格式如图1-4-7所示。

图1-4-7 丁种账

2. 总分类账簿

总分类账簿简称总账，是指按照总分类账户进行分类登记的账簿。总账的各账户控制和统驭了其所属的全部明细账户，它是进行账务核对和编制财务报表的主要依据。总账是根据科目日结单登记的，总账格式如图1-4-8所示，科目日结单格式如图1-4-9所示。

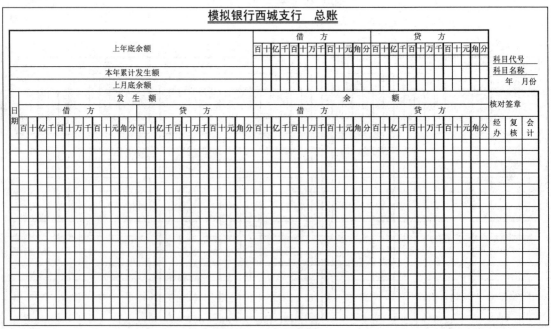

图1-4-8 总账

		模拟银行西城支行								科目日结单										
						年			月		日									
凭证种类	借方										贷方									附件张
	传票张数	金额									传票张数	金额								
		百	十亿	千	百	十万	千	百	十元	角 分		百	十亿	千	百	十万	千	百	十元 角 分	
现 金																				
转 账																				
合 计																				
事后监督			复核								记账							制单		

图 1-4-9 科目日结单

（三）登记账簿

登记账簿，是指对某些不能在日记账和分类账记录的经济事项或为了适应某些业务的需要进行补充登记的账簿，如发出托收结算凭证登记簿、定期代收结算凭证登记簿、重要空白凭证登记簿等。

三、记账规则

（一）会计账簿的登记规则

登记账簿是会计核算的一项重要工作，为了保证记账的准确、及时、规范、清晰，会计人员都应遵守下列规则：

1. 登记账簿的依据

必须根据经过审核无误的会计凭证登记账簿。

2. 登记账簿必须用蓝（黑）色墨水钢笔书写，复写账页可用蓝（黑）色圆珠笔书写

红色墨水只用于划线和错账冲正以及按照规定用红字批注的文字说明。

3. 登记账簿的内容

应将会计凭证的日期、凭证种类和编号、经济业务的摘要和金额逐项记入账内。记账后要在记账凭证上注明所记账簿的页次，以防漏记、重记。

4. 账簿中书写的文字和数字的要求

书写的文字和数字必须规范、整洁、清晰，并在上面要留有适当的空距，空距一般应为格子宽度的 1/2～2/3，以便于采用划线更正法更正错误。严禁涂改、刮擦、挖补、用药水消除字迹或撕毁账页。

5. 账簿的登记顺序

必须按账户页次顺序逐行、逐页登记，不得跳行、漏页。若发生跳行、漏页，应在空行、空页处用红色墨水划对角线注销，注明"此行空白"或"此页空白"字样，并由记账人员签章。

6. 登记账簿的借贷方向必须正确

登记账簿必须按记账凭证上的分录所指的借、贷方向登记，不得记错方向。凡需要结出余额的账簿，在结出余额后，应在"借或贷"栏内写明"借"或"贷"字样；没有余额的账户，应在该栏内写"平"字，同时在余额栏"元"位上用"-0-"表示。

（二）错账冲正

会计人员发现账簿记录错误时，应采用正确的方法进行更正，更正的方法有划线更正法、红字冲账法和补充登记法三种。

1. 划线更正法

划线更正法是指用划线注销原有的错误记录，然后在错误记录的上方写上正确的记录的方法。在记账凭证正确的前提下，若发生记账错误，包括文字或数字错误，以及结账时数字计算错误等，应采用划线更正法予以更正。更正时应在错误的文字或数字正中划条红线，表示注销错账，然后在所划文字或数字的上方填写正确的文字或数字，并由经手人在更正处盖章，以明确责任。需要注意的是，当数字发生错误时，必须将整笔数字全部划去，重新书写，不得只划错误的数字进行局部更正。

2. 红字冲账法

红字冲账法是指用红字冲销或冲减原有的错误记录，以更正或调整记账错误的方法。记账以后发现记账凭证中应借、应贷的会计科目有错误时，应采用红字冲账法更正。红字在记账中表示减少，起到了冲销的作用。更正时，先用红字金额填制一张与错误记账凭证相同的记账凭证，在其摘要栏内写明"冲销某日某号凭证错账"，据以用红字登记入账，冲销原来的错误记录；同时用蓝字重新填制一张正确的记账凭证，据以重新登记入账。

3. 补充登记法

补充登记法是指用蓝字填制一张补充记账凭证，补足账户中少记金额的方法。在记账后，发现会计凭证上使用的会计科目正确，但是所记金额小于应记金额，应采用补充登记法更正。具体方法为，可将少记金额用蓝字填制一张与原来会计科目相同的会计凭证，据以登记入账，以补足原来账户少记的金额。

【项目活动1】会计账簿

【活动目标】

了解商业银行会计账簿的意义和作用、掌握商业银行会计账簿的分类。

【案例引入】

10月26日，大明电器有限公司的一笔存款9 000元，误记入天虹百货股份有限公司账户。

原来的会计分录如下：

借：有关会计科目　　　　　　　　　　　　　　　　　　　　9 000
　　贷：吸收存款——活期存款——天虹百货股份有限公司　　　　9 000

更正的会计分录如下：

贷：吸收存款——活期存款——天虹百货股份有限公司　　　　9 000（红字）
　　贷：吸收存款——活期存款——大明电器有限公司　　　　　　9 000

【案例引入】

10月26日，模拟银行西城支行向中国人民银行申请季节性贷款600 000元，期限1个月，经中国人民银行审查同意办理。

会计分录如下：
借：存放中央银行款项　　　　　　　　　　　　　　　　　　　500 000
　　贷：向中央银行借款　　　　　　　　　　　　　　　　　　　　500 000

在记账以后，发现上述错误时，应用蓝字金额填制一张会计凭证，将少记的金额100 000元补上，会计分录如下：

借：存放中央银行款项　　　　　　　　　　　　　　　　　　　100 000
　　贷：向中央银行借款　　　　　　　　　　　　　　　　　　　　100 000

【想一想】

错账有哪些冲正方法？试述各种冲正方法在什么情况下适用？

【模拟实训1-4-1】

10月26日，渝城百货股份有限公司的一笔存款60 000元，误记入大宇电子有限公司账户。请进行错账冲正。

【项目活动2】账务组织

【活动目标】

掌握商业银行的账务组织，掌握明细核算与综合核算的区别和联系，掌握商业银行的账务处理程序。

【案例引入】

模拟银行西城支行2020年10月26日各科目总账余额如表1-4-1所示。

表1-4-1　各科目总账余额　　　　　　　　　　　　　　　　　　　　　　元

会计科目	余额	会计科目	余额
库存现金	50 000	吸收存款	700 000
贷款	500 000	向中央银行借款	100 000
存放中央银行款项	350 000	实收资本	100 000

2020年10月27日发生经济业务后，当日的发生额如表1-4-2所示。

表 1-4-2 发生额　　　　　　　　　　　　　　　　　　　　　　　元

会计科目	借方发生额	贷方发生额
库存现金	60 000	10 000
存放中央银行款项	200 000	100 000
贷款	150 000	100 000
吸收存款	200 000	300 000
向中央银行借款	0	100 000

根据以上资料和数据编制 2020 年 10 月 27 日的日计表，如表 1-4-3 所示。

表 1-4-3 日计表　　　　　　　　　　　　　　　　　　　　　　　元

科目名称	本期发生额		余额	
	借方	贷方	借方	贷方
库存现金	60 000	10 000	100 000	
存放中央银行款项	200 000	100 000	450 000	
贷款	150 000	100 000	550 000	
吸收存款	200 000	300 000		800 000
向中央银行借款	0	100 000		200 000
实收资本	0			100 000
合计	610 000	610 000	1 100 000	1 100 000

一、商业银行账务核算系统

商业银行账务组织是指商业银行会计凭证、账簿的设置、记账程序和账务核对方法有机构成的组织体系，是商业银行会计核算的基本组织形式。

商业银行会计核算的账务组织包括明细核算和综合核算两个系统。明细核算是对每个会计科目所属账户进行核算，是综合核算的具体化，反映各单位、各种资金增减变动的明细情况，对综合核算起补充作用；综合核算是按会计科目进行核算，是明细核算的概括，反映各系统、各类资金增减变化的总括情况，对明细核算起统驭作用。

明细核算由分户账、登记簿、现金日记簿、余额表组成；综合核算由科目日结单、总账、日计表组成。

（一）明细核算

明细核算是各科目的详细记录，它是在每个会计科目下，设立明细账户，以具体反映各账户资金增减变化及其结果的详细情况。明细账户由分户账、登记簿和余额表组成。

1. 分户账

分户账是分账户连续记载各类会计事项的明细记录，具体地反映经济业务的明细分类账簿，是与开户单位对账的依据。它按单位或具体对象立户，根据传票连续记载，具体核算和监督各个账户的资金活动情况。

2. 登记簿

登记簿是为了适应某些业务需要而设置的，起备忘、控制和管理作用的辅助性账簿，用来登记主要账簿未能或不必记录而需要查考的业务事项，也可以用来统驭卡片账和控制重要凭证、有价单证和实物等。

3. 余额表

余额表是反映每日营业终了各账户最后余额的账簿，是核对总账与分户账余额和计算利息的重要工具。

（二）综合核算

综合核算是以会计科目为基础，综合、概括地反映各科目的资金增减变动情况，是明细核算的总括反映。综合核算由科目日结单、总账、日计表组成。

1. 科目日结单

科目日结单是每个会计科目当日借、贷方发生额和传票张数的汇总记录，是登记总账的依据，是凭以控制明细账发生额，轧平当日账务的重要工具。

2. 总账

总账是按科目设立，每日按会计科目借、贷方发生额分别记载，并结出余额的账表。它是综合核算同明细核算相互核对和统驭明细分户账的主要工具，也是编制各种会计报表和核对利息积数的依据。

3. 日计表

日计表是综合反映各科目当日发生额和余额的报表，也是轧平当日全部账务的主要工具。日计表主要由科目名称，借、贷方发生额和借、贷方余额组成，如图1-4-10所示。

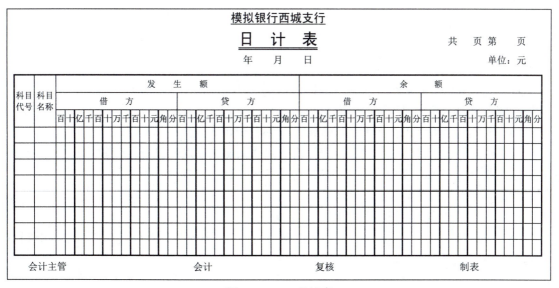

图1-4-10 日计表

【想一想】

什么是账务组织？阐述明细核算与综合核算的区别和联系。

【模拟实训 1-4-2】

模拟银行西城支行 2020 年 10 月 27 日各科目总账余额如表 1-4-4 所示。

表 1-4-4　各科目总账余额　　　　　　　　　　　　　　　　　元

会计科目	余额	会计科目	余额
库存现金	50 000	吸收存款	400 000
存放中央银行款项	350 000	向中央银行借款	200 000
贷款	300 000	同业存放	100 000
拆出资金	150 000	实收资本	150 000

模拟银行西城支行 2020 年 10 月 28 日发生经济业务后,当日的发生额如表 1-4-5 所示。

表 1-4-5　发生额　　　　　　　　　　　　　　　　　元

会计科目	借方发生额	贷方发生额
库存现金	20 000	10 000
存放中央银行款项	100 000	0
贷款	150 000	100 000
拆出资金	50 000	0
吸收存款	150 000	200 000
向中央银行借款	0	160 000

根据以上资料和数据编制 2020 年 10 月 28 日的日计表。

二、商业银行账务处理程序

商业银行账务处理程序是指凭证和账簿组织、记账程序和方法相互结合的组织形式。商业银行账务处理程序的具体操作流程如下:

(1)根据经济业务的内容和性质来审核和编制记账凭证。

(2)根据现金收入传票和现金付出传票分别登记现金收入日记簿和现金付出日记簿,再根据现金收入日记簿和现金付出日记簿的合计数登记现金库存簿。

(3)根据会计凭证登记分户账。

(4)每日营业终了,根据分户账编制余额表。

(5)每日营业终了,根据会计凭证编制科目日结单,轧平当日经济业务涉及的所有科目的借、贷方发生额。

(6)根据科目日结单登记总分类账。

(7)根据总分类账编制日计表。

(8)把现金库存簿和分户账的余额与总分类账的余额相互核对。

(9)期末根据总分类账和分户账的记录编制财务报表。

商业银行账务处理程序如图 1-4-11 所示。

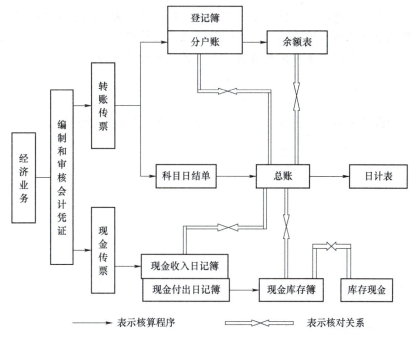

图 1-4-11 商业银行账务处理程序

知识拓展

账务核对

账务核对是账务处理的重要环节,是防止账务差错、保证核算正确和资金安全的重要措施。商业银行的账务核对,从时间上划分,可分为每日核对和定期核对。

一、每日核对

每日会计核算结束后,账务核对的内容主要是下面几个方面:

(一)总分核对

总账各科目余额、总账各科目发生额合计借贷相等,总账各科目余额与相应科目分户账或余额表对应各账户余额合计核对相符。

(二)账表核对

余额表各账户余额合计与日计表对应各科目余额核对相符。

(三)账款核对

现金收入付出日记簿的合计数应与现金科目总账的借方、贷方发生额核对相符;现金库存簿的现金库存数应与实际库存现金和现金科目总账的余额核对相符。

(四)账实核对

业务部门已领用未发出的有价单证,应每日进行账、实核对,保持账实相符。

二、定期核对

定期核对是指按规定日期对未纳入每日核对的账务所进行的核对查实工作。主要内容包括下面几个方面:

(1)各种贷款借据要按月与该科目分户账逐笔勾对相符。

（2）库房中各种有价单证、重要空白凭证等，应每月账实、账簿核对相符。

（3）贵金属分户账与出纳部门的有关保管登记簿核对相符。

（4）固定资产及折旧在年终决算前账、卡、簿、实核对相符。

【想一想】

什么是商业银行账务处理程序？试述商业银行账务处理程序的具体操作流程。

项目二

单位存款业务处理

知识目标

1. 熟悉单位活期存款业务存入与支取的相关结算规定和操作流程，掌握单位活期存款业务的账务处理，掌握按单位存款业务的相关规定准确进行单位活期存款账户开立、现金存入、现金支取、利息计算等业务的具体操作处理。

2. 熟悉单位定期存款业务存入与支取的相关结算规定和操作流程，掌握单位定期存款业务的账务处理，掌握按单位存款业务相关规定准确进行单位定期存款账户存入、支取、利息计算等业务的具体操作处理。

职业能力目标

1. 能够掌握单位活期存款业务存入与支取的相关结算规定和操作流程，能掌握单位活期存款业务的账务处理，能按单位存款业务相关规定准确进行单位活期存款账户开立、现金存入、现金支取、利息计算等业务的具体操作处理。

2. 能够熟悉单位定期存款业务存入与支取的相关结算规定和操作流程，能掌握单位定期存款业务的账务处理，能按单位存款业务相关规定准确进行单位定期存款账户存入、支取、利息计算等业务的具体操作处理。

素质目标

1. 具备爱岗敬业、诚实守信、遵纪守法、坚持准则、廉洁自律、客观公正、强化服务的职业道德和社会责任感；
2. 具有严谨、细致、规范、认真、诚信、踏实的职业态度；
3. 具备执行能力、团队协作能力、沟通能力和创新精神；
4. 具备热爱工作、追求极致的工匠精神。

知识结构导图

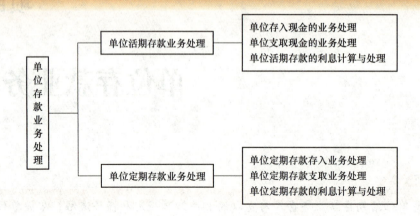

任务一　单位活期存款业务处理

任务描述

熟悉单位活期存款业务存入与支取的相关结算规定和操作流程，掌握单位活期存款业务的账务处理，能按单位存款业务相关规定准确进行单位活期存款账户开立、现金存入、现金支取、利息计算等业务的具体操作处理。

知识准备

一、结算账户管理办法

单位都需要在银行开立活期存款账户，通过账户办理现金存取和转账结算。按照《中国人民银行结算账户管理办法》的规定，单位银行结算账户按用途分为基本存款账户、一般存款账户、专用存款账户和临时存款账户。

（一）基本存款账户

基本存款账户是存款人因办理日常转账结算和现金收付需要开立的银行结算账户。该账户是存款人的主办账户。存款人日常经营活动的资金收付及其工资、奖金和现金的支取，应通过该账户办理。存款人只能在银行开立一个基本存款账户。

（二）一般存款账户

一般存款账户用于办理存款人借款转存、借款归还和其他结算的资金收付。该账户可以办理现金缴存，但不得办理现金支取。

（三）专用存款账户

专用存款账户是存款人按照法律、行政法规和规章，对其特定用途资金进行专项管理和使用而开立的银行结算账户。对基本建设资金、更新改造资金、粮棉油收购资金、证券交易结算资金等特定用途资金的管理与使用，存款人可以申请开立专用存款账户。

（四）临时存款账户

临时存款账户是存款人因临时需要并在规定期限内使用而开立的银行结算账户。有下列情况的，存款人可以申请开立临时存款账户：

（1）设立临时机构。

（2）异地临时经营活动。

（3）注册验资。

临时存款账户用于办理临时机构以及存款人临时经营活动发生的资金收付。临时存款账户应根据有关开户证明文件确定的期限或存款人的需要确定其有效期限。临时存款账户的有效期最长不得超过 2 年。临时存款账户支取现金，应按照国家现金管理的规定办理。注册验资的临时存款账户在验资期间只收不付，注册验资资金的汇缴人应与出资人的名称一致。

存款人开立单位银行结算账户，自正式开立之日起 3 个工作日后，方可办理付款业务。但注册验资的临时存款账户转为基本存款账户和因借款转存开立的一般存款账户除外。

二、单位存款业务的核算要求

（1）准确、及时办理存款业务；

（2）切实有效地维护存款人的合法权益；

（3）随时掌握存款人账户情况，严禁存款人恶意透支。

【项目活动 1】单位存入现金的业务处理

【活动目标】

掌握单位存入现金业务的操作流程与基本要领，能按存入业务操作流程进行单位存款业务的账务处理。

【案例引入】

2020 年 8 月 26 日，鸿宇股份有限公司（63008006001798560009）缴存销售收入现金 98 000 元。模拟银行西城支行为开户单位办理存款业务。

【活动步骤】

单位活期存款现金存入业务活动流程如图 2-1-1 所示。

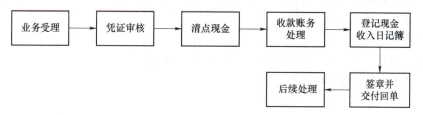

图 2-1-1　单位活期存款现金存入业务活动流程

活动步骤 1. 业务受理

开户单位存入现金时,应填制一式两联现金缴款单,连同现金一并提交给银行经办人员。现金缴款单填制式样见图 2-1-2。

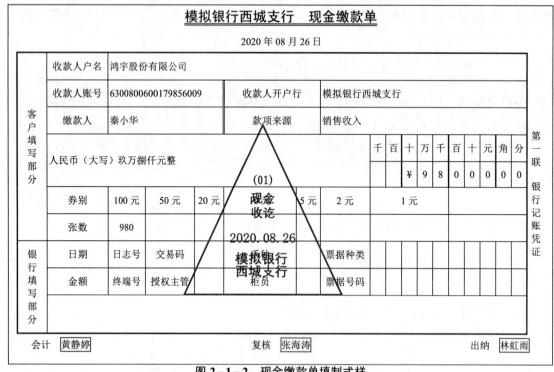

图 2-1-2 现金缴款单填制式样

活动步骤 2. 凭证审核

银行经办人员应认真审核客户提交的一式两联现金缴款单的以下内容:

(1) 缴款单日期是否正确;

(2) 单位名称、账号、开户行名称、款项来源、券别登记是否填写完全清楚;

(3) 大小写金额填写是否准确相符;

(4) 凭证联次有无缺少、是否套写。

活动步骤 3. 清点现金

根据券别明细先清点大数,无误后再清点小数,先点主币,后点辅币,先点整把,后点尾零。将清点后的现金总额与现金缴款单所填现金总额核对相符。

活动步骤 4. 收款账务处理

在现金清点无误后,银行经办人员录入业务数据,现金缴款单第一联作为现金收入传票,贷记收款人账户。该笔会计分录如下:

借:库存现金　　　　　　　　　　　　　　　　　　　　　　　　　98 000

　　贷:吸收存款——活期存款——鸿宇股份有限公司　　　　　　98 000

活动步骤 5. 登记现金收入日记簿,见图 2-1-3。

模拟银行西城支行　现金收入日记簿

总第　　页　　第1页

组（柜）　3组柜　　2020 年 08 月 26 日

凭证号数	户名或账号	摘要	金额（千百十万千百十元角分）	凭证号数	户名或账号	摘要	金额（千百十万千百十元角分）
1	鸿宇股份	销售收入	9 8 0 0 0 0 0				

会计 黄静婷　　复核 张海涛　　出纳 林虹雨

图 2-1-3　现金收入日记簿

活动步骤 6. 签章并交付回单、后续处理

账务处理完毕后，银行柜员将现金缴款单第二联由银行盖章后退回缴款单位。第一联现金缴款单加盖现金收讫章及经办、复核人员个人名章后放入记账凭证保管箱内。

【模拟实训 2-1-1】

1. 2020 年 10 月 26 日，开户单位渝安电子有限公司（6300800600169766009）缴存销售收入现金 36 000 元，缴款人为王芳。模拟银行西城支行为开户单位办理存款业务，见图 2-1-4。

模拟银行西城支行　现金缴款单

年　　月　　日

客户填写部分	收款人户名																
	收款人账号				收款人开户行												
	缴款人				款项来源												
	人民币（大写）							千	百	十	万	千	百	十	元	角	分
	券别	100元	50元	20元	10元	5元	2元	1元									
	张数																
银行填写部分	日期	日志号	交易码		币种		票据种类										
	金额	终端号	授权主管		柜员		票据号码										

会计　　　　　　　复核　　　　　　　出纳

图 2-1-4　现金缴款单

2. 2020 年 10 月 26 日，开户单位晨光百货股份有限公司（6300800600162856009）缴存销售收入现金 66 000 元，缴款人为林韵心。模拟银行西城支行为开户单位办理存款业务，见图 2-1-5。

要求：以模拟银行西城支行经办人员的身份完成凭证填制、审核、业务数据录入、账务处理、凭证签章与凭证处理。

	模拟银行西城支行　现金缴款单																	
	年　月　日																	
客户填写部分	收款人户名																	第一联银行记账凭证
	收款人账号				收款人开户行												
	缴款人				款项来源												
	人民币（大写）							千	百	十	万	千	百	十	元	角	分
	券别	100元	50元	20元	10元	5元	2元	1元										
	张数																	
银行填写部分	日期	日志号		交易码		币种		票据种类										
	金额	终端号		授权主管		柜员		票据号码										
会计　　　　　　　　　　　复核　　　　　　　　　　　出纳																		

图 2-1-5　现金缴款单

【项目活动 2】单位支取现金的业务处理

【活动目标】

掌握单位活期存款现金支取业务的操作流程与基本要领，进行现金支取业务的账务处理。

【案例引入】

2020 年 10 月 26 日，鸿宇股份有限公司（6300800600179856009）签发现金支票，支取差旅费 6 000 元。模拟银行西城支行为开户单位办理支取手续。

【活动步骤】

单位活期存款现金支取业务活动流程如图 2-1-6 所示。

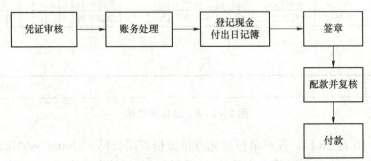

图 2-1-6　单位活期存款现金支取业务活动流程

活动步骤 1. 凭证审核

单位向银行支取现金时，应签发现金支票，并在支票上加盖预留银行印鉴，由收款人背书后送交银行会计部门。银行会计部门接到客户交来的现金支票，如图 2-1-7 所示，应认真审查以下内容：

（1）支票是否统一印制的凭证，支票是否真实，提示付款期限是否超过；

（2）支票填明的收款人名称是否为该收款人，收款人是否在支票背面"收款人签章"处签章，其签章是否与收款人名称一致，收款人为个人的，还应审查其身份证，以及其是否在支票背面收款人签章处注明身份证件名称、号码及发证机关；

（3）出票人的签章是否符合规定，并折角核对其签章与预留银行签章是否相符，使用支付密码的，核对其密码是否正确；

（4）支票的大小写金额是否一致；

（5）支票必须记载的事项是否齐全，出票金额、出票日期、收款人名称是否更改，其他记载事项的更改是否由原记载人签章证明；

（6）出票人账户是否有足够支付的款项；

（7）支取的现金是否符合国家现金管理的规定。

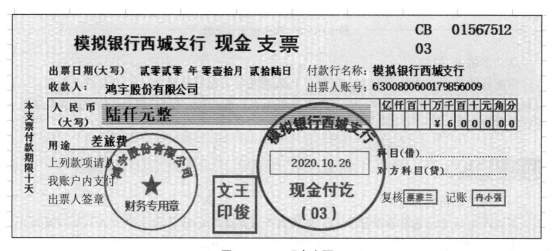

图 2-1-7 现金支票

活动步骤 2. 账务处理

现金支票审核无误后，以现金支票作现金付出传票，借记出票人账户，会计分录如下：

借：吸收存款——活期存款——鸿宇股份有限公司　　　　　　6 000
　　贷：库存现金　　　　　　　　　　　　　　　　　　　　　　6 000

活动步骤 3. 登记现金付出日记簿

登记现金付出日记簿如图 2-1-8 所示。

活动步骤 4. 签章

在支票上加盖现金付讫章和经办人员名章。

活动步骤 5. 配款并复核

以支票为依据配款，搭配主辅币。配款时，先点辅币，后点主币。

模拟银行西城支行　现金付出日记簿														总第　　　页								
组（柜）　　3柜组　　2020年10月26日														第　　　页								
凭证号码	户名或账号	摘要	金　　额									凭证号码	户名或账号	摘要	金　　额							
			千	百	十	万	千	百	十	元	角	分				千	百	十	万	千	百	十	元	角	分
1	鸿宇股份	差旅费					6	0	0	0	0	0												

会计　黄静婷　　　　　复核　张海涛　　　　　出纳　林虹雨

图 2-1-8　现金付出日记簿

活动步骤 6. 付款

将配好的款项再次复点无误，在支票上加盖现金付讫章及经办、复核人员个人名章，然后将复点无误的款项付给客户，付出的款项要当客户面点清。已办理付款手续的支票放入记账凭证保管箱内。

知识链接

一、存款账户的开立

存款人申请开立基本存款账户时，应填制开立单位银行结算账户申请书（以下简称开户申请书），并加盖单位公章，同时提供规定的开户资料和证明文件。具体包括以下几项：

（1）企业，提供加载统一社会信用代码的营业执照（三证合一、一照一码）；

（2）军队、武警团级（含）以上单位以及分散执勤的支（分）队，应出具军队军级以上单位财务部门、武警总队财务部门的开户证明；

（3）社会团体，应出具社会团体登记证书，宗教组织还应出具宗教事务管理部门的批文或证明；

（4）民办非企业组织，应出具民办非企业登记证书；

（5）外地常设机构，应出具其驻在地政府主管部门的批文；

（6）居民委员会、村民委员会、社区委员会，应出具其主管部门的批文或证明等。

银行会计经办人员认真审核客户提交的开户申请书和有关证明文件原件及复印件，审核无误后在复印件上注明"与原件核对相符"，并加盖个人名章。经办人员还应认真审查开户申请书填写事项的真实性、完整性、合规性，并在开户申请书银行意见栏加盖经办人员个人名章，然后将所有材料一并递交会计主管，会计主管审核后在开户申请书银行意见栏签署相关意见，加盖业务公章和个人名章。

银行为存款人开立银行结算账户，应与存款人签订银行结算账户管理协议，明确双方的权利与义务。

银行经办人员登录业务操作系统进行开户信息录入，生成单位基本存款户账号，系统自动记录开销户登记簿。账号生成后，开户单位填制印鉴卡，印鉴卡分为正卡和副卡，正卡一张，由经办人员保管，副卡两张，其中一张交事后监督，一张由银行加盖业务公章后退回给开户单位。印鉴卡见图2-1-9。

图2-1-9 印鉴卡

二、存款账户的管理

存款账户一经开立，银行就必须加强对账户的管理，监督开户单位正确使用银行账户。开户单位通过开户银行账户办理资金收付，必须遵守《中国人民银行结算账户管理办法》和银行的相关规定。

（1）存款人只能在银行开立一个基本存款账户。

（2）存款人应按照规定使用银行结算账户办理结算业务。存款人不得出租、出借银行结算账户，不得利用银行结算账户套取银行信用。

（3）银行应按规定与存款人核对账务。银行结算账户的存款人收到对账单或对账信息后，应及时核对账务并在规定期限内向银行发出对账回单或确认信息。

【模拟实训2-1-2】

1. 2020年10月26日，开户单位渝安电子有限公司（6300800600169766009）签发#7689号现金支票，支付差旅费3 100元，如图2-1-10所示。

			模拟银行西城支行							现金付出日记簿							总第					页
组（柜）							年　　月　　日												第		页	
凭证号码	户名或账号	摘要	金　额									凭证号码	户名或账号	摘要	金　额							
			千	百	十	万	千	百	十	元	角	分				千	百	十	万	千	百	十	元	角	分

会计　　　　　　　复核　　　　　　　出纳

图 2-1-10　现金付出日记簿

2. 2020 年 9 月 26 日，开户单位晨风百货股份有限公司（6300800600162856009）签发 #6716 号现金支票，支取备用金 7 600 元。

要求：以模拟银行西城支行经办人员的身份为开户单位办理支取手续。包括凭证填制、审核、业务数据录入、凭证签章与凭证处理、登记现金付出日记簿等。

【想一想】

1. 简述现金支票填写过程中应注意的要点。
2. 比较单位活期存款现金存入和支取业务活动步骤，并说明有何不同？

【项目活动 3】单位活期存款的利息计算与处理

【活动目标】

掌握单位活期存款的利息计算方法以及结息业务的操作流程，能进行单位活期存款利息业务的账务处理。

【案例引入】

鸿宇股份有限公司（6300800600179856009）9 月份的活期存款计息余额表如表 2-1-1 所示。模拟银行西城支行根据余额表计算开户单位的本期计息积数，并计算利息，进行账务处理。

表 2-1-1 模拟银行西城支行计息余额表

利率：0.3%　　　　　　　　　　　　　　2020 年 9 月

户名	鸿宇股份有限公司	启辰电子有限公司	……	……	复核
账号	6300800600179856009	6300800600259766009	……	……	
日期	（位数）	（位数）	（位数）	（位数）	
1	6 000	27 000			
2	30 000	83 000			
3	12 000	281 600			
……		……			
10 天小计	160 000	510 000			
11	70 000	51 000			
12	29 000	120 000			
13	81 000	30 000			
……					
20 天小计	576 000	985 000			
21	66 000.80	89 000			
22	87 000.29	65 000			
23	30 500.65	352 000			
……					
本月合计	……	……			
至上月底计息积数	6 960 000	8 060 000			
应加或应减计息积数	0				
本期累计计息积数	7 536 000				
结息日计算利息数	62.8				
会计：	复核：			记账：	

6 月 21 日至 6 月 30 日账户余额累计数为 960 000 元。7 月 1 日至 7 月 31 日账户余额累计数为 3 000 000 元。8 月 1 日至 8 月 31 日账户余额累计数为 3 000 000 元。

鸿宇股份有限公司本季度计息积数：

$$6\,960\,000 + 576\,000 = 7\,536\,000（元）$$

鸿宇股份有限公司本季度存款利息计算如下：

$$7\,536\,000 \times 0.3\% \div 360 = 62.8（元）$$

按照权责发生制原则，期末，银行要结转损益，计算利息支出，并将损益结转到本年利润科目，结转后"利息支出"无余额。

（1）6 月利息计算和会计处理如下：

上述案例中的 6 月 21 日至 6 月 30 日账户余额累计数为 960 000 元，计算 6 月 21 日至 6 月 30 日利息支出和应付利息。

利息计算公式为：

$$利息 = 累计计息积数 \times 年利率 \div 360$$
$$= 960\,000 \times 0.3\% \div 360 = 8（元）$$

借：利息支出 8
　　贷：应付利息——鸿宇股份有限公司 8
结转损益会计科目：
借：本年利润 8
　　贷：利息支出 8

（2）7月利息计算和会计处理如下：

7月1日至7月31日账户余额累计数为3 000 000元，7月31日，计算7月利息支出和应付利息。

利息计算公式为：

$$利息 = 累计计息积数 \times 年利率 \div 360$$
$$= 3\,000\,000 \times 0.3\% \div 360 = 25（元）$$

借：利息支出 25
　　贷：应付利息——鸿宇股份有限公司 25
结转损益会计科目：
借：本年利润 25
　　贷：利息支出 25

（3）8月利息计算和会计处理同7月。

（4）9月利息计算和会计处理如下：

9月20日为银行结息日。9月1日至9月20日账户余额累计数为576 000元，计算利息支出和应付利息。

$$576\,000 \times 0.3\% \div 360 = 4.8（元）$$

借：利息支出 4.8
　　贷：应付利息——鸿宇股份有限公司 4.8

2020年9月20日银行结息后，9月21日银行将结计的利息转入鸿宇股份有限公司账户。会计分录如下：

借：应付利息——鸿宇股份有限公司 62.8
　　贷：吸收存款——活期存款——鸿宇股份有限公司 62.8

知识拓展

一、存款利息的核算

（一）会计科目的设置

商业银行在结算单位活期存款利息时，使用到的会计科目包括吸收存款、利息支出、应付利息等。

（1）"利息支出"科目，用于核算存款业务中发生的利息支出。计提利息时记入该科目的借方。期末将该科目余额结转本年利润，结转后该科目无余额。借记"本年利润"科目，贷记"利息支出"科目。

（2）"应付利息"科目，用于核算商业银行按照合同约定应支付的利息，包括吸收存款、分期付息到期还本的长期借款、企业债券等应支付的利息。计算出应付利息时，记入该科目的贷方，实际支出利息时，记入该科目的借方。该科目为负债类科目，余额在贷方。该科目可按照存款人或债权人进行明细核算。

（二）单位活期存款利息的核算

单位活期存款在结息日结息时，应逐户填制计息清单一式三联，审核无误后，第一联作为贷方传票，第二联作为借方传票，第三联作为收账通知，加盖业务公章后交存款单位。借、贷方传票留待结息日次日办理转账，将计算出的利息转入单位存款账户，会计分录为：

借：应付利息（或利息支出）

　　贷：吸收存款——活期存款——×ב单位存款户

二、利息计算基本方法

（一）利率及其换算公式

利率有年利率、月利率、日利率三种，三种利率之间的转换关系为：

$$月利率（‰）=年利率（\%）÷12$$

$$日利率（‱）=年利率（\%）÷360$$

$$日利率（‱）=月利率（‰）÷30$$

（二）存期的计算

商业银行对单位活期存款的计息采取按季结息的办法，结息日为每季度末月的20日，季度末月的21日办理利息的入账手续。单位活期存款实存天数按照"算头不算尾"的方法计算，但"尾"为结息日时（即为每季度末月20日），则应"算头又算尾"。存期均按实际天数计算。

（三）计息基本公式

计息基本公式为：

$$利息=存款金额×存期×利率$$

三、积数计息法

（一）积数计息法公式

$$每日积数=每日余额$$

$$累计计息积数=每日余额的累计数$$

$$利息=累计计息积数×日利率$$

（二）余额表计息法

余额表计息法是指每日营业终了，将各计息分户账的余额按账户列在计息余额表（见表2-1-1），如遇错账冲正或补记账款使记账日期与起息日期不一致时，应在余额表的"应加或应减计息积数"栏内调整积数。结息日，逐户将全季的累计积数乘以日利率，即得出各账户利息。

（三）乙种账计息法

乙种账计息法，即在单位活期存款账户资金发生增减变化时，按照上次最后余额乘以该余额的实际天数，即为积数，并分别把日数与积数记入账页上的"日数"和"积数"栏内。如果更换账页，应将累计积数过入新账页第一行内，结息日营业终了，用积数乘以日利率，就得到该活期存款账户的利息。

【模拟实训2-1-3】

根据表2-1-1模拟银行西城支行计息余额表，计算启辰电子有限公司（6300800600259766009）

本季度利息，请以银行会计人员的身份进行账务处理。

任务二　单位定期存款业务处理

任务描述

熟悉单位定期存款业务存入与支取的相关结算规定和操作流程，掌握单位定期存款业务的账务处理，能按单位存款业务相关规定准确进行单位定期存款账户存入、支取、利息计算等业务的具体操作处理。

知识准备

一、单位定期存款概述

单位定期存款是指存款单位将其活期存款账户中暂时不用的资金一次转出，约定存期，到期支取本息的存款。单位定期存款起存金额 10 000 元，多存不限；期限分为三个月、半年、一年、两年、三年和五年六个档次，并按不同利率档次分设账户。

二、单位定期存款计息和支取办法

（一）计息

单位定期存款利息按存入日中国人民银行颁布的利率计算，实行利率随本清计息办法，遇利率调整不分段计息。其存期按对年、对月、对日计算（支付利息日数算至到期日前一日），不论大月、小月、平月、闰月，每月均按 30 天计算，全年按 360 天计算，不足一个月的零头天数，按实存天数计算（算头不算尾），有整年（月）还有零头天数的，按上述方法一律划为天数，计算公式为：

$$利息 = 本金 \times 存期 \times 利率$$

（二）支取

1. 到期支取

按开户日所定的利率计付利息。

2. 逾期支取

逾期部分按支取日人民银行挂牌公告的活期存款利率计付。

3. 提前支取

按支取日挂牌公告的活期存款利率计息。

4. 部分提前支取的（留存部分不低于起存金额）

提前支取部分，按支取日银行挂牌公告活期存款利率计息；未提前支取部分，按原开户证实书（单位定期存款开户证实书）开立日所定存款利率和原定存期计付利息。但部分提前支取只能允许一次，若留存部分不足起存金额，则按支取日挂牌公告的活期存款利率计付利息，并对该项定期存款予以清户。

【项目活动1】单位定期存款存入业务处理

【活动目标】

熟悉单位定期存款存入业务的相关结算规定和操作流程,掌握单位定期存款存入业务的账务处理,能按单位定期存款存入业务相关规定准确进行单位定期存款账户存入业务的具体操作处理。

【案例引入】

2020年10月26日,模拟银行西城支行收到鸿宇股份有限公司(6300800600179856009)签发的转账支票一张,金额300 000元,要求转存1年期的定期存款,年利率为3%,经审查无误,编制会计分录,进行业务处理。

存款单位在存入单位定期存款时,签发转账支票送存开户银行。银行经办人员审核无误并收妥款项后,填制单位定期存款开户证实书(以下简称开户证实书)一式三联,经复核后,单位定期存款开户证实书第一联作转账贷方传票;第二联作为定期存单,加盖银行业务公章和经办复核人员名章后交给客户,转账支票作为转账借方传票;第三联作为银行卡片账留存,并登记单位定期存款开销户登记簿,同时按照顺序专夹保管。

转账支票则作为转账借方传票,登记存款单位分户账。其会计分录如下:

借:吸收存款——活期存款——鸿宇股份有限公司　　　　300 000
　　贷:吸收存款——定期存款——鸿宇股份有限公司　　　　300 000

单位定期存款开户证实书如图2-2-1所示。

图2-2-1　单位定期存款开户证实书

【项目活动2】单位定期存款支取业务处理

【活动目标】

熟悉单位定期存款支取业务的相关结算规定和操作流程,掌握单位定期存款支取业务的账务处理,能按单位存款支取业务相关规定准确进行单位定期存款账户支取业务的具体操作处理。

【案例引入】

模拟银行西城支行收到鸿宇股份有限公司(6300800600179856009)在2020年10月26

日存入的定期存款 300 000 元（年利率为 3%），2021 年 10 月 26 日来行支取，经审查无误，编制会计分录，进行定期存款支取业务处理。

单位定期存款到期，存款单位不能从单位定期存款账户支取现金，也不能用于结算，只能将其转入单位活期账户或用于转期续存。

单位定期存款到期办理销户时，存款单位应填写一式三联单位定期存款支取凭条，加盖预留银行印鉴，同时将加盖预留银行印鉴的单位定期存款开户证实书第二联一并提交给开户银行。

银行经办人员应认真审核客户提交的单位定期存款支取凭条和单位定期存款开户证实书，审核其内容是否准确、完整，调出专夹保管的单位定期存款开户证实书卡片联，经审核无误后，计算应付利息，同时在开户证实书上加盖"结清"戳记，以开户证实书第二联作为借方传票，开户证实书卡片联作为销户凭证，支取凭条第一联作为借方传票，支取凭条第二联作为贷方传票，支取凭条第三联加盖业务公章后作收账通知转交收款单位。

其会计分录如下：

支付利息时：

借：应付利息　　　　　　　　　　　　　　　　　　　　　9 000
　　贷：吸收存款——活期存款——鸿宇股份有限公司　　　　9 000

支付本金时：

借：吸收存款——定期存款——鸿宇股份有限公司　　　　300 000
　　贷：吸收存款——活期存款——鸿宇股份有限公司　　　300 000

【项目活动 3】单位定期存款的利息计算与处理

【活动目标】

熟悉单位定期存款业务的相关结算规定和操作流程，掌握单位定期存款业务的账务处理，能按单位存款业务相关规定准确进行单位定期存款账户利息计算等业务的具体操作处理。

【案例引入】

2020 年 10 月 26 日，模拟银行西城支行收到鸿宇股份有限公司（63008006001 79856009）签发的转账支票一张，金额 300 000 元，要求转存 1 年期的定期存款，年利率为 3%，经审查无误，银行经办人员为其办理单位定期存款存入业务。该单位于 2021 年 11 月 12 日来开户行支取，支取日挂牌公告的活期存款利率为 0.3%。

要求：计算利息，编制会计分录，进行业务处理。

1. 计算利息

$$到期利息 = 300\,000 \times 3\% = 9\,000（元）$$
$$逾期利息 = 300\,000 \times 0.3\% \div 360 \times 17 = 42.5（元）$$

2. 支付利息时

借：应付利息　　　　　　　　　　　　　　　　　　　　　9 042.5
　　贷：吸收存款——活期存款——鸿宇股份有限公司　　　9 042.5

3. 支付本金时

借：吸收存款——定期存款——鸿宇股份有限公司　　　　300 000
　　贷：吸收存款——活期存款——鸿宇股份有限公司　　　　300 000

【想一想】

1. 单位活期存款账户有哪些种类？
2. 单位定期存款存取款的操作流程如何？

【模拟实训2-2-1】

2020年10月26日，模拟银行西城支行收到启辰电子有限公司（63008006002597 66009）签发的转账支票一张，金额100 000元，要求转存1年期的定期存款，年利率为3%，该单位于2021年11月10日来开户行支取，支取日挂牌公告的活期存款利率为0.3%。

要求：计算利息，编制会计分录，进行业务处理。

知识拓展

反 洗 钱

一、我国反洗钱监管体系

我国在反洗钱监管体系建设方面已取得较大进展和成效。1997年，修改《中华人民共和国刑法》时专门规定了洗钱罪。2006年10月，《中华人民共和国反洗钱法》（以下简称《反洗钱法》）出台。2006年至2007年，中国人民银行先后发布《金融机构反洗钱规定》《金融机构大额交易和可疑交易报告管理办法》《金融机构报告涉嫌恐怖融资的可疑交易管理办法》等多部反洗钱管理办法。

根据《中华人民共和国中国人民银行法》和《中华人民共和国反洗钱法》的规定，中国人民银行是我国反洗钱监督管理工作的行政主管部门；同时，金融监督管理机构以及其他有关部门在各自的职责范围内履行反洗钱监督管理职责。

二、洗钱的预防和监控

有效的预防和监控措施是遏制和打击洗钱犯罪活动的基础。近年来，人民银行、国务院有关部门以及金融机构依法采取预防、监控措施，履行反洗钱义务。

（一）行政主管部门及相关部门预控管理

中国人民银行设立反洗钱信息监测中心，接收、分析大额和可疑交易报告；建立国家反洗钱数据库，妥善保存金融机构提交的大额交易和可疑交易报告信息；制定或者会同有关金融监督管理机构制定金融机构反洗钱规章制度；开展人民币和外币反洗钱资金监测；对金融机构履行反洗钱义务的情况进行监督、检查；在职责范围内调查可疑交易活动；与境外反洗钱机构交换与反洗钱有关的信息和资料；向侦查机关报告涉嫌洗钱犯罪的交易活动；实施反洗钱调查、反洗钱现场检查、反洗钱非现场监管等反洗钱监管措施。

国务院有关金融监督管理机构参与制定金融机构反洗钱规章，国务院反洗钱行政主管部门会同国务院有关金融监督管理机构制定金融机构客户身份识别制度以及客户身份资料和交易记录保存制度;对所监督管理的金融机构提出按照规定建立健全反洗钱内部控制制度的要求;发现涉嫌洗钱犯罪的金融交易时及时向公安机关报告;审查新设金融机构的反洗钱内部控制制度方案,对于不符合设立条件的,不批准当事人的设立申请。

国务院反洗钱行政主管部门会同海关确定个人携带现金、无记名有价证券出入海关的报告标准,发现出入海关的个人所携带的现金以及无记名有价证券超过规定金额的,海关应及时向国务院反洗钱行政主管部门通报。

(二)金融机构预控管理

金融机构按照《反洗钱法》规定建立健全反洗钱内部控制制度,依法实施客户身份识别、客户身份资料和交易记录保存、大额交易和可疑交易报告等制度。

1. 客户身份识别制度

客户身份识别制度是防范洗钱活动的基础性工作。金融机构在与客户建立业务关系或者为客户提供规定金额以上的现金汇款、现钞兑换、票据兑付等一次性金融服务时,应当要求客户出示真实有效的身份证件或者其他身份证明文件,进行核对并登记。客户由他人代理办理业务的,金融机构同时对代理人和被代理人的身份证件或者其他身份证明文件进行核对并登记。与客户建立人身保险、信托等业务关系,合同的受益人不是客户本人的,金融机构还应当对受益人的身份证件或者其他身份证明文件进行核对并登记。金融机构不得为身份不明的客户提供服务或者与其进行交易,不得为客户开立匿名账户或者假名账户。同时,金融机构可以通过第三方识别客户身份。必要时,金融机构可以向公安、工商行政管理等部门核实客户的有关身份信息。

2. 客户身份资料和交易记录保存制度

金融机构依法采取必要管理措施和技术措施,防止客户身份资料和交易记录的缺失、损毁,防止泄露客户身份信息和交易信息。在业务关系存续期间,客户身份资料发生变更的,应当及时更新客户身份资料。客户身份资料在业务关系结束后、客户交易信息在交易结束后,应当至少保存五年。金融机构破产和解散时,应当将客户身份资料和客户交易信息移交国务院有关部门指定的机构。

3. 大额交易和可疑交易报告制度

大额交易报告是指金融机构对规定金额以上的资金交易依法向中国反洗钱监测分析中心报告。可疑交易报告是指金融机构发现资金交易的金额、频率、流向、性质等有异常情形,经分析认为涉嫌洗钱的,应依法向中国反洗钱监测分析中心提交可疑交易报告。金融机构办理的单笔交易或者在规定期限内的累计交易超过规定金额或者发现可疑交易的,应当及时向中国反洗钱监测分析中心报告。

项目三

支付结算业务——结算方式处理

知识目标

1. 理解各种结算方式的概念、适用范围；
2. 掌握各种结算方式的基本规定和基本程序；
3. 了解各种结算方式的账务处理。

职业能力目标

1. 能够掌握汇兑、委托收款、托收承付业务的核算手续；
2. 能根据结算方式的基本规定熟练处理日常支付结算业务。

素质目标

1. 从银行实际出发，激发学生的学习热情，使学生养成主动学习、交流学习的意识，养成良好的职业习惯；
2. 让学生树立正确的职业意识和职业态度；
3. 不断提高学生爱岗敬业、勤勉尽职、勇于负责的职业道德；
4. 增强学生的责任意识和合规意识，有效防范风险。

知识结构导图

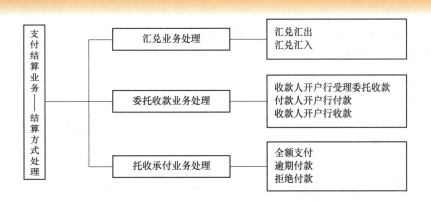

任务一 汇兑业务处理

任务描述

了解支付结算的概念、种类；掌握汇兑的基本规定和基本程序；掌握汇兑业务的账务处理。

知识准备

支付结算是单位、个人在社会经济活动中使用票据、信用卡、汇兑、托收承付、委托收款等结算方式进行货币给付及其资金清算的行为。支付结算建立在银行信用和商业信用的基础上，从而也决定了银行在支付结算业务中处于中介地位，是办理银行结算和资金清算的中介机构。

一、支付结算的种类

（一）按支付结算业务实现的方式不同分类

按支付结算业务实现的方式不同分类，支付结算分为现金结算和转账结算。

发生经济活动的双方，以现金方式完成给付及其资金清算的，称为现金结算；发生经济活动的双方，以信用方式代替现金支付，通过在银行账户划转款项，完成货币给付及其资金清算的，称为转账结算。

（二）按支付结算的使用范围不同分类

按支付结算的使用范围不同分类，支付结算分为同城结算、异地结算和同城异地结算。

同城结算方式主要是银行本票；异地结算方式包括汇兑、托收承付和信用证；同城异地结算方式有银行汇票、商业汇票、托收承付、委托收款和银行卡。

我国国内现行支付结算工具可以概况分为"三票""一卡""三方式"。"三票"即支票、本票和汇票，其中汇票包括银行汇票和商业汇票，"一卡"即银行卡，"三方式"即汇兑、托收承付和委托收款。

二、汇兑的基本规定

汇兑是汇款人委托银行将其款项支付给收款人的结算方式。汇兑按凭证传递方式的不同，分为信汇和电汇两种，由汇款人选择使用。单位和个人办理各种款项的结算，均可使用汇兑结算方式。

为适应各种汇款的不同要求，汇款人可以申请留行待取、分次支取或凭印鉴支取等。在办理汇兑业务时还应注意：汇兑不受金额起点限制，且委托日期必须是汇款人向汇出银行提交汇兑凭证的当日；汇兑开户和非开户的客户均可，汇兑凭证记载的汇款人、收款人在银行开立账号的，必须记载其账号，欠缺记载的，银行不受理；汇兑凭证上记载的收款人为个人的，收款人需要到汇入银行领取款项，汇款人应在汇兑凭证上注明"留行待取"字样；汇款人确定不得转汇的,应在汇兑凭证的"备注"栏注明"不得转汇"字样;汇款人对汇出银行尚未汇出的款项可以申请撤销,汇款人对汇出银行已汇出的款项可以申请退汇;转汇银行不得办理退汇。汇款人和收款人均为个人,需要在汇入行支取现金的,汇款人应在汇兑凭证的"汇款金额(大写)"栏,先填写"现金"字样,后填写汇款金额,并由汇出行审查。

签发汇兑凭证必须记载下列事项:
(1)标明"信汇"或"电汇"字样;
(2)无条件支付的委托;
(3)确定的金额;
(4)收款人名称;
(5)汇款人名称;
(6)汇入地点、汇入行名称;
(7)汇出地点、汇出行名称;
(8)委托日期;
(9)汇款人签章。

汇款凭证上欠缺上列记载事项之一的,银行不予受理。

汇兑业务分为汇兑汇出与汇兑汇入两个操作环节。其结算流程如图3-1-1所示。

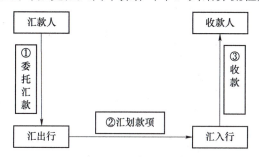

图3-1-1 汇兑业务结算流程

三、汇兑业务的核算

(一)信汇的处理

信汇是汇款人委托银行以邮寄凭证的方式将款项支付给收款人的一种汇款方式。

1. 汇出行的处理

汇款人填制一式三联信汇凭证后,汇出行受理,汇出行受理时应认真审查以下内容:
(1)汇出凭证必须记载的各项内容是否齐全、正确;
(2)汇款人账户内是否有足够支付的金额;
(3)汇款人的签章是否与预留银行签章相符。

凭证审核无误后,第一联信汇凭证上加盖转讫章,退给汇款人,该回单只能作为银行受理客户委托付款的依据,不能作为款项已经转入收款人账户的证明,收款人不得以此作为发货的依据。

办理转账汇款的,以第二联作借方记账凭证,第三联作附件,第一联加盖转讫章退给汇款人。会计分录为:

借：吸收存款——活期存款——××汇款人户
　　　　贷：清算资金往来——电子汇划款项户

办理现金汇款的，汇款人应填写一式两联现金交款单。经办人收妥现金，在第一联现金交款单盖章后，退给汇款人，以现金交款单第二联作贷方记账凭证。会计分录为：

　　借：库存现金——××机构业务现金户
　　　　贷：应解汇款——××存款人户

以信汇凭证第二联作借方记账凭证，第三联作贷方记账凭证附件。会计分录为：

　　借：应解汇款——××存款人户
　　　　贷：清算资金往来——电子汇划款项户

2. 汇入行的处理

汇入行接到汇出行或转汇行寄来的邮划贷方报单以及第三、四联信汇凭证，或者接到经本行清算中心转来的电子划收款凭证，应严格审查，确认无误后，按不同的解付方式处理。

（1）直接收账。

直接收账就是收款人在汇入行开立了账户，则将汇款直接转入该账户内。收账时，以第三联信汇凭证代替转账贷方传票，第四联信汇凭证作收账通知交收款人。另编制转账借方传票，办理转账。会计分录为：

　　借：清算资金往来
　　　　贷：吸收存款——活期存款——××收款人户

（2）不直接收账。

不直接收账是指收款人未在汇入行开立账户，应以第三联信汇凭证作贷方传票，为收款人开立"应解汇款"临时账户，另填制转账借方传票办理转账。会计分录为：

　　借：清算资金往来
　　　　贷：应解汇款——××收款人户

转账后，应登记应解汇款登记簿。

收款人需要支付现金的，可一次办理现金支付手续，支付现金时，收款人填制支款单作借方记账凭证。会计分录为：

　　借：应解汇款——××收款人户
　　　　贷：库存现金——业务现金户

同时销记应解汇款登记簿。

需要分次支付的，收款人在其"应解汇款"账户中，办理分次支付手续。

需要转汇的，应重新办理汇款手续，其收款人与汇款用途必须是原收款人和用途，并在凭证上注明"转汇"字样。会计分录为：

　　借：应解汇款——××收款人户
　　　　贷：清算资金往来

电子汇划收款补充报单或中国人民银行支付系统专用凭证备注栏注明"不得转汇"的，不予办理转汇。

需要留行待取的，应向收款人问明情况，抽出专夹保管的第四联"信汇凭证"或电子划收款凭证，认真审查收款人有效身份证件，将其证件名称、号码、发证机构登记在凭证空白处，并由收款人在收款人盖章处盖章或签字。签章支取款项的，核对收款人签章与预留第四联信汇凭证的收款人签章相符后,办理付款手续。

（二）电汇的处理

电汇是汇款人委托银行将所汇款项用电报通知汇入行的一种汇款方式。电汇与信汇的区别主要在于凭证传递方式不同,因而处理手续也有所不同。

1. 汇出行的处理

汇款人委托银行办理电汇时,应填制一式三联电汇凭证送交开户行。第一联为回单,第二联为借方凭证,第三联为发电依据。个人需要在汇入行支取现金,应在电汇凭证的金额栏"人民币(大写)"之后紧接填写"现金"字样,并填写汇款金额。

汇出行受理时,应比照信汇审查,无误后,第一联加盖转汇章,退给汇款人,第二联作借方凭证。会计分录与信汇的会计分录相同。

同时根据第三联电汇凭证编制三联电划贷方报单,凭此向汇入行拍发电报。电汇凭证上填明"现金"字样的,应在电报的金额前加上"现金"字样。

对跨系统汇款的,比照信汇的处理手续办理。

2. 汇入行的处理

汇入行接到汇出行（或异地本系统转汇行）通过电子汇划传来的有关凭证（或中国人民银行支付系统专用凭证）,审查无误后进行账务处理。会计分录与信汇的会计分录相同。

【项目活动1】汇兑汇出

【活动目标】

掌握单位汇兑汇出业务操作流程与基本要领,能按汇兑汇出业务操作流程进行单位汇兑汇出业务的账务处理。

【案例引入】

2020年10月12日,模拟银行西城支行开户单位鸿宇股份有限公司（6300800600179856009）来行申请将60万元货款汇给建设银行南海市支行开户的紫光电子有限公司（5965300010285750153）。模拟银行西城支行工作人员按规定为其办理汇款手续。

【活动步骤】

单位汇兑汇出业务活动流程如图3-1-2所示。

图3-1-2 单位汇兑汇出业务活动流程

活动步骤1. 业务受理

汇款人填写一式三联业务委托书,第一联为借方联;第二联由银行凭此发报或作出票依据;第三联为银行给客户的回单。

业务委托书填制式样如图3-1-3所示。

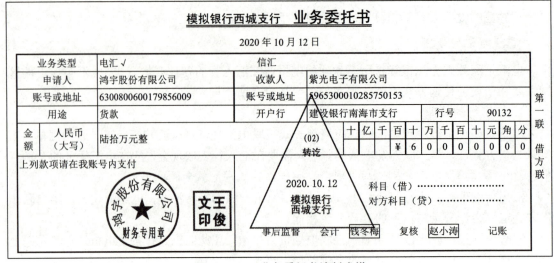

图 3-1-3 业务委托书填制式样

活动步骤 2. 凭证审核

审核内容如下：

（1）业务委托书记载的各项内容是否齐全、正确；

（2）汇款人账户内是否有足够支付的余额；

（3）汇款人的印章是否与预留银行印鉴相符；

（4）对填明"现金"字样的，还应审查汇款人和收款人是否均为个人。

活动步骤 3. 交易处理

转账汇款的，经办人员以第一联业务委托书作借方传票，将相关信息录入业务处理系统办理转账。会计分录为：

借：吸收存款——活期存款——鸿宇股份有限公司　　　　　　　600 000
　　贷：清算资金往来　　　　　　　　　　　　　　　　　　　　600 000

活动步骤 4. 凭证签章

业务委托书第一、二联加盖转讫章和名章，第三联加盖业务受理章。

活动步骤 5. 后续处理

业务委托书第一、二联作记账凭证放在记账凭证保管箱内，第三联作回单交给客户。

知识拓展

电汇与银行转账的区别

1. 第三方区别

电汇是汇款人将一定款项交存汇款银行，汇款银行通过电报或电传给目的地的分行或代理行，指示汇入行向收款人支付一定金额的一种汇款方式；转账是银行直接转划到银行账户。

2. 银行内外区别

电汇是当日到账，如果通过小额支付系统的电汇在下午4点后，则是次日收款；一般说来，转账当日就可以到账。

3. 场所区别
柜台上办理的叫汇款；有些银行 ATM 机上的资金划转叫转账。

4. 城市区别
电汇是异地业务，与支付系统运行时间有关。转账一般用于同城业务，与票据交换场次有关。

5. 手续费
电汇一般用于异地，手续费比转账要低；转账同城无手续费，异地手续费较电汇高。同城的话，用转账，因为到账快。

【模拟实训 3-1-1】

1. 2020 年 10 月 12 日，开户单位晨光百货股份有限公司（6300800600162856009）提交业务委托书申请办理汇兑业务，金额 158 000 元，向长宁市工行开户的嘉实电子有限公司（7820057680013157）支付货款。模拟银行西城支行审核后，为开户单位办理汇兑汇出业务，如图 3-1-4 所示。

模拟银行西城支行		业务委托书												
			年 月 日											
业务类型	电汇		信汇											
申请人			收款人											
账号或地址			账号或地址											
用途			开户行				行号							
金额	人民币（大写）			十亿	千	百	十万	千	百	十	元	角	分	
上列款项请在我账号内支付			科目（借）…………… 对方科目（贷）……………											
		事后监督	会计	复核		记账								

图 3-1-4 办理汇兑汇出业务

2. 2020 年 10 月 12 日，开户单位启辰电子有限公司（6300800600259766009）提交业务委托书申请办理汇兑业务，金额 46 000 元，向南宁市工行开户的逸明商贸有限公司（5890012158705003502）支付货款。模拟银行西城支行审核后，为开户单位办理汇兑汇出业务，如图 3-1-5 所示。

模拟银行西城支行		业务委托书												
			年 月 日											
业务类型	电汇		信汇											
申请人			收款人											
账号或地址			账号或地址											
用途			开户行				行号							
金额	人民币（大写）			十亿	千	百	十万	千	百	十	元	角	分	
上列款项请在我账号内支付			科目（借）…………… 对方科目（贷）……………											
		事后监督	会计	复核		记账								

图 3-1-5 办理汇兑汇出业务

【项目活动2】汇兑汇入

【活动目标】

掌握单位汇兑汇入业务操作流程与基本要领，能按汇兑汇入操作流程进行单位汇兑汇入业务的账务处理。

【案例引入】

2020年10月15日，模拟银行西城支行工作人员收到一笔汇入款项，金额是20万元，汇款人是长春华茂公司（017200100007865），汇出行是工行长春友谊支行，收款人是鸿宇股份有限公司（6300800600179856009），模拟银行西城支行工作人员审核无误后，进行账务处理。

【活动步骤】

单位汇兑汇入业务活动流程如图3-1-6所示。

图3-1-6 单位汇兑汇入业务活动流程

活动步骤1. 来账确认

开户单位收到汇入款项时，应打印两联资金汇划补充凭证，并审核相关信息内容。

资金汇划补充凭证填制式样如图3-1-7所示。

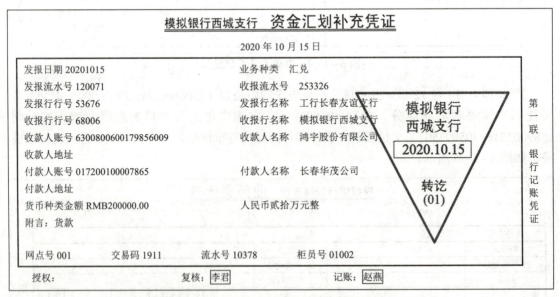

图3-1-7 资金汇划补充凭证填制式样

活动步骤2. 收款交易处理

凭证审核无误后，经办人员用一联资金汇划补充凭证作贷方传票，另一联作转账借方传票。将相关信息录入业务处理系统，办理转账业务。会计分录为：

借：清算资金往来　　　　　　　　　　　　　　　　　　　200 000
　　贷：吸收存款——活期存款——鸿宇股份有限公司　　　　　　200 000

活动步骤 3. 凭证签章

在补充凭证一上盖转讫章及经办人员名章，在补充凭证二上盖转讫章。

活动步骤 4. 后续处理

在补充凭证二上做收账通知，然后交收款人。

知识拓展

银行的结算纪律："十不准"

第一，不准以任何理由压票、退票、截留挪用客户和他行资金；
第二，不准无理拒绝支付应由银行支付的票据款项；
第三，不准受理无理拒付、不扣少扣滞纳金；
第四，不准违章签发、承兑、贴现票据，套取银行资金；
第五，不准签发空头银行汇票、银行本票和办理空头汇款；
第六，不准在支付结算制度之外规定附加条件，影响汇路畅通；
第七，不准违反规定为单位和个人开立账户；
第八，不准拒绝受理、代理他行正常业务；
第九，不准放弃对企事业单位和个人违反结算纪律的制裁；
第十，不准逃避向人民银行转汇大额汇划款项。

【模拟实训 3-1-2】

1. 2020 年 10 月 15 日，模拟银行西城支行收到南宁市工行汇来的一笔款项，金额 69 800 元，汇款人为南宁市工行开户的华阳装饰公司（231204502000676），系支付本行开户的启辰电子有限公司（6300800600259766009）货款，模拟银行西城支行审查无误后，立即为开户单位办理汇兑汇入业务，如图 3-1-8 所示。

```
┌─────────────────────────────────────────────────────────────┐
│         模拟银行西城支行   资金汇划补充凭证                 │
│                         年   月   日                        │
│  发报日期                        业务种类                   │
│  发报流水号                      收报流水号                 │ 第
│  发报行行号                      发报行名称                 │ 一
│  收报行行号                      收报名称                   │ 联
│  收款人账号                      收款人名称                 │
│  收款人地址                                                 │ 银
│  付款人账号                      付款人名称                 │ 行
│  付款人地址                                                 │ 记
│  货币种类金额                    人民币                     │ 账
│  附言：                                                     │ 凭
│                                                             │ 证
│  网点号        交易码     流水号       柜员号               │
│           授权：         复核：              记账：         │
└─────────────────────────────────────────────────────────────┘
```

图 3-1-8　办理汇兑汇入业务

2. 2020年10月15日，模拟银行西城支行收到燕州市工行汇来的一笔款项，金额219 800元，汇款人为燕州市工行开户的三杭纺织机械厂（241200101006045），系支付本行开户的天信电子有限公司（001200101006935）货款，模拟银行西城支行审查无误后，立即为开户单位办理汇兑汇入业务，如图3-1-9所示。

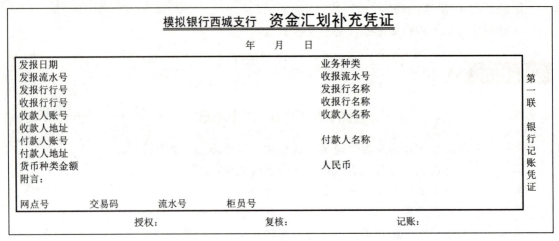

图3-1-9 办理汇兑汇入业务

任务二 委托收款业务处理

任务描述

了解委托收款业务的概念；掌握委托收款业务的基本规定和基本程序；掌握委托收款业务的账务处理。

知识准备

一、委托收款的基本规定

委托收款是收款人委托银行向付款人收取款项的一种结算方式。这种结算方式方便企业、事业单位和个体经济户主动委托银行收取款项，在同城或异地均可办理，凡在银行或其他金融机构开立账户的单位和个体经济户在规定范围内的款项结算，都可以凭收款依据主动委托银行收款。

委托收款结算适用范围广，不受金额起点的限制。办理委托收款必须凭已承兑的商业汇票、债券、存单等付款人的债务证明办理款项的结算，仅凭发票不能使用委托收款方式。企业使用同城特约委托收款方式，除国务院另有规定外，仅限于公用事业费的收取，且须具有收付双方事先签订的经济合同，由付款人向开户银行授权，并经开户银行同意，报经中国人民银行当地分支机构批准。凡不符合上述条件的，一律不得使用同城特约委托收款方式。

签发委托收款凭证必须记载下列事项：

（1）标明委托收款字样；

（2）确定的金额；
（3）付款人名称；
（4）收款人名称；
（5）委托收款凭据名称及附寄单证张数；
（6）委托日期；
（7）收款人签章。

欠缺记载上列事项之一的，银行不予受理。

为保证付款，规定付款人的付款期限为 3 天，以付款人开户行向付款人发出支付通知的次日算起，期限内如遇法定节假日顺延；付款人可在付款期限内向银行提出全部拒付或部分拒付；付款期满，单位账户无足款支付时，银行则按规定以无款支付处理。

委托收款按款项划回方式分为邮划和电划（也叫邮寄和电寄）两种，由收款人选择使用。结算过程分为委托收款和划款两个阶段。其结算流程如图 3-2-1 所示。

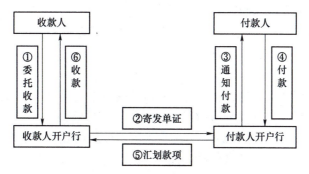

图 3-2-1　委托收款结算流程

二、委托收款的会计处理

（一）收款人开户行受理委托收款的处理

收款人办理委托收款时，应填制一式五联邮划或电划托收凭证。第一联作回单；第二联作贷方凭证；第三联作借方凭证；第四联邮划的作收账通知，电划的作发电依据；第五联作付款通知。收款人应在第二联托收凭证上加盖预留银行印鉴后，将结算凭证和有关债务证明提交开户行。

收款人开户行收到上述凭证后，应按照委托收款有关规定和填写凭证的有关要求进行认真审查。审查无误后，将托收凭证第一联加盖业务用公章退给收款人。将托收凭证第二联放在专夹保管，并登记发出托收承付（委托收款）凭证登记簿。将托收凭证第三、四、五联（在第三联上加盖结算专用章）连同有关债务证明一并寄给付款人开户行。

（二）付款人开户行付款的处理

付款人开户行接到收款人开户行寄来的邮划或电划第三、四、五联托收凭证及有关债务证明时，应审查是否属于本行凭证。审查无误后，在第三联凭证上注明收到日期和付款期。付款期为 3 天，从银行对付款人发出付款通知的次日算起（遇节假日顺延）。但对距离银行较远的，应加邮寄时间。然后登记收到委托收款登记簿（以下简称登记簿），将第三、四联托收凭证放在专夹保管。将第五联托收凭证加盖业务用公章，连同有关债务证明一并及时送交付款人。

1. 全额付款的处理

付款人账户内有足够资金支付全部款项的，以第三联托收凭证作借方记账凭证，以电子清算划（收）款专用凭证作贷方记账凭证，然后通过电子汇划业务办理划款。跨系统的，付款人开户行在第四联托收凭证上填支付日期，通过中国人民银行支付系统办理汇划。会计分录为：

借：吸收存款——活期存款——××付款人户

贷：清算资金往来——电子汇划款项户

2. 不足支付的处理

银行在划款日办理划款时，付款人账户余额不足支付全部款项的，在托收凭证上注明退回日期和"无款支付"字样，并填制三联付款人未付款项通知书（以下简称通知书）（可以用"支付结算通知查询查复书"代替），在第一、二联未付款项通知书上加盖业务用公章，交会计主管复审并在第一联未付款项通知书上加盖个人名章后，将第一联通知书和第三联托收凭证留存备查，将第二、三联通知书连同第四联托收凭证邮寄收款人开户行。留存债务证明的，其债务证明一并寄回收款人开户行。

3. 拒绝付款的处理

付款人在规定时间内提出拒绝付款的，应填制四联拒绝付款理由书，连同第五联托收凭证及所附债务证明送交开户行。经开户行核对无误后，在托收凭证和登记簿备注栏内注明"全部拒付"字样，然后在第一联拒绝付款理由书上加盖业务用公章，作为回单退给付款人，将第二联拒绝付款理由书连同第三联托收凭证一并留存备查，将第三、四联拒绝付款理由书连同第四、五联托收凭证及有关债务证明一并寄给收款人开户行。

（三）收款人开户行收款的处理

1. 款项划回的处理

收款人开户行接到付款人开户行（或异地本系统转汇行）通过电子汇划转来的有关凭证（或中国人民银行支付系统专用凭证），同留存的第二联托收凭证进行核对。经审查无误后，在有关凭证上填写转账日期，以第一联电子汇划收款补充报单或第二联中国人民银行支付系统专用凭证作贷方记账凭证，在第二联电子汇划收款补充报单或第三联中国人民银行支付系统专用凭证上加盖转讫章，作收账通知交给收款人，并销记发出委托收款登记簿，第二联托收凭证作贷方记账凭证附件。会计分录为：

借：清算资金往来——电子汇划款项户

贷：吸收存款——活期存款——××收款人户

2. 付款人拒付或无款支付退回凭证的处理

收款人开户行接到第四、五联托收凭证及有关债务证明（或应付款项证明单）和第三、四联拒绝付款理由书或未付款项通知书，经核对无误后，抽出第二联托收凭证，并在该联托收凭证备注栏内注明"拒绝付款"或"无款支付"字样，销记发出委托收款登记簿，然后将第四、五联托收凭证及有关债务证明和第四联拒绝付款理由书或未付款项通知书退给收款人，由收款人在第三联拒绝付款理由书或未付款项通知书上签收后，连同第二联托收凭证一并保管备查。

【项目活动1】收款人开户行受理委托收款

【活动目标】

掌握收款人开户行受理委托收款业务操作流程与基本要领，能按收款人开户行受理委托收款业务操作流程进行单位委托收款业务的账务处理。

【案例引入】

2020年10月17日，在模拟银行燕山支行（76853）开户的星辰贸易有限公司（530001487635637003）来行申请向模拟银行西城支行开户单位鸿宇股份有限公司（6300800600179856009）办理委托收款60万元。模拟银行燕山支行工作人员按规定为其办理委托收款手续。

【活动步骤】

收款人开户行受理委托收款业务活动流程如图3-2-2所示。

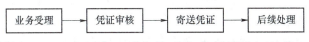

图3-2-2　收款人开户行受理委托收款业务活动流程

活动步骤1. 业务受理

收款人填写一式五联托收凭证，同时提供足以证明委托收款的依据，在第二联托收凭证上加盖单位印章后一并送交开户银行审查。

托收凭证填制式样如图3-2-3所示。

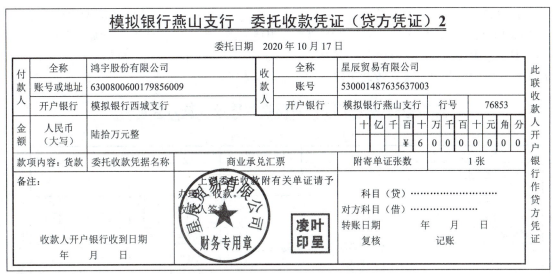

图3-2-3　托收凭证填制式样

活动步骤2. 凭证审核

审核各栏是否按规定填写清楚、齐全、正确；第二联上是否加盖收款单位印章；所附单证是否与凭证所填一致。

活动步骤 3. 寄送凭证

凭证审查无误后，经办人员在第三联托收凭证上加盖结算专用章后，连同第四、五联托收凭证及有关收款依据一并寄给付款人开户行。

收款人开户行如不办理全国或省辖资金汇划业务，款项划回时需通过有关划转行划转，因此在托收凭证的备注栏应加盖"款项收妥请划收××（行号）转划我行（社）"戳记，以便付款人开户行向指定的划转行划转资金。

活动步骤 4. 后续处理

经办人员将第二联托收凭证单独保管，登记发出委托收款结算凭证登记簿。

知识拓展

同城特约委托收款

同城特约委托收款是指收款人按照合同约定，在特定期间内委托开户行向同城的付款人收取特定款项，付款人开户行根据付款人的授权，直接从付款人账户支付款项。其派生产品包括集中代收付、定期借记、定期贷记。

同城特约委托收款适用于单位客户在境内同城收取公用事业费或社会保障基金等款项。其特点如下：

（1）收款人可同时向多个付款人收款，代收取的业务品种近百种；
（2）方便收付款人之间进行资金结算。

【模拟实训 3-2-1】

1. 2020年10月17日，模拟银行燕山支行（76853）开户单位华新贸易有限公司（5300014856356369 82）持商业承兑汇票来行申请办理托收，向模拟银行西城支行开户单位鸿宇股份有限公司（6300800600179856009）办理委托收款160万元。模拟银行燕山支行工作人员按规定为其办理委托收款手续，如图3-2-4所示。

图 3-2-4 办理委托收款

2. 2020年10月17日，模拟银行燕山支行（76853）开户单位旭阳电子有限公司（530003612635636994）持商业承兑汇票来行申请办理托收，向模拟银行西城支行开户单位鸿宇股份有限公司（6300800600179856009）办理委托收款30万元。模拟银行燕山支行工作人员按规定为其办理委托收款手续，如图3-2-5所示。

模拟银行燕山支行		委托收款凭证（贷方凭证）2															
		委托日期			年	月	日										
付款人	全称		收款人	全称													此联收款人开户银行作贷方凭证
	账号或地址			账号													
	开户银行			开户银行				行号									
金额	人民币（大写）					十亿	千	百	十万	千	百	十	元	角	分		
款项内容：				附寄单证张数													
备注：		上列委托收款附有关单证请予办理收款。收款人签章		科目（贷）…………… 对方科目（借）…………… 转账日期 年 月 日 复核 记账													
	收款人开户银行收到日期 年 月 日																

图3-2-5 办理委托收款

【项目活动2】付款人开户行付款

【活动目标】

掌握付款人开户行付款业务操作流程与基本要领，能按付款人开户行付款业务进行付款人开户行付款的账务处理。

【案例引入】

2020年10月19日，模拟银行西城支行收到模拟银行燕山支行（76853）寄来的托收凭证，是在模拟银行燕山支行（76853）开户的星辰贸易有限公司（530001487635637003）的，金额600 000元，系向本行办理商业承兑汇票到期托收，商业承兑汇票出票人为在本行开户的鸿宇股份有限公司（6300800600179856009），经办人员凭证审核无误，予以处理。

【活动步骤】

付款人开户行付款业务活动流程如图3-2-6所示。

图3-2-6 付款人开户行付款业务活动流程

活动步骤1. 接收凭证

经办人员接到收款人开户行寄来的邮划或电划托收凭证第三、四、五联以及有关单证。

托收凭证填制式样如图3-2-7所示。

	模拟银行燕山支行	委托收款凭证（借方凭证）3			
		委托日期 2020年10月17日			

付款人	全称	鸿宇股份有限公司	收款人	全称	星辰贸易有限公司
	账号或地址	6300800600179856009		账号	530001487635637003
	开户银行	模拟银行西城支行		开户银行	模拟银行燕山支行　行号 76853
金额	人民币（大写）	陆拾万元整			¥ 600000 00
款项内容：货款		委托收款凭据名称	商业承兑汇票	附寄单证张数	1张
备注		（02）转讫 2020.10.19 收款人开户银行收到日期 西城支行	收款人开户银行签章 （模拟银行燕山支行 2020.10.17 结算专用章）	科目（贷） 对方科目（借） 转账日期　年　月　日 复核 赵小涛　　记账 钱冬梅	

此联收款人开户银行作借方凭证

图3-2-7　托收凭证填制式样

活动步骤 2. 凭证审核

审查是否属于本行的凭证，所附单证张数与托收凭证上所填的是否相符。审查无误后，在凭证上填注收到日期。

活动步骤 3. 凭证登记

托收凭证第三、四联逐笔登记收到委托收款凭证登记簿后放在专夹保管。

活动步骤 4. 通知客户

第五联加盖业务公章后连同有关单证一并及时送交付款人签收，通知付款。

活动步骤 5. 交易处理

借：吸收存款——活期存款——鸿宇股份有限公司（托3）　　600 000
　　贷：清算资金往来　　　　　　　　　　　　　　　　　　600 000

活动步骤 6. 后续处理

在登记簿上填明转账日期，并按规定依据第四联托收凭证将款项划转信息通知收款行。在相关记账凭证上加盖转讫章及经办人员名章，作为办理业务的凭证与其他凭证一起装订保管。

知识拓展

三种常见的银行承兑汇票委托收款错误

第一种，多处银行承兑汇票委托收款。表现为银行承兑汇票的几手背书中，有两处以上的背书都有"委托收款"字样。

第二种，银行承兑汇票委托收款行与结算凭证的委托收款行不符。具体表现为银行承兑汇票的委托行为××工行，而结算凭证上却盖着××农行的结算章。

第三种，银行承兑汇票委托收款凭证填写不正确。实务操作中具体表现为银行承兑汇票付款人名称填写不正确，收款人与开户行填写不规范。

属于银行承兑汇票委托收款行与结算凭证的委托收款行不符和委托收款凭证填写不正确等结算凭证错误，可说明情况，重新填写正确凭证，承兑行应该给予解付。但属于因不懂银行承兑汇票背书填写而造成多处委托收款背书时，则逐个要求其合法取得承兑汇票背书的前手证明背书的连续性，以此依法举证，承兑银行也应给予解付。

【模拟实训3-2-2】

2020年10月19日，模拟银行西城支行收到西川市工行寄来的第三、四、五联托收凭证及商业承兑汇票，金额240 000元，收款人是在西川市工行开户的乾元进出口贸易有限公司（2752362001009711），付款人是在本行开户的远洋百货股份有限公司（6300200700178956073），模拟银行西城支行经审查无误，通知付款人，且商业汇票已到期，付款人同意付款，予以划款。模拟银行西城支行为开户单位办理托收付款业务，如图3-2-8所示。

图3-2-8 办理托收付款业务

【项目活动3】收款人开户行收款

【活动目标】

掌握收款人开户行收款业务操作流程与基本要领，能按收款人开户行收款业务操作流程进行收款人开户行收款业务的账务处理。

【案例引入】

2020年10月20日，在模拟银行燕山支行（76853）开户的星辰贸易有限公司（530001487635637003）4天前来行申请将向模拟银行西城支行开户单位鸿宇股份有限公司（6300800600179856009）办理委托收款的600 000元划回。模拟银行燕山支行工作人员按规定为其办理入账手续。

【活动步骤】

收款人开户行收款业务活动流程如图3-2-9所示。

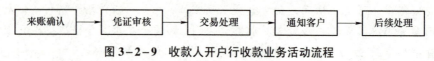

图3-2-9 收款人开户行收款业务活动流程

活动步骤1. 来账确认

收款人开户行经办人员收到付款人开户行通过网内系统或大额小额系统发来的划款信息。

资金汇划补充凭证如图3-2-10所示，托收凭证如图3-2-11所示。

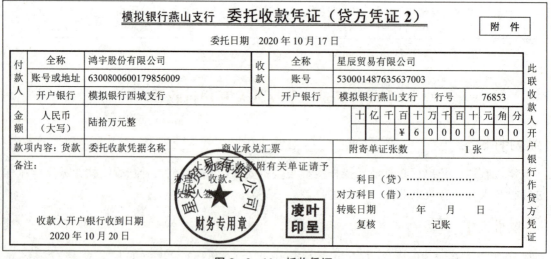

图3-2-10 资金汇划补充凭证

图3-2-11 托收凭证

活动步骤2. 凭证审核

划款信息审核无误后打印资金汇划补充凭证，并将留存的第二联托收凭证抽出，认真进行核对。

活动步骤 3. 交易处理

借：清算资金往来　　　　　　　　　　　　　　　　　　　600 000
　　贷：吸收存款——活期存款——星辰贸易有限公司　　　　600 000

活动步骤 4. 通知客户

转账后，将一联资金汇划补充凭证加盖转讫章作收账通知送交收款人。

活动步骤 5. 后续处理

银行经办人员在相关记账凭证上加盖转讫章及经办人员名章，作为办理业务的凭证与其他凭证一起装订保管，同时销记发出委托收款凭证登记簿。

知识拓展

委托收款、委托付款有风险

在日常的经济往来中，由于各种原因，对方单位可能不直接收款、付款，而是委托其他单位/个人代收代付。遇到这种情况，一定要小心谨慎，不能仅凭对方业务人员或财务人员口头通知，一定要有相应的书面委托或通知，否则可能遇到以下风险：

债权单位委托第三方单位代收时，债权单位可能声称自己没有收到款项，要求重新支付；债务单位委托第三方单位代为支付时，第三方单位可能会以"返还不当得利"要求返还相应款项。

风险防范：在债权单位要求将款项支付给第三方时，可要求其提供相应的书面委托书或书面通知，明确写明委托第三方单位代收；债务单位让第三方单位代为支付时，应由债务单位和第三方单位写出书面说明，共同确认"由第三方单位代债务单位代为支付款项"的事实。

【模拟实训 3-2-3】

1. 2020 年 10 月 20 日，模拟银行西城支行收到西川市工行发来的委托收款贷报信息，金额 1 800 000 元，是在本行开户的远洋百货股份有限公司（6300200700178956073）委托本行向在西川市工行开户的齐心商贸有限公司（562238569002311）收取的商业承兑汇票款划回，经审查无误，立即处理。模拟银行西城支行为开户单位办理委托收款业务，如图 3-2-12 和图 3-2-13 所示。

图 3-2-12　办理委托收款业务①

模拟银行西城支行　托收凭证（贷方凭证）2

		委托日期　　年　月　日		
业务类型	委托收款（□邮划、□电划）		托收承付（□邮划、□电划）	

付款人	全称		收款人	全称	
	账号			账号	
	地址	省　市县　开户行		地址	省　市县　开户行

金额人民币（大写）	亿 千 百 十 万 千 百 十 元 角 分

| 款项内容 | | 托收凭据名称 | | 附寄单证张数 | |
| 商品发运情况 | | 合同名称号码 | | | |

备注：上列款项随附有关债务证明，请予办理。

收款人开户银行收到日期　　年　月　日　　收款人签章　　复核　　记账

此联收款人开户银行作贷方凭证

图3-2-13　办理委托收款业务②

2. 2020年10月20日，模拟银行西城支行收到常州市发来的委托收款贷报信息，金额200 000元，是在本行开户的远洋百货股份有限公司（6300200700178956073）委托本行向在承兑行常州市工行开户的隆信电子有限公司（752335645002321）托收的银行承兑汇票款划回，经审查无误，立即处理。模拟银行西城支行为开户单位办理委托收款业务，如图3-2-14和图3-2-15所示。

模拟银行西城支行　资金汇划补充凭证

年　月　日

发报日期		业务种类	
发报流水号		收报流水号	
发报行号		发报行名称	
收报行号		收报行名称	
收款人账号		收款人名称	
收款人地址			
付款人账号		付款人名称	
付款人地址			
货币种类金额		人民币	
附言：			

| 网点号 | 交易码 | 流水号 | 柜员号 |
| 授权： | 复核： | 记账： | |

第一联银行记账凭证

图3-2-14　办理委托收款业务①

模拟银行西城支行	托收凭证（贷方凭证）2													
委托日期 　　年　　月　　日														
业务类型	委托收款（□邮划、□电划）			托收承付（□邮划、□电划）										
付款人	全称				收款人	全称								
	账号					账号								
	地址	省　市　县		开户行		地址	省　市　县			开户行				
金额人民币（大写）							亿	千	百	十	万	千	百	十　元　角　分
款项内容			托收凭据名称						附寄单证张数					
商品发运情况					合同名称号码									
备注：收款人开户银行收到日期　年　月　日			上列款项随附有关债务证明，请予办理。											
					收款人签章				复核　　　记账					

图 3-2-15　办理委托收款业务②

任务三　托收承付业务处理

任务描述

了解托收承付业务的概念；掌握托收承付业务的基本规定和基本程序；掌握托收承付业务的账务处理。

知识准备

一、托收承付的基本规定

托收承付是根据购销合同由收款人发货后，委托银行向异地付款人收取款项，由付款人向银行承认付款的一种结算方式。

托收承付结算方式适用于异地国有企业、供销合作社以及经营管理较好，并经开户银行审查同意的城乡集体所有制工业企业的商品交易和因商品交易而产生的劳务供应的异地款项结算。

使用托收承付结算方式的收付款单位双方必须签有符合《中华人民共和国经济合同法》的购销合同，并在合同上注明使用托收承付结算方式；收付双方必须重合同、守信用，能遵照合同规定办理；商品采用发货制（凭货物确已发运的证件，包括铁路、航运、公路等承运部门签发的运单、运单副本和邮局包裹回执等）。

托收承付结算每笔的金额起点为 10 000 元，新华书店系统每笔的金额起点为 1 000 元；收款单位对同一付款单位发出托收累计三次收不回货款的，银行应暂停其向该付款单位办理托收。

托收承付按款项划回方式分为邮划和电划两种，其处理过程分为托收和承付划款两个阶段。收款人在按合同规定发运商品后，向银行提交邮划托收承付结算凭证或电划托收承付结算凭证。其结算流程如图3-3-1所示。

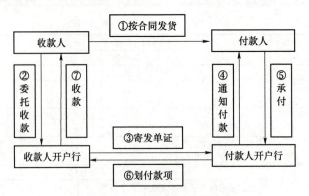

图3-3-1 托收承付结算流程

二、托收承付结算方式的账务处理

托收承付结算方式的整个核算程序分为托收、承付、划款和收账4个阶段,具体核算手续可以比照委托收款方式的手续办理。其结算凭证邮划、电划均为一式五联,各联次的用途与委托收款凭证类似。

(一)托收

收款人开户行受理托收承付的处理与受理委托收款的处理类同。

(二)承付

付款人开户行收到托收凭证的处理。付款人开户行收到收款单位开户行寄来的托收凭证及有关交易单证,经审查无误后,在各联次托收凭证上注明承付期限,登记定期代收结算凭证登记簿(以下简称登记簿),在第五联托收凭证上加盖业务用公章后,连同有关单证及时送交付款人签收。在承付期内,付款人应认真审查凭证或检验货物,并积极筹措资金,如有异议或其他要求,应在付款期内通知银行,否则银行视为同意付款。

根据承付期满时付款人账户资金以及对托收款项的承付情况,托收承付分为全额支付、部分支付、提前付款、逾期付款、拒绝付款等。

1. 全额支付的处理

承付期满日银行营业终了前,付款人账户有足够资金支付全部款项的,开户银行应在次日上午(法定节日顺延)将款项划往收款人开户行,以第三联托收凭证作借方传票办理转账。其会计分录为:

借:吸收存款——活期存款——××付款人户
　　贷:清算资金往来

转账后,在登记簿上填注转账日期,将第四联托收凭证注明支付日期后连同邮划贷方报单寄交收款人开户行,如为电报划款的,向收款人开户行拍发电报。

2. 部分支付的处理

承付期满日营业终了,付款人账户资金不足以全额支付托收款项时,其不足部分,按逾期付款处理。在次日上午将部分托收款划往收款人开户行,其剩余部分在以后有款时陆续扣收。划款的处理手续同全额付款。

3. 提前付款的处理

付款人在承付期满前通知银行提前付款,银行应立即办理划款,账务处理比照全额支付手续处理,并在托收凭证和登记簿备注栏分别注明"提前承付"字样。

4. 逾期付款的处理

付款人在承付期满日银行营业终了前,账户无款支付的,开户行应在托收凭证和登记簿备注栏分别注明"逾期付款"字样或注销登记簿,另登记"到期未收登记簿",并填制三联托收承付到期未收通知书(以下简称通知书),将第一、二联通知书寄收款人开户行,第三联通知书留存。以后付款人账户有款时,一次或多次扣收款项的处理参照部分支付的手续办理。

5. 拒绝付款的处理

付款人在承付期内对下列情况,可向银行提出全部或部分拒绝付款:

(1)没有签订购销合同或合同未订明使用托收承付结算方式的款项;

(2)未经双方事先达成协议,收款人提前交货或因逾期交货,付款人不再需要该项货物的款项;

(3)未按合同规定的到货地址发货的款项;

(4)代销、寄销、赊销商品的款项;

(5)验单付款,经查验货物与合同规定或与发货清单不符的款项;

(6)货物已经支付或计算有误的款项等。

付款人提出拒付时,应填写拒绝付款理由书,注明拒绝付款的理由,涉及合同的,应引证合同上的有关条款,如属于商品质量问题,需要提交商品检验部门的检验证明;如属于外贸部门进口商品,应当提交国家商品检验或运输等部门出具的证明,一并送交开户银行。

(三)收款人开户行办理托收款项划回的处理

1. 全额划回的处理

收款人开户行收到付款人开户行通过网内系统或大额小额系统发来的划款信息,审核无误后,打印资金汇划补充凭证,作转账贷方传票,并抽出留存的第二联托收凭证认真核对,经审查无误后,在凭证上填注转账日期,以第二联托收凭证作附件,为收款人办理转账。其会计分录为:

借:清算资金往来
　　贷:吸收存款——活期存款——××收款人户

转账后,将一联资金汇划补充凭证作收账通知交收款人,销记发出托收结算凭证登记簿。

收款人开户行收到本地跨系统转汇行交来的有关凭证后,将留存的第二联托收凭证抽出仔细核对,经核对无误后,第二联托收凭证作贷方凭证,第四联托收凭证加盖转讫章,作收账通知交给收款人。其会计分录为:

借:清算资金往来
　　贷:吸收存款——活期存款——××收款人户

2. 部分划回的处理

收款人开户行接到部分划回的有关凭证,以一联特种转账贷方传票作贷方凭证,为收款人入账,其会计分录与全额付款相同。转账后,将另一联特种转账贷方传票加盖转讫章,作收账通知交给收款人,在第二联托收凭证上注明部分划回的金额,并按划回的托收款项销记登记簿;最后付清,在托收凭证第三联注明结清日期作传票附件,第四联托收凭证作收账通知的附件。

3. 逾期划回、无款支付退回凭证的处理

收款人开户行收到付款人开户行寄来的托收承付到期未收到通知书(以下简称通知书)后,应在第二联托收凭证上加注"逾期付款"字样及日期,然后将第二联通知书交给收款人,第一联通知书附于第二联托收凭证后一并保管。

收款人开户行接到一次或分次划款或单独划回赔偿金的邮划贷方报单时,比照全额划回的有关手续处理,将划回的款项连同赔偿金转入收款人账户。

收款人开户行收到无款支付通知书和有关单证,经审核无误后,抽出第二联托收凭证,并在该凭证备注栏注明"无款支付"字样,然后将第四、五联托收凭证及一联无款支付通知书和有关单证退回给收款人。

4. 拒绝付款的处理

收款人开户行收到付款人开户行有关拒付单证后,经核对无误,抽出第二联托收凭证,注明"全部(或部分)拒付"字样和日期,销记登记簿。全部拒付的,将第四、五联托收凭证及有关单证和第四联拒付理由书及拒付证明退给收款人,收款人在第三联拒付理由书上签收后,与第二联托收凭证由银行一并保管备查。部分拒付的,则以第三联拒付理由书作贷方传票(第二联托收凭证附件)办理转账,账务处理比照全额付款处理。转账后将第四联托收凭证与第四联拒付理由书及有关证明、清单寄给收款人。

【项目活动 1】全额支付

【活动目标】

掌握单位托收承付全额支付业务操作流程与基本要领,能按托收承付全额支付业务操作流程进行托收承付全额支付业务的账务处理。

【案例引入】

2020年10月23日,模拟银行西城支行开户单位鸿宇股份有限公司(6300800600179856009)来行申请办理托收承付,付款人为在江城市建设银行龙门支行(53263)开户的南方进出口有限公司(9826650003000175),金额600 000元。7天后,该款项划回,银行工作人员按规定为其办理托收承付手续。

【活动步骤】

托收承付全额支付业务活动流程如图3-3-2所示。

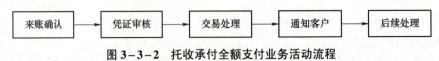

图3-3-2 托收承付全额支付业务活动流程

活动步骤 1. 来账确认

付款人开户行收到收款单位开户行寄来的托收凭证及有关交易单证。托收凭证如图 3-3-3 所示。

模拟银行西城支行　托收凭证（借方凭证）3

委托日期　2020 年 10 月 23 日

付款人	全称	南方进出口有限公司	收款人	全称	鸿宇股份有限公司			此联付款人开户银行作借方凭证
	账号或地址	9826650003000175		账号	6300800600179856009			
	开户银行	建设银行龙门支行		开户银行	模拟银行西城支行	行号	68006	
金额	人民币（大写）	陆拾万元整	十亿千百十万千百十元角分　¥ 6 0 0 0 0 0 0 0					
款项内容:货款	托收凭据名称	发货票	合同名称号码		306 号			
备注： 收款人开户银行收到日期 　年　月　日		上列款项随附有关债务证明，请予办理。 收款人签章	科目（贷）…………… 对方科目（借）……… 转账日期　年　月　日 复核　　　记账					

图 3-3-3　托收凭证

活动步骤 2. 凭证审核

除按规定审查凭证的完整性、正确性以外，还应审查所办托收款项是否符合结算办法规定的范围和条件，凭证是否注明合同号码、发运日期和发运证件号码，有无发运证件；属于验货付款的，是否已加盖了"验货付款"戳记等。审查无误后，登记发出托收凭证登记簿。

活动步骤 3. 交易处理

（1）付款人开户行汇划款项。

在各联托收凭证上注明承付期限。承付期满次日，付款人开户行按规定办理划款手续。会计分录为：

　　借：吸收存款——活期存款——南方进出口有限公司　　600 000
　　　　贷：清算资金往来　　　　　　　　　　　　　　　　600 000

（2）收款人开户行收款入账。

　　借：清算资金往来　　　　　　　　　　　　　　　　　600 000
　　　　贷：吸收存款——活期存款——鸿宇股份有限公司　　600 000

活动步骤 4. 通知客户

付款人开户行转账后，在定期代收结算凭证登记簿上填注转账日期，以第四联托收凭证为依据，将款项划转信息通知收款行。异地银行通过网内系统或大额小额系统进行款项划转。

活动步骤 5. 后续处理

银行经办人员在相关记账凭证上加盖转讫章及经办人员名章，作为办理业务的凭证与其他凭证一起装订保管，同时销记发出托收承付凭证登记簿。

知识拓展

托收承付与委托收款的异同

托收承付和委托收款的处理，在邮划凭证和电划凭证的联数及各联用途、凭证传递程序、登记簿设置与登记方法、划款、记账等方面都是相同的。但与之相比，托收承付处理手续的不同，主要有以下几个方面：

（1）凭证名称和登记簿名称不同，在处理时不得混淆。

（2）银行受理托收承付凭证审查较严。

着重审查是否属于办理托收承付的对象，凭证上有无合同号和发运证件号码。

（3）银行承担的监督付款责任较重。

对全部拒付和部分拒付的理由审查较严，不得无理拒付，理由不充分时强制扣款，没有无款支付之说，账户资金不足时，按延付（逾期支付）分次支付处理，直到扣清为止，但银行负责扣款的期限为三个月。

（4）对于延付的，按逾期付款金额每天扣收0.3‰～0.5‰的赔偿金划转收款人。分次付款的，付款人开户行编制特种转账借贷方传票，用以记账，作报单附件和通知。

【模拟实训 3-3-1】

2020年10月23日，模拟银行西城支行收到天津市建行河西支行发来的托收承付贷报信息，金额980 000元，收款人是在本行开户的远洋百货股份有限公司（6300200700178956073），付款人为在天津市建行河西支行开户的百盛外贸有限公司（752330007001925），经审核无误后予以收款入账。模拟银行西城支行为开户单位办理托收承付业务，如图3-3-4所示。

模拟银行西城支行　托收凭证（贷方凭证）2

委托日期　　年　月　日

<table>
<tr><td colspan="2">业务类型</td><td colspan="17">委托收款（□邮划、□电划）　托收承付（□邮划、□电划）</td></tr>
<tr><td rowspan="3">付款人</td><td>全称</td><td colspan="4"></td><td rowspan="3">收款人</td><td>全称</td><td colspan="11"></td></tr>
<tr><td>账号</td><td colspan="4"></td><td>账号</td><td colspan="11"></td></tr>
<tr><td>地址</td><td>省</td><td>市
县</td><td>开户行</td><td></td><td>地址</td><td>省</td><td>市
县</td><td>开户行</td><td colspan="8"></td></tr>
<tr><td rowspan="2">金额</td><td rowspan="2" colspan="7">人民币
（大写）</td><td>亿</td><td>千</td><td>百</td><td>十</td><td>万</td><td>千</td><td>百</td><td>十</td><td>元</td><td>角</td><td>分</td></tr>
<tr><td></td><td></td><td></td><td></td><td></td><td></td><td></td><td></td><td></td><td></td><td></td></tr>
<tr><td>款项内容</td><td colspan="3"></td><td>托收凭据名称</td><td colspan="5"></td><td colspan="3">附寄单证张数</td><td colspan="6"></td></tr>
<tr><td colspan="2">商品发运情况</td><td colspan="6"></td><td colspan="4">合同名称号码</td><td colspan="7"></td></tr>
<tr><td colspan="4">备注：

收款人开户银行收到日期
年　月　日</td><td colspan="6">上列款项随附有关债务证明，请予办理。

收款人签章</td><td colspan="9">

复核　　记账</td></tr>
</table>

此联收款人开户银行作贷方凭证

图3-3-4　办理托收承付业务

【项目活动 2】逾期付款

【活动目标】

掌握单位托收承付逾期付款业务操作流程与基本要领,能按托收承付逾期付款业务操作流程进行托收承付逾期付款业务的账务处理。

【案例引入】

模拟银行西城支行开户单位鸿宇股份有限公司(6300800600179856009)向在江城市建设银行龙门支行(53263)开户的南方进出口有限公司(9826650003000175)办理托收承付,金额 600 000 元。2020 年 10 月 25 日,付款期满后南方进出口有限公司账户余额为 190 000 元。江城市建设银行龙门支行工作人员按规定为其办理托收承付部分逾期付款手续。

【活动步骤】

托收承付逾期付款业务活动流程如图 3-3-5 所示。

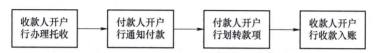

图 3-3-5 托收承付逾期付款业务活动流程

活动步骤 1. 收款人开户行办理托收

收款人申请办理托收承付结算时,应填制一式五联托收承付凭证,连同有关交易单证、发运证件一并提交开户银行。

收款行受理业务、审核凭证、寄送凭证的相关处理与全额支付的相同。

活动步骤 2. 付款人开户行通知付款

付款人开户行审查无误后,按照验单或验货的不同计算承付期,及时通知付款单位付款,并逐笔登记定期代收结算凭证登记簿。

活动步骤 3. 付款人开户行划转款项

部分逾期付款如下:

付款行应于付款期满次日上午开业后,先从付款单位账户中扣收一部分款项划转收款人开户行。经办人员应填制三联特种转账借贷方传票,注明原托收凭证号码和金额后,以 联特种转账借贷方传票办理转账,以一联特种转账贷方传票录入资金汇划信息,将款项划转收款单位开户行,以一联特种转账借方传票(见图 3-3-6)作支款通知交付款人。会计分录为:

借:吸收存款——活期存款——南方进出口有限公司　　190 000
　　贷:清算资金往来　　　　　　　　　　　　　　　　　　190 000

原托收凭证第三、四联需暂时留存,作为继续扣款的依据,在托收凭证上批注已付金额和日期后,仍放在专夹保管。在定期代收结算凭证登记簿备注栏应分别注明已承付和未承付金额及"部分支付"字样。

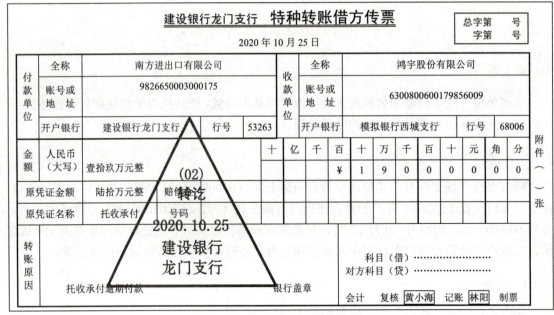

图 3-3-6 特种转账借方传票

活动步骤 4. 收款人开户行收款入账

收款人开户行接到部分划回的资金汇划贷报信息，打印资金汇划补充凭证，抽出原保管的第二联托收凭证，在原第二联托收凭证上加盖"部分支付"字样，并批注部分支付的金额及划回的日期，然后以一联资金汇划补充凭证作贷方传票，将款项转入收款人账户，另一联资金汇划补充凭证加盖收讫章，作收账通知交收款人。会计分录为：

借：清算资金往来　　　　　　　　　　　　　　　　　　　190 000
　　贷：吸收存款——活期存款——鸿宇股份有限公司　　　 190 000

其余手续与委托收款全部划回时相同。

知识拓展

逾期付款赔偿金计算

对延期付款的部分，付款人开户行应根据延期付款的金额，自承付期满日起，按每天 0.5‰，在每个月月底向付款单位扣收延期赔偿金，并于次月 3 日内划转收款单位开户行。在月内部分支付货款的，应计收当月 1 日至部分支付日的延期赔偿金，连同货款一并划转收款人开户行。计算公式为：

$$赔偿金 = 逾期付款金额 \times 逾期付款天数 \times 0.5‰$$

【模拟实训 3-3-2】

2020 年 10 月 4 日模拟银行西城支行收到南京市玄武分理处寄来的托收承付结算凭证 1 份（验单付款），金额 400 000 元，付款人为在模拟银行西城支行开户的大洋百货股份有限公司（6300209300178956073），10 月 5 日发出承付通知（10 月 8 日、9 日为双休日，余类推),承付期满日营业终了,大洋百货股份有限公司(6300209300178956073)存款账户只能支付 180 000 元,款项于次日划出,余款于 10 月 26 日付清。要求以模拟银行西城支行柜员的身份进行相应业务的处理,包括凭证审核、业务数据录入、凭证盖章与凭证处理,如图 3-3-7 所示。

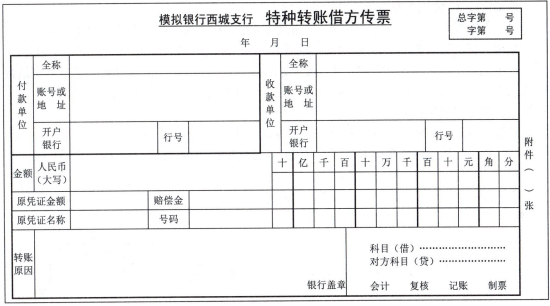

图 3-3-7 相应业务的处理

【项目活动 3】拒绝付款

【活动目标】

掌握单位托收承付拒绝付款业务操作流程与基本要领,能按托收承付拒绝付款业务操作流程进行托收承付拒绝付款业务的账务处理。

【案例引入】

2020 年 10 月 28 日,模拟银行西城支行开户单位鸿宇股份有限公司(6300800600179856009)向在江城市建设银行龙门支行(53263)开户的南方进出口有限公司(9826650003000175)办理托收承付,金额 600 000 元。由于货物数量不足,南方进出口有限公司部分拒付 200 000 元。江城市建设银行龙门支行工作人员按规定为其办理托收承付部分拒付手续。

【活动步骤】

托收承付拒绝付款业务活动流程如图 3-3-8 所示。

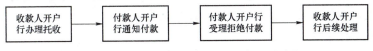

图 3-3-8 托收承付拒绝付款业务活动流程

活动步骤 1. 收款人开户行办理托收

收款行受理业务、审核凭证、寄送凭证的相关处理与全额支付相同。

活动步骤 2. 付款人开户行通知付款

付款人开户行接受托收凭证、通知付款单位付款的相关处理与全额支付相同。

活动步骤 3. 付款人开户行受理拒绝付款

付款人收到其开户行的付款通知,如果提出拒付,应在规定的承付期内填制一式四联拒绝付款理由书(见图 3-3-9)连同原托收凭证及拒付部分的债务证明一并送交开户银行。

付款人开户行经办人员收到付款人提交的拒绝付款理由书后,应认真审查拒付理由是否符合结算办法的规定。经审查同意拒付的,银行经办人员应在拒绝付款理由书上签批意见。在托收凭证和登记簿备注栏分别注明"部分拒付"字样。

经办人员将第一联拒绝付款理由书加盖转讫章后,退还付款人,作部分付款的支付通知。以第二联拒绝付款理由书作借方凭证,第三联托收凭证作借方凭证附件,将相关信息录入业务处理系统办理支付。会计分录为:

借:吸收存款——活期存款——南方进出口有限公司　　　400 000
　　贷:清算资金往来　　　　　　　　　　　　　　　　　400 000

中国××银行	托收承付委托收款	结算	全部部分	拒绝付款理由书	代通知或收账通知	1

| | 拒付日期 | 年 | 月 | 日 | 原托收号码 | |

（拒绝付款理由书表格内容：付款人全称：南方进出口有限公司；账号；开户银行；收款人全称：鸿宇股份有限公司；账号；开户银行；托收金额；拒付金额；部分付款金额（亿千百十万千百十元角分）；附寄单证　张；部分付款金额（大写）；拒付理由；付款人签章；此联结付款作通知或拒付通知书）

图 3-3-9　拒绝付款理由书

活动步骤 4. 收款人开户行后续处理

收款人开户行接到部分划回的资金汇划贷报信息,打印资金汇划补充凭证。抽出原保管的第二联托收凭证,在该联备注栏注明"部分拒付"字样,并批注部分支付的金额及划回的日期,然后以一联资金汇划补充凭证作贷方传票,原第二联托收凭证作贷方记账凭证附件,将相关信息录入业务处理系统办理入账。会计分录为:

借:清算资金往来　　　　　　　　　　　　　　　　　　400 000
　　贷:吸收存款——活期存款——鸿宇股份有限公司　　 400 000

另一联资金汇划补充凭证加盖收讫章,作收账通知交收款人。

知识拓展

如果购货企业在承付期内发现下列情况,可向银行提出全部或部分拒绝付款:
(1)没有签订购销合同或未注明异地托收承付结算方式购销合同的款项。
(2)未经双方事先协议,销货企业提前交货或因逾期交货,购货企业不再需要该项货物的款项。
(3)未按合同规定的到货地点发货的款项。
(4)代销、寄销、赊销商品的款项。
(5)验单付款,发现所列货物的品种、规格、数量、价格与合同规定不符,或货物已到,经查验货物与合同规定或发货清单不符的款项。
(6)验货付款,经查验货物与合同规定或与发货清单不符的款项。
(7)货款已经支付或计算有错误的款项。

【模拟实训 3-3-3】

2020年10月29日,长沙市工行开户单位祥云公司(00352001020009021)向模拟银行西城支行开户单位百货公司(001200101000049)办理托收承付,金额100万元,由于货物数量不足,百货公司部分拒付30万元。模拟银行西城支行工作人员经审查,其理由合规,按规定为其办理托收承付部分拒付手续。要求以模拟银行西城支行柜员的身份进行相应业务处理,包括凭证审核、业务数据录入、凭证盖章与凭证处理,如图3-3-10所示。

图 3-3-10 相应业务处理

项目四

支付结算业务——票据结算处理

知识目标

1. 熟悉支付结算业务的概念、种类；
2. 熟悉支付结算业务的原则和管理体制；
3. 掌握支票的账务处理和操作流程；
4. 掌握银行汇票的账务处理和操作流程；
5. 掌握银行本票的账务处理和操作流程；
6. 掌握商业汇票的账务处理和操作流程。

职业能力目标

1. 能够掌握支票的账务处理和操作流程；
2. 能够掌握银行汇票的账务处理和操作流程；
3. 能够掌握银行本票的账务处理和操作流程；
4. 能够掌握商业汇票的账务处理和操作流程；
5. 能够根据业务流程进行票据业务的账务处理。

素质目标

1. 具备爱岗敬业、诚实守信、遵纪守法、坚持准则、廉洁自律、客观公正、强化服务的职业道德和社会责任感；
2. 具有严谨、细致、规范、认真、诚信、踏实的职业态度；
3. 具备执行能力、团队协作能力、沟通能力和创新精神；
4. 具备热爱工作、追求极致的工匠精神。

知识结构导图

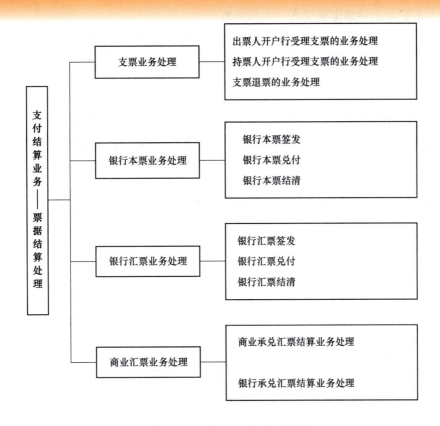

任务一　支票业务处理

任务描述

熟悉支票业务的账务处理和操作流程，掌握出票人开户行受理支票的业务处理；掌握持票人开户行受理支票的业务处理；掌握支票退票业务处理。

知识准备

一、支票的定义

支票是出票人签发的，委托办理支票存款业务的银行或者其他金融机构在见票时无条件支付确定金额给收款人或者持票人的票据。

支票必须记载下列事项：

（1）表明"支票"的字样；

（2）无条件支付的委托；

（3）确定的金额；

（4）付款人名称；

(5)出票日期；

(6)出票人签章。

支票上未记载上述规定事项之一的，支票无效。

支票上的金额、日期、收款人名称不得更改，票据金额以中文大写和数码同时记载，且二者必须一致，如果违反这些规定，都将导致支票无效。

二、支票结算的有关规定

(1)支票印有"现金"字样的为现金支票，现金支票只能用于提取现金；支票印有"转账"字样的为转账支票，转账支票只能用于转账；支票印有"现金或转账"字样的为普通支票，普通支票既可以用于提取现金，也可以用于转账。在普通支票左上角划两条平行线的为划线支票，划线支票只能用于转账，不能提取现金。

(2)单位和个人在同一票据交换区域的各种款项结算，均可以使用支票。

(3)支票的出票人，是在银行机构开立可以使用支票存款账户的单位或个人。

(4)支票的金额、收款人名称，可以由出票人授权补记，未补记前不得背书转让和提示付款。

(5)签发支票的金额不得超过付款时在付款人处实有的存款金额，不得签发空头支票。出票人签发空头支票、签章与预留签章不符的支票、与支付密码不符的支票，银行应予以退票，并按票面金额处以 5%但不低于 1 000 元的罚款，持票人有权要求出票人赔偿支票金额 2%的赔偿金，对屡次签发的，银行应停止其签发支票。

(6)支票的提示付款期限为自出票日起 10 天内（到期日遇节假日顺延），超过提示付款期限，持票人开户行不予受理，付款人不予付款。

(7)支票丧失，失票人可以向付款人申请挂失，并向法院申请公示催告或提起诉讼。

(8)支票可以背书转让，但用于支取现金的支票不能背书转让。

三、支票填写应注意的事项

(1)签发支票应使用碳素墨水或墨汁填写。

(2)大写金额数字应紧接"人民币"字样填写，不得留有空白，以防加填；大小写金额要对应并按规定书写；阿拉伯小写金额数字前面，均应填写人民币符号"¥"；阿拉伯小写金额数字要认真填写，不得连写分辨不清。

(3)为防止变造票据的出票日期，在填写月、日时应注意：月为壹、贰、壹拾的，日为壹至玖、壹拾、贰拾和叁拾的，应在其前加"零"；日为拾壹至拾玖的，应在其前加"壹"。

例一：

2020 年 1 月 19 日：贰零贰零年零壹月壹拾玖日。

例二：

10 月 20 日：零壹拾月零贰拾日。

(4)支票的出票人签发支票的金额不得超过付款时在付款人处实有的金额。

(5)支票的出票人在票据上的签章，应为其预留银行的签章，该签章是银行审核支票付款的依据。银行也可以与出票人约定使用支付密码，作为银行审核支付支票金额的条件。出票人不得签发与其预留银行签章不符的支票；使用支付密码的，出票人不得签发支付密码错误的支票。

四、支票背书

（一）支票背书的定义

支票背书是指以转让支票权利为目的，或者以将支票权利授予他人行使为目的，在支票背面或者粘单上记载有关事项并签章的票据行为。

（二）支票背书应遵循的规定

（1）支票的背书人可以在支票上记载"不得转让""委托收款""质押"字样。支票上记载了"不得转让"字样后，被背书人不能将支票继续背书转让，否则，原背书人对被背书人的后手不承担保证责任。

（2）支票背书不得附有条件，背书时附有条件的，所附条件不具有效力。

（3）不得将支票金额部分转让或将支票转让给两人以上，背书人做出以上背书的，视为未背书或者支票的转让无效。

（4）用于支取现金的支票不得背书转让。

（5）以背书转让的支票，背书应当连续。

所谓背书连续，是指在支票转让中，转让支票的背书人与受让支票的被背书人在支票上的签章依次前后衔接。背书连续是持票人拥有合法票据权利的证明，如果背书不连续，支票付款人可以拒绝付款。支票背书关系如表4-1-1所示。

表4-1-1 支票背书关系

被背书人：乙	被背书人：丙	被背书人：丁
背书人：甲 ××××年×月×日	背书人：乙 ××××年×月×日	背书人：丙 ××××年×月×日

（6）票据法一般并不限制进行背书的次数，在背书栏或票据背面写满时，可以加附粘单，粘在票据凭证之上。粘单上的第一记载人，应当在票据和粘单的粘接处签章，粘单上的记载事项与票据上的记载事项具有相同的法律效力。如果粘单上第一记载人没有在粘接处签章，粘单上记载的事项无效。

知识拓展

一、票据

广义的票据泛指各种有价证券和凭证，如债券、股票、提单、国库券、发票，等等。狭义的票据是指出票人根据票据法签发的，由自己无条件支付确定金额或者委托他人无条件支付确定金额给收款人或持票人的有价证券。在我国，票据即汇票（银行汇票和商业汇票）、支票及本票（银行本票）的统称，是我国企事业单位使用最广泛的非现金支付结算工具。

二、支付结算纪律

（一）商业银行方面

商业银行作为支付结算的组织者、经办者和执行者，在办理支付结算业务中，应遵守以下纪律：

（1）不准以任何理由压票、退票、截留挪用客户和它行资金。
（2）不准无理拒付应由银行支付的票据款。
（3）不准受理无理拒付和不扣、少扣滞纳金。
（4）不准违章签发、承兑、贴现票据，套取银行资金。
（5）不准签发空头银行汇票、银行本票和办理空头汇款。
（6）不准在支付结算制度之外规定附加条件，影响汇路通畅。
（7）不准违反规定为单位和个人开立账户。
（8）不准拒绝受理、代理其他行正常结算业务。
（9）不准放弃对企事业单位和个人违反结算纪律的制裁。
（10）不准逃避向人民银行转汇大额汇划款项。

（二）单位和个人方面

单位和个人在办理支付结算业务过程中，必须严格遵守如下四条结算纪律：

（1）不准签发没有资金保证的票据或远期支票，套取银行信用。
（2）不准签发、取得和转让没有真实交易和债权债务的票据，套取银行和他人资金。
（3）不准无理拒绝付款，任意占用他人资金。
（4）不准违反规定开立和使用账户。

【项目活动1】出票人开户行受理支票的业务处理

【活动目标】

掌握出票人与持票人在不同系统银行开户的情况下，出票人开户行受理转账支票业务的活动流程与基本要领，能按照业务流程进行该业务的账务处理。

【案例引入】

（1）2020年7月31日，在D银行某支行开户的A有限公司签发一张金额为人民币6 700元，收款人为B有限公司的转账支票。2020年8月5日，收款人通过开户银行提示付款时，银行工作人员发现该出票人签发的支票上的签章与其预留银行的签章不符，随即退票。

接到D银行某支行上报的空头支票报告书后，当地人民银行对该行上报的内容进行了调查，经查实，依据《票据管理实施办法》第31条"签发空头支票或者签发与其预留的签章不符的支票，不以骗取财物为目的的，由中国人民银行处以票面金额5%但不低于1 000元的罚款"之规定，对A有限公司处以罚款人民币1 000元的行政处罚。

（2）2020年8月28日，在M银行某支行开户的E有限公司签发一张金额为人民币36 000元，收款人为F有限公司的转账支票。2020年9月3日收款人通过开户银行提示付款时，银行工作人员发现该出票人账上实际余额为人民币0元，随即退票。

接到 M 银行某支行上报的空头支票报告书后，当地人民银行对该行上报的内容进行了调查，经查实，依据《票据管理实施办法》第 31 条"签发空头支票或者签发与其预留的签章不符的支票，不以骗取财物为目的的，由中国人民银行处以票面金额 5%但不低于 1 000 元的罚款"之规定，对 E 有限公司处以罚款人民币 1 800 元的行政处罚。

（3）模拟银行西城支行开户单位鸿宇股份有限公司（6300800600179856009）2020 年 10 月 26 日签发#8576 号支票，金额 36 700 元，系支付给在模拟银行江北支行开户的嘉年华百货商场（65820016582863001）的货款，经办人员按规定办理转账手续。

【活动步骤】

出票人开户行受理支票业务活动流程如图 4-1-1 所示。

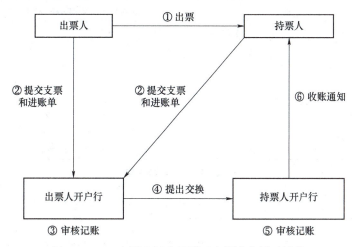

图 4-1-1　出票人开户行受理支票业务活动流程

下面以案例引入（3）为例说明活动步骤。

活动步骤 1. 受理业务并审核凭证

转账支票出票人签发票据之前，应在开户银行备有足额存款，按规定签发支票，并交给持票人，持票人应在规定时间填写三联进账单，连同转账支票一并提交给出票人开户银行。开户银行经办人员受理持票人提交的支票时，应审核以下内容：

（1）转账支票必须记载的事项是否齐全，是否用墨汁或碳素墨水填写，出票日期、出票金额、收款人有无涂改，其他内容涂改是否由原记载人签章证明。

（2）转账支票是否是统一规定印制的凭证，支票是否真实，提示付款期为自出票日起 10 天，到期日为节假日顺延，是否在有效期内，是否属远期支票。

（3）转账支票大小写金额是否一致，与对账单上相关要素是否相符，出票人账户余额是否足够支付。

（4）背书转让的支票是否按规定的范围转让，背书转让是否连续有效，签章是否符合规定，使用粘单的是否在粘接处签章。

（5）是否挂失票据，核对其签章是否与预留银行签章相符。使用支付密码的支票还应审查密码是否正确。

经审核无误后，进账单第一联加盖业务受理章，作业务受理证明，交出票人，同时送别客户。

活动步骤 2. 出票人开户行提出票据交换处理

审核无误后,出票人开户行经办人员将转账支票作为转账借方传票(见图 4-1-2),进行账务处理,其会计分录为:

借:吸收存款——活期存款——鸿宇股份有限公司   36 700
　　贷:清算资金往来(或存放中央银行款项)   36 700

图 4-1-2 转账支票

进账单第二联加盖票据交换专用章(见图 4-1-3)连同进账单第三联,按照票据交换规定及时提出交换。

银行经办人员在相关记账传票上加盖转讫章及经办人员名章,作为办理业务的凭证与其他凭证一起装订保管。

图 4-1-3 进账单

活动步骤 3. 持票人开户行提入交换票据进行交易处理

持票人开户行收到票据交换中心交换提入的两联进账单，审核无误，以进账单第二联作为转账贷方传票，进行账务处理。会计分录为：

借：清算资金往来（或存放中央银行款项）　　　　　　　　　36 700
　　贷：吸收存款——活期存款——嘉年华百货商场　　　　　　36 700

知识拓展

全国支票影像交换系统

全国支票影像交换系统（见图 4-1-4）是指运用影像技术将实物支票转换为支票影像信息，通过计算机及网络将支票影像信息传递至出票人开户行提示付款的业务处理系统。

全国支票影像交换系统定位于影像信息交换，资金清算则通过中国人民银行的小额批量支付系统处理。

全国支票影像交换系统的参与者包括办理支票结算业务的银行业金融机构和票据交换所。

通过全国支票影像交换系统处理的支票影像信息具有与原实物支票同等的支付效力，出票人开户行收到全国支票影像交换系统提交的支票影像信息，应视同实物支票提示付款。

通过全国支票影像交换系统处理的支票业务分为支票影像信息传输和支票业务回执处理两个阶段。

支票影像业务处理遵循"先付后收、收妥抵用、全额清算、银行不垫款"的原则。

全国支票影像交换系统处理的支票业务分为区域业务和全国业务。区域业务是指支票的提出行和提入行均属同一分中心，并由分中心转发的业务；全国业务是指支票的提出行和提入行分属不同分中心，并由总中心负责转发的业务。分中心是指接收、转发同一区域内系统参与者的支票影像信息，并向总中心发送和从总中心接收支票影像信息的系统节点；总中心是指接收、转发跨分中心支票影像信息的系统节点；提出行是指持票人开户的银行业金融机构；提入行是指出票人开户的银行业金融机构。

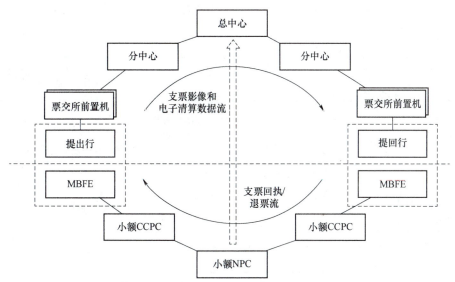

图 4-1-4　全国支票影像交换系统

【想一想】

什么是支票？收、付款人不在同一银行开户的转账支票如何核算？

【模拟实训 4-1-1】

1. 模拟银行西城支行开户单位晨光百货股份有限公司（6300800600162856009）2020 年 9 月 26 日签发#5691 号支票，金额 82 100 元，系支付给在模拟银行渝北支行开户的田园风味食品有限公司（56911001286253009）的货款。经办人员按规定办理转账手续，如图 4-1-5 所示。

模拟银行西城支行　转账支票　CB 01565691 02

出票日期(大写)　年　月　日　付款行名称：

收款人：　出票人账号：

本支票付款期限十天

人民币（大写）	亿	仟	百	十	万	千	百	十	元	角	分

用途

上列款项请从　科目(借)

我账户内支付　对方科目(贷)

出票人签章　复核　记账

图 4-1-5　办理转账手续

2. 模拟银行西城支行开户单位鸿宇股份有限公司（6300800600179856009）于 2020 年 9 月 26 日签发#5692 号支票，金额 50 000 元，系支付给在模拟银行平山支行开户的胜利电子股份有限公司（8550011002000800006）的货款。经办人员按规定办理转账手续，如图 4-1-6 所示。

模拟银行西城支行　转账支票　CB 01565692 02

出票日期(大写)　年　月　日　付款行名称：

收款人：　出票人账号：

本支票付款期限十天

人民币（大写）	亿	仟	百	十	万	千	百	十	元	角	分

用途

上列款项请从　科目(借)

我账户内支付　对方科目(贷)

出票人签章　复核　记账

图 4-1-6　办理转账手续

【项目活动 2】持票人开户行受理支票的业务处理

【活动目标】

掌握出票人与持票人在不同系统银行开户的情况下,持票人开户行受理转账支票业务的活动流程与基本要领,能按照业务流程进行该业务的账务处理。

【案例引入】

2020 年 10 月 29 日,模拟银行西城支行收到开户单位启辰电子有限公司(6300800600259766009)提交的 #6153 号转账支票与进账单,金额 75 000 元,该转账支票是在模拟银行北岸支行开户的峰源电子股份有限公司(5600125800230013002)10 月 23 日签发,用以支付货款。经审核无误,模拟银行西城支行按规定办理转账手续。

【活动步骤】

持票人开户行受理支票业务活动流程如图 4-1-7 所示。

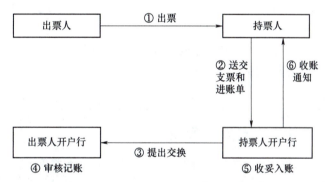

图 4-1-7 持票人开户行受理支票业务活动流程

转账支票出票人签发票据之前,应在开户行备有足额存款,按规定签发支票,并交给持票人,持票人应在规定时间填写三联进账单,连同转账支票提交持票人开户行。

活动步骤 1. 持票人开户行受理业务并进行账务处理

持票人开户行经办人员受理持票人提交的转账支票和进账单时应认真审核,审核要点同前述。经审核无误后,进账单第一联加盖银行业务受理章,交给持票人。

持票人开户行经办人员在第二联进账单上按票据交换场次加盖"收妥入账"戳记,与第三联进账单一起暂存。同时进行相关账务处理,其会计分录如下:

借:清算资金往来(或存放中央银行款项)   75 000
  贷:其他应付款——同城交换暂收款项   75 000

转账支票加盖票据交换专用章,按照票据交换规定及时提出交换(见图 4-1-8)。

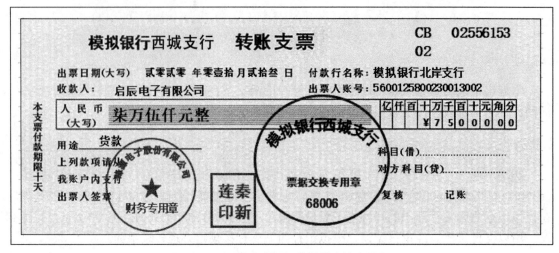

图 4-1-8 转账支票加盖票据交换专用章

活动步骤 2. 出票人开户行对交换提入票据的处理

出票人开户行收到票据交换中心提入的支票后，经审核凭证无误，以转账支票作转账借方传票（见图 4-1-9），将相关信息录入业务处理系统，办理转账。其会计分录如下：

借：吸收存款——活期存款——峰源电子股份有限公司　　　　75 000
　　贷：清算资金往来（或存放中央银行款项）　　　　　　　　　75 000

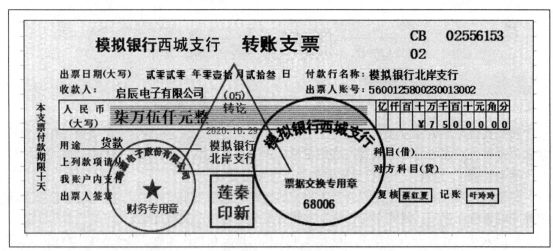

图 4-1-9 转账支票

活动步骤 3. 持票人开户行收妥入账的账务处理

持票人开户行等退票时间过后，以进账单第二联作转账贷方传票，录入信息（见图 4-1-10）。会计分录如下：

借：其他应付款——同城交换暂收款项　　　　　　　　　　　75 000
　　贷：吸收存款——活期存款——启辰电子有限公司　　　　　　75 000

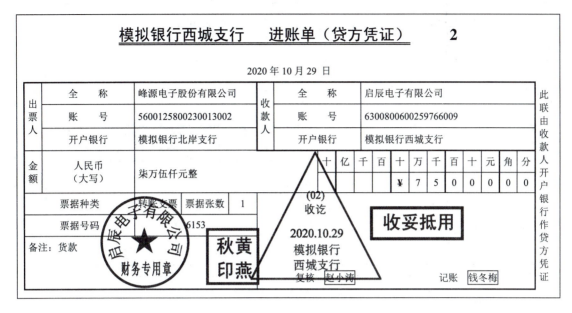

图 4-1-10 转账贷方传票

【模拟实训 4-1-2】

2020 年 10 月 28 日，模拟银行西城支行开户单位晨风百货股份有限公司（6300800600162856009）提交#5056 号转账支票与进账单，金额 290 000 元，该转账支票是在商业银行大学城支行开户的华泰纺织厂（1200700500242833001）10 月 23 日签发的，用以支付货款，见图 4-1-11 和图 4-1-12。

图 4-1-11 转账支票

```
┌─────────────────────────────────────────────────────────────────┐
│         模拟银行西城支行    进账单（贷方凭证）      2          │
│                          年  月  日                              │
├───┬──────┬─────────────────┬───┬──────┬─────────────────┬───────┤
│出 │全  称│                 │收 │全  称│                 │此联由收│
│票 ├──────┼─────────────────┤款 ├──────┼─────────────────┤款人开户│
│人 │账  号│                 │人 │账  号│                 │银行作贷│
│   ├──────┼─────────────────┤   ├──────┼─────────────────┤方凭证 │
│   │开户银行│               │   │开户银行│               │        │
├───┼──────┼───┬─┬─┬─┬─┬─┬─┬─┬─┬─┬─┬─────────────────────┤        │
│金 │人民币│十│亿│千│百│十│万│千│百│十│元│角│分│                  │
│额 │(大写)│  │  │  │  │  │  │  │  │  │  │  │  │                  │
├───┼──────┴──┬──────┬─┴─┴─┴─┴─┴─┴─┴─┴─┴─┴──┤                    │
│   │票据种类 │      │票据张数│                │                    │
│   ├─────────┼──────┴────────┤                │                    │
│   │票据号码 │               │                │                    │
├───┴─────────┴───────────────┤                │                    │
│ 备注：货款                  │    复核    记账 │                    │
└─────────────────────────────┴─────────────────┴────────────────────┘
```

图 4-1-12 进账单

【项目活动 3】支票退票的业务处理

【活动目标】

掌握支票退票业务的账务处理和操作流程，能按照支票退票业务的相关规定进行退票业务的操作处理。

【案例引入】

2020 年 10 月 28 日，模拟银行西城支行开户单位启辰电子有限公司（6300800600259766009）提交 #6153 号转账支票与进账单，金额 75 000 元，该转账支票是在模拟银行北岸支行开户的峰源电子股份有限公司（5600125800230013002）10 月 23 日签发的，用以支付货款。模拟银行西城支行经办人员为其办理相关业务手续，后该支票因余额不足被退票。

【活动步骤】

支票退票业务操作流程如图 4-1-13 所示。

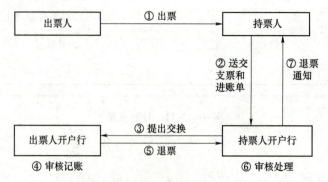

图 4-1-13 支票退票业务操作流程

转账支票出票人签发票据之前，应在开户行备有足额存款，按规定签发支票，并交给持票人，持票人应在规定时间填写三联进账单，连同转账支票提交持票人开户行。

活动步骤 1. 持票人开户行受理业务并进行账务处理

持票人开户行经办人员受理持票人提交的转账支票和进账单时应认真审核，审核要点同前述。经审核无误后，进账单第一联加盖银行业务受理章，交给持票人。

持票人开户行经办人员在第二联进账单上按票据交换场次加盖"收妥入账"戳记，与第三联进账单一起暂存。同时进行相关账务处理，其会计分录如下：

借：清算资金往来（或存放中央银行款项）　　　　　　75 000
　　贷：其他应付款——同城交换暂收款项　　　　　　　　　75 000

转账支票加盖票据交换专用章，按照票据交换规定及时提出交换。具体操作同项目活动 2。

活动步骤 2. 出票人开户行对交换提入票据的处理

出票人开户行收到票据交换中心提入的支票后，经审核，如发现问题需要退票的，应填制一式三联退票理由书，在约定时间通知持票人开户行，并以退票理由书第一联作借方传票，通过"其他应收款"科目，将相关信息录入业务处理系统，办理转账。会计分录如下：

借：其他应收款——同城票据交换暂付款项　　　　　75 000
　　贷：清算资金往来（或存放中央银行款项）　　　　　　75 000

活动步骤 3. 退票，销记"其他应收款"

在两联退票通知书上加盖业务公章后附支票，并在下次交换时划退持票人开户行。

退票时，填制转账借贷方凭证并销记"其他应收款"科目。会计分录如下：

借：清算资金往来（或存放中央银行款项）　　　　　75 000
　　贷：其他应收款——同城票据交换暂付款项　　　　　　75 000

活动步骤 4. 持票人开户行处理退票

持票人开户行收到退票通知，冲销"其他应付款"科目。会计分录如下：

借：其他应付款——同城交换暂收款项　　　　　　　75 000
　　贷：清算资金往来（或存放中央银行款项）　　　　　　75 000

知识拓展

一、引起支票退票的情况或理由

（1）存款不足。
（2）超过放款批准额或经费限额。
（3）非用墨汁或碳素墨水书写。
（4）金额大小写不全、不清楚。
（5）未填写款项用途或用途填写不明。
（6）未填写收款单位或收款人。
（7）按照国家政策规定不能支付的款项。

（8）出票日期已过有效期限。
（9）非即期支票。
（10）背书人签章不清、不全、空白。
（11）日期、账号等涂改处未加盖预留银行签章证明。
（12）支票大小写金额或收款人名称涂改。
（13）此户已结清，无此账号。
（14）出票人已经申请止付。
（15）非该户领用此支票。
（16）非本行承付支票。

二、签发空头支票或签发与其预留的签章不符的支票的法律后果

出票人签发的支票金额超过其付款时在付款人处实有的存款金额，为空头支票。签发空头支票或签发与其预留的签章不符的支票的法律后果包括刑事责任、行政责任和民事责任三个方面。

（1）签发空头支票或签发与其预留的签章不符的支票，骗取财物的，根据《刑法》第194条规定，对这种金融诈骗犯罪，处5年以下有期徒刑或者拘役，并处2万元以上20万元以下罚金；数额巨大或者有其他严重情节的，处5年以上10年以下有期徒刑，并处5万元以上50万元以下罚金；数额特别巨大或者有其他特别严重情节的，处10年以上有期徒刑或者无期徒刑，并处5万元以上50万元以下罚金或者没收财产。

（2）签发空头支票或签发与其预留的签章不符的支票，不以骗取财物为目的的，根据《票据管理实施办法》第31条的规定，由中国人民银行处以票面金额5%但不低于1 000元的罚款；持票人有权要求出票人赔偿支票金额2%的赔偿金。

（3）对屡次签发（一般一个会计年度内三次以上）的，出票人开户银行有权停止其办理支票业务。

【想一想】

哪些情况会引起支票的退票？签发空头支票或签发与其预留的签章不符的支票的法律后果有哪些？

【模拟实训4-1-3】

2020年10月28日，模拟银行西城支行开户单位晨风百货股份有限公司（6300800600162856009）提交#5056号转账支票与进账单，金额290 000元，该转账支票是在商业银行大学城支行开户的华泰纺织厂（1200700500242833001）10月23日签发的，用以支付货款。模拟银行西城支行经办人员为其办理相关业务手续，后该支票因余额不足被退票。请以模拟银行西城支行经办人员进行业务处理。

任务二　银行本票业务处理

任务描述

熟悉银行本票的账务处理和操作流程，掌握银行本票的签发、银行本票兑付、银行本票结清的业务处理。

知识准备

一、银行本票的定义及基本规定

（一）银行本票的定义

银行本票是银行签发的，承诺其在见票时无条件支付确定金额给收款人或持票人的票据。

（二）银行本票的基本规定

（1）银行本票只能用于同城结算，单位和个人在同一票据交换区域，需要支付的各种款项，均可以使用银行本票。

（2）申请人与收款人均为个人，并且交存现金办理的，可以申请签发现金银行本票。注明"现金"字样的银行本票，可以用于支取现金。申请人或收款人一方为个人的，不得签发现金银行本票。

（3）银行本票分为定额本票和不定额本票。定额本票面额为 1 000 元、5 000 元、10 000 元和 50 000 元。

（4）银行本票的出票人为经中国人民银行当地分支行批准办理银行本票业务的银行机构。

（5）银行本票的提示付款期限自出票日起最长不得超过两个月，到期日遇节假日顺延。持票人超过提示付款期限付款的，代理付款人不予受理。

（6）银行本票见票即付。

（7）银行本票一律记名，允许背书转让，但填明"现金"字样的银行本票不能背书转让。

（8）银行本票丧失，失票人可以凭人民法院出具的其享有票据权利的证明，向出票银行请求付款或退款。

（9）银行本票的金额、日期、收款人名称不得更改，更改的票据无效。

（10）签发银行本票必须记载下列事项：

① 表明"银行本票"的字样；
② 无条件支付的承诺；
③ 确定的金额；
④ 收款人名称；

⑤ 出票日期；
⑥ 出票人签章。

银行本票未记载上述规定事项之一的，本票无效。

二、银行本票的结算特点

（一）信用度高

银行本票由银行签发、付款，承付有保证，安全可靠。

（二）流通性强

银行本票可以背书转让，便于结算。

（三）使用灵活

银行本票单位、个人均可使用，单位使用可办理转账业务，个人使用既可以转账，也可以提取现金。

三、银行本票结算基本程序

银行本票结算基本程序见图4-2-1。

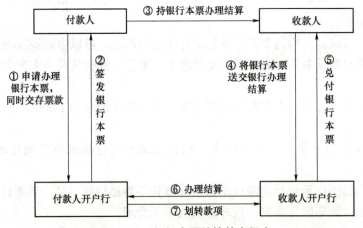

图4-2-1 银行本票结算基本程序

知识拓展

新型支付渠道

随着计算机和网络技术的飞速发展，新型电子支付工具不断出现，满足了客户多样性和个性化的支付需求。其中，以互联网支付为典型代表的电子支付方式蓬勃发展，业务量大幅增加，逐渐成为我国非现金支付方式的重要组成部分。下面简要介绍几种常用的电子支付工具：

1. 个人网上银行

个人网上银行是指银行利用互联网技术，为客户提供账户查询、转账汇款、投资理财、在线支付、缴费等金融服务的网上银行服务。客户可以足不出户就能够安全便捷地管理活期和定期存款、信用卡及个人投资等金融业务。

客户若想办理网上银行业务，只需到柜台办理签约手续或者直接登录银行官网网页，点击申请即可成为网上银行客户。

2. 电话银行

电话银行是银行通过电话自动语音及人工服务应答（客户服务中心）方式为客户提供的银行服务。银行客户除了拨打固定电话之外，还可使用手机接入银行语音服务系统，使用电话银行服务。

电话银行的服务功能包括各类账户之间的转账、代收代付、各类个人账户资料的查询、个人实盘外汇买卖等。

部分电话银行功能需要在银行柜台办理签约手续后才能开通。

3. 手机银行

手机银行是指利用移动电话技术为客户提供的金融服务。手机银行是网上银行的延伸，也是继网上银行、电话银行之后又一种方便银行用户的金融业务服务方式，有贴身"电子钱包"之称。

手机银行提供的服务包括账户查询、转账、缴费、外汇买卖等。

4. 支付机构提供的互联网支付服务

支付机构是指取得中国人民银行颁发的支付业务许可证，为收付款人提供互联网支付等资金转移服务的非金融机构。

按照支付机构提供的支付服务方式不同，互联网支付分为银行账户模式和支付账户模式。银行账户模式是指支付机构将自身系统与银行支付网关相连，付款人通过支付机构向其开户银行提交支付指令，直接将银行账户内的货币资金转入收款人指定账户的支付方式。支付账户模式是指付款人先把资金充入支付机构提供的账户，在需实际支付时，付款人直接向支付机构提交支付指令，将支付账户内的货币资金转入收款人指定账户的支付方式。

【项目活动1】银行本票签发

【活动目标】

掌握单位银行本票签发业务的账务处理和操作流程，能按照银行本票业务的相关规定完成银行本票签发的业务处理。

【案例引入】

2020年10月26日，模拟银行西城支行开户单位远洋百货股份有限公司（6300200700178956073）提交业务申请书，申请签发银行本票，金额800 700元，是支付给在建行西南支行开户的怡达通信有限公司（350020013470015）的货款。银行经办人员按规定为其办理银行本票签发手续。

【活动步骤】

活动步骤1. 业务受理与凭证审核

申请人需要使用银行本票,应向银行提交银行本票申请书。银行本票申请书一式三联,见图4-2-2和图4-2-3,以第一联作申请人回单,第二联作银行转账借方传票,第三联作银行转账贷方传票。交现金办理银行本票的,第二联注销。

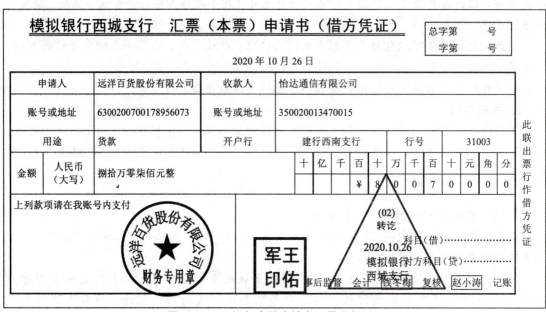

图4-2-2 银行本票申请书(借方凭证)

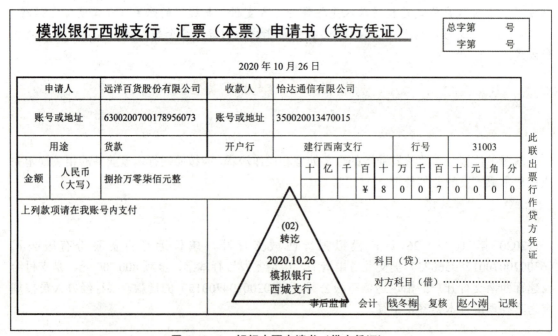

图4-2-3 银行本票申请书(贷方凭证)

银行经办人员受理银行本票申请书时,应认真审核申请书填写的各项内容是否齐全、清楚;金额填写是否规范,大小写是否一致;加盖的签章与预留银行签章是否一致;申请书注明"现金"字样的,申请人和收款人是否均为个人。审核无误后,办理转账。

活动步骤 2. 收取款项账务处理

其会计分录为:

借:吸收存款——活期存款——远洋百货股份有限公司　　　　800 700
　　贷:开出本票　　　　　　　　　　　　　　　　　　　　　800 700

"开出本票"是负债类会计科目,用于核算银行签发银行本票所吸收的款项。银行签发银行本票时,记入该科目贷方;银行兑付银行本票及向中央银行清算资金时,记入该科目借方;期末余额在贷方,表示已签发尚未兑付的银行本票。

活动步骤 3. 签发银行本票

在办理转账或收妥现金后签发银行本票。银行本票一式两联,第一联为卡片,第二联为银行本票正本,见图 4-2-4。

图 4-2-4　银行本票正本

签发银行本票时应注意:

(1) 出票日期和金额必须大写;

(2) 申请人申请签发转账本票的,应在转账选择框前打钩。

(3) 业务申请书注明"不得转让"字样的,应在银行本票备注栏内注明。

同时登记开出本票登记簿、重要空白凭证登记簿。

活动步骤 4. 银行本票复核盖章

签发的银行本票经复核无误后,按规定程序加编本票密押,加盖银行本票专用章,并由授权的经办人签名或盖章后交申请人。

活动步骤 5. 后续处理

银行经办人员在相关记账凭证上加盖转讫章及经办人员名章,作为办理业务的凭证与其他凭证一起装订保管。将银行本票第一联卡片加盖经办、复核人员名章后放在专夹保管。

【想一想】

银行本票的操作流程和账务处理分为哪几个阶段？应如何进行处理？

【模拟实训 4-2-1】

1. 模拟银行西城支行开户单位启辰电子有限公司（63008006002597660009）提交业务申请书一份，申请签发银行本票，金额 300 000 元，收款人为在本市商业银行北江支行开户的远山机械有限公司（710050034200368），用以支付货款。经办人员审核后，予以签发银行本票，见图 4-2-5。

图 4-2-5 签发银行本票

2. 模拟银行西城支行开户单位启辰电子有限公司（63008006002597660009）提交业务申请书一份，申请签发银行本票，金额 326 000 元，系支付给在农行西南支行开户的德欣电子有限公司（65200020001856）的货款，经办人员审核后，予以签发银行本票，见图 4-2-6。

图 4-2-6 签发银行本票

【项目活动 2】银行本票兑付

【活动目标】

掌握单位银行本票代理付款行兑付业务的账务处理和操作流程，能按照银行本票兑付的相关规定进行银行本票兑付的业务处理。

【案例引入】

2020 年 11 月 23 日，在建设银行西南支行开户的怡达通信有限公司（350020013470015）提交进账单和#1976 号银行本票，金额 800 700 元，本票是在模拟银行西城支行开户单位远洋百货股份有限公司（6300200700178956073）10 月 26 日申请签发的，用于支付货款。建行西南支行经办人员按规定为其办理银行本票兑付手续。

【活动步骤】

活动步骤 1. 业务受理与凭证审核

银行本票持票人应填写一式三联进账单，连同银行本票一并送交代理付款行。

代理付款行收到银行本票与进账单后，应认真审核以下内容：

（1）银行本票是否真实，是否超过提示付款期限。

（2）本票填明的持票人是否在本行开户，与进账单上的名称是否一致。

（3）本票必须记载的事项是否齐全，金额、出票日期、收款人名称等是否更改，其他记载事项的更改是否由原记载人签章证明。

（4）出票行的签章是否符合规定，加盖的票据专用章是否与印模相符。

（5）不定额银行本票是否有统一制作的压数机压印的金额，大小写出票金额是否一致；密押是否正确。

（6）持票人是否在本票背面"持票人向银行提示付款签章"处签章，背书转让的本票是否按规定的范围转让，其背书是否连续，签章是否符合规定，背书使用粘单的，是否按规定在粘接处签章。

活动步骤 2. 账务处理

经审核无误，银行经办人员将进账单第一联加盖业务受理章，作为业务受理证明，进账单第三联加盖转讫章，作为收账通知，一并交给持票人。

同时进行相关账务处理，将进账单第二联作转账贷方传票，见图 4-2-7，将银行本票加盖转讫章，通过票据交换向出票行提出交换，见图 4-2-8。

其会计分录如下：

借：清算资金往来——同城票据清算　　　　　　　　　　　　800 700
　　贷：吸收存款——活期存款——怡达通信有限公司　　　　800 700

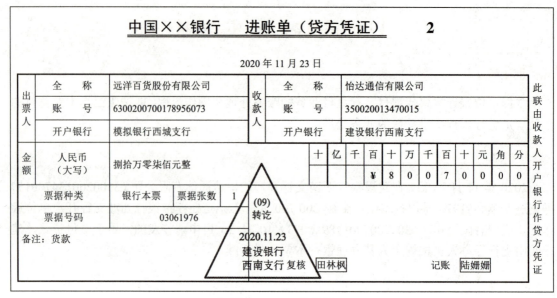

图4-2-7 进账单

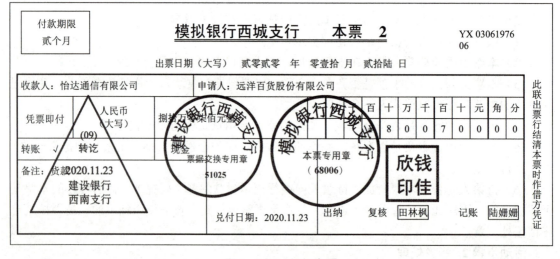

图4-2-8 银行本票

活动步骤3. 后续处理

建设银行西南支行经办人员在相关记账传票上加盖转讫章及经办人员名章,作为办理业务的传票和其他传票一起装订保管。

【模拟实训4-2-2】

2020年11月23日,工商银行北大街支行开户单位中天纺织品有限公司(6300200705985956076)提交进账单和#8676号银行本票,金额129 000元,本票是在模拟银行西城支行开户单位南洋百货股份有限公司(3002500378540013001)2020年10月27日申请签发的,用于支付货款,见图4-2-9和图4-2-10。

要求:请按照银行本票兑付的相关规定和操作流程,以工商银行北大街支行经办人员的身份按规定为其办理银行本票兑付业务并进行账务处理。

付款期限
贰个月

中国××银行　　本票　2　　　CB 03008676
06

出票日期（大写）　　　年　　月　　日

收款人：			申请人：												
凭票即付	人民币（大写）		十	亿	千	百	十	万	千	百	十	元	角	分	
转账　√	现金														
备注：		兑付日期	出纳　　复核　　记账												

此联出票行结清本票时作借方凭证

图 4-2-9　办理银行本票兑付业务

中国××银行　　进账单（贷方凭证）　　2

年　　月　　日

出票人	全　称		收款人	全　称												
	账　号			账　号												
	开户银行			开户银行												
金额	人民币（大写）				十	亿	千	百	十	万	千	百	十	元	角	分
票据种类		票据张数														
票据号码																
备注：				复核　　记账												

此联由收款人开户银行作贷方凭证

图 4-2-10　办理银行本票兑付业务

【项目活动 3】银行本票结清

【活动目标】

掌握单位银行本票结清业务的账务处理和操作流程，能按照银行本票结清业务的相关规定进行银行本票结清的业务处理。

【案例引入】

2020 年 11 月 24 日，模拟银行西城支行经办人员收到同城票据交换提入的银行本票一张，金额 800 700 元，是开户单位远洋百货股份有限公司（6300200700178956073）10 月 26 日申请签发的，支付给在建行西南支行开户的怡达通信有限公司（350020013470015）的货款。经办人员按规定办理本票结清手续。

【活动步骤】

活动步骤 1. 票据审核

出票行收到同城票据交换提入的银行本票时，应抽出用专夹保管的本票卡片进行核对。经审核无误，确系本行签发的银行本票。

活动步骤 2. 账务处理

经审核无误，确系本行签发的银行本票后，以银行本票作转账借方传票，以卡片作附件，办理转账。会计分录如下：

借：开出本票　　　　　　　　　　　　　　　　　　　　　　800 700
　　贷：清算资金往来——同城票据清算　　　　　　　　　　800 700

活动步骤 3. 后续处理

银行经办人员在相关记账传票上加盖转讫章及经办人员名章，作为办理业务的凭证与其他凭证一起装订保管。

【想一想】

支票与银行本票有何区别？

【模拟实训 4-2-3】

2020 年 11 月 24 日，工商银行北大街支行收到同城票据交换提入的银行本票一张，金额 129 000 元，是开户单位南洋百货股份有限公司（3002500378540013001）2020 年 10 月 27 日申请签发的，用以支付给在模拟银行西城支行开户单位中天纺织品有限公司（6300200705985956076）的货款。请以工商银行北大街支行经办人员的身份按规定办理本票结清手续。

任务三　银行汇票业务处理

任务描述

熟悉银行汇票业务的账务处理和操作流程，掌握银行汇票签发、银行汇票兑付、银行汇票结清的业务处理。

知识准备

一、银行汇票的定义

银行汇票是出票银行签发的,由其在见票时按照实际结算金额无条件支付给收款人或持票人的票据。

二、银行汇票的基本规定

(1) 单位和个人的各种款项结算,均可以使用银行汇票。
(2) 签发银行汇票必须记载下列事项:
① 表明"银行汇票"的字样;
② 无条件支付的承诺;
③ 出票金额;
④ 付款人名称;
⑤ 收款人名称;
⑥ 出票日期;
⑦ 出票人签章。
欠缺上面记载事项之一的,银行汇票无效。
(3) 代理付款人不得受理未在本行开立存款账户的、持票人为单位的直接提交的银行汇票。
(4) 银行汇票的付款人为出票银行。银行汇票的代理付款人是代理本系统出票银行或跨系统签约银行审核支付汇票款项的银行。
(5) 银行汇票可以用于转账;申请人和收款人均为个人,并且交存现金办理的,可以申请签发现金银行汇票。
(6) 银行汇票一律记名。银行汇票背书转让时,以不超过出票金额的实际结算金额为准,但填明"现金"字样的银行汇票不得背书转让。
(7) 银行汇票的提示付款期限自出票日起一个月。持票人超过付款期限提示付款的,代理付款人不予受理。
(8) 银行汇票的出票金额(含实际结算金额)、出票日期和收款人名称不得更改,更改的票据无效。
(9) 持票人向银行提示付款时,必须同时提交银行汇票和解讫通知,缺少任何一联,银行不予受理。
(10) 银行汇票的实际结算金额低于出票金额的,其多余金额由出票银行退交申请人。

三、银行汇票结算基本程序

银行汇票结算基本程序见图 4-3-1。

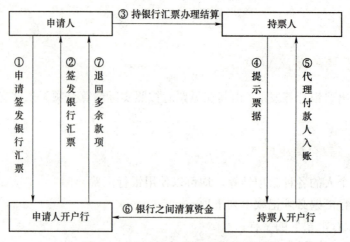

图 4-3-1　银行汇票结算基本程序

【项目活动1】银行汇票签发

【活动目标】

掌握银行汇票出票银行的账务处理和操作流程，能按照相关规定进行银行汇票签发的业务处理。

【案例引入】

2020年10月26日，模拟银行西城支行开户单位鸿宇股份有限公司（6300800600179856009）提交银行汇票申请书，申请签发银行汇票（见图4-3-2和图4-3-3），金额65 000元，收款人为在商业银行北海市支行开户的逸品商贸有限公司（5100016879600030058），用以支付货款。

【活动步骤】

活动步骤1. 业务受理与凭证审核

申请人提交一式三联的汇票申请书（以下简称申请书），第一联申请人留存，第二联出票银行作借方传票，第三联出票银行作贷方传票。

出票银行经办人员受理开户单位提交的一式三联汇票申请书，应认真审核以下内容：

（1）申请书内容是否填写齐全、清晰。

（2）申请日期、收款人账号户名及出票金额等重要事项是否涂改。

（3）金额填写是否规范，大小写是否一致，是否超过存款余额。

（4）如果签发转账汇票，审核申请书加盖的签章与该单位预留银行签章是否一致，如果签发现金汇票，还要审核申请人和收款人是否均为个人并交存现金。

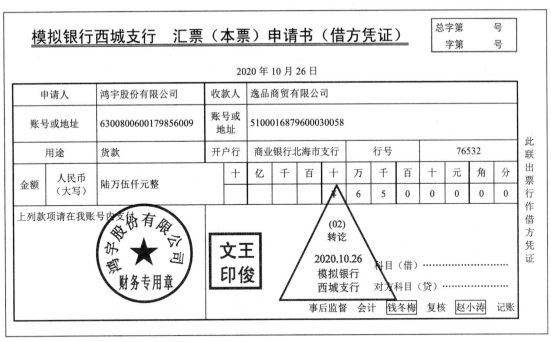

图 4-3-2 汇票申请书①

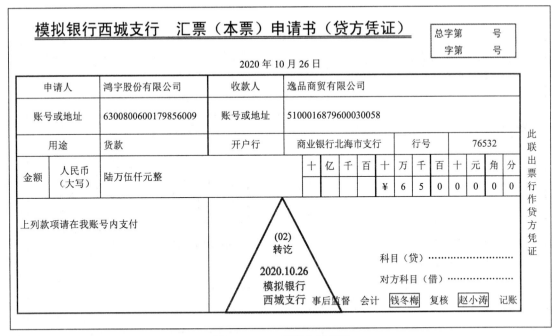

图 4-3-3 汇票申请书②

活动步骤 2. 收取款项账务处理

（1）申请转账汇票的，其会计分录如下：

借：吸收存款——活期存款——鸿宇股份有限公司　　　　　65 000
　　贷：汇出汇款　　　　　　　　　　　　　　　　　　　　65 000

(2) 申请现金汇票的，其会计分录如下：
借：库存现金　　　　　　　　　　　　　　　　　　　　　　　65 000
　　贷：汇出汇款　　　　　　　　　　　　　　　　　　　　　　　　65 000

活动步骤 3. 签发银行汇票

出票行经办人员在办好转账或收妥现金后，签发银行汇票。银行汇票一式四联，第一联作卡片，第二联作汇票联，第三联作解讫通知，第四联作多余款项收账通知，见图4-3-4和图4-3-5。

签发银行汇票时，出票日期和金额必须大写；签发转账银行汇票的，一律不得填写代理付款行名称，申请书注明"不得转让"字样的，应在银行汇票备注栏内注明。

签发的银行汇票经复核无误，根据相关业务规定编制密押，在银行汇票第二联加盖汇票专用章并由授权的经办人签名或盖章后，连同第三联解讫通知一并交申请人。银行留存第一联卡片和第四联多余款项收账通知，同时登记重要空白凭证登记簿，登记如下：

付出：重要空白凭证——银行汇票

| 付款期限 | 模拟银行西城支行 | | CH 03066752 |
| 壹个月 | 银行汇票　　　2 | | 03 |

出票日期
（大写）贰零贰零 年 零壹拾 月 贰拾陆 日
代理付款行：　　　　行号：

收款人：逸品商贸有限公司　　账号：5100016879600030058

出票金额 人民币
（大写）陆万伍仟元整　　　　￥65000.00

实际结算金额人民币
（大写）　　千百十万千百十元角分

申请人：鸿宇股份有限公司　　账号或住址：6300800600179856009
出票行：模拟银行西城支行　　行号：68006

备注：货款
凭票付款
出票行签章

密押：
多余金额
千百十万千百十元角分

科目（借）
对方科目（贷）
转账日期　年 月 日
复核　　　记账

此联代理付款行付款后作联行往账借方凭证附件

图4-3-4　银行汇票（汇票联）

```
┌─────────────────────────────────────────────────────────────────────────┐
│  ┌─────────┐        模拟银行西城支行              │ CH  03066752        │
│  │付款期限 │       银行汇票（解讫通知）      3   │     03              │
│  │ 壹个月  │                                                           │
│  └─────────┘                                                           │
│                                                                         │
│   出票日期                                                              │
│   （大写）贰零贰零 年 零壹拾 月 贰拾陆 日                               │
│                                      代理付款行：        行号：         │
│                                                                         │
│     收款人： 逸品商贸有限公司    账号：5100016879600030058              │
│                                                                         │
│     出票金额 人民币                                                     │
│         （大写）陆万伍仟元整              ￥65000.00                    │
│                                                                         │
│     实际结算金额人民币      │千│百│十│万│千│百│十│元│角│分│             │
│          （大写）                                                       │
│                                                                         │
│   申                                                                    │
│   请人： 鸿宇股份有限公司       账号或住址：6300800600179856009         │
│   出票行： 模拟银行西城支行        行号：68006                          │
│                                                                         │
│   备注： 货款              密押：         科目（借）                    │
│   凭票付款                 多余金额        对方科目（贷）               │
│                         │千│百│十│万│千│百│十│元│角│分│ 转账日期  年 月│
│   代理付款行签章                                    日                  │
│                                                    复核     记账       │
└─────────────────────────────────────────────────────────────────────────┘
```

此联代理付款行兑付后随报单寄出票行，由出票行作多余款贷方凭证

图 4-3-5 银行汇票（解讫通知）

【模拟实训 4-3-1】

2020 年 10 月 26 日，模拟银行西城支行开户单位鸿宇股份有限公司（6300800600179856009），提交银行汇票申请书，申请签发银行汇票，金额 129 000 元，收款人为在农业银行北海市支行开户的田源物资有限公司（5326300000185670008），用以支付货款，见图 4-3-6 和图 4-3-7。

模拟银行西城支行　汇票（本票）申请书（借方凭证）

总字第　　号
字第　　号

年　月　日

申请人		收款人											
账号或地址		账号或地址											
用途		开户行		行号									
金额	人民币（大写）		十	亿	千	百	十	万	千	百	十	元	角	分
上列款项请在我账号内支付														

科目（借）……………
对方科目（贷）……………

事后监督　　会计　　复核　　记账

（此联出票行作借方凭证）

图 4-3-6　汇票申请书

模拟银行西城支行　银行汇票　2

CH 0306675703

付款期限　壹个月

出票日期
（大写）　年　月　日

代理付款行：　　　行号：

收款人：　　　　　账号：

出票金额　人民币
　　　　　（大写）

实际结算金额人民币（大写）	千	百	十	万	千	百	十	元	角	分

申请人：　　　　　账号或住址：
出票行：　　　　　行号：
备注：
凭票付款

密押：
多余金额

千	百	十	万	千	百	十	元	角	分

科目（借）
对方科目（贷）
转账日期　年　月　日
复核　　记账

出票行签章

（此联代理付款行付款后作联行往账借方凭证附件）

图 4-3-7　银行汇票

【项目活动 2】银行汇票兑付

【活动目标】

掌握单位银行汇票代理付款行兑付业务的账务处理和操作流程,能按照相关规定办理银行汇票的兑付业务。

【案例引入】

商业银行北海市支行开户的逸品商贸有限公司（5100016879600030058）2020 年 11 月 12 日提交进账单、银行汇票和解讫通知,汇票金额为 65 000 元,进账单及实际结算金额为 65 000 元,银行汇票是模拟银行西城支行 2020 年 10 月 26 日签发的,汇票申请人为在模拟银行西城支行开户单位鸿宇股份有限公司（6300800600179856009）。

【活动步骤】

持票人应根据银行汇票内容在规定时间填写一式三联进账单,连同银行汇票、解讫通知一并提交持票人开户行。

活动步骤 1. 业务受理与凭证审核

代理付款行经办人员收到凭证后应认真审核以下有关内容:

（1）银行汇票和解讫通知的号码、内容是否一致,有无涂改。

（2）汇票是否真实,是否超过提示付款期限。

（3）汇票填明的持票人是否在本行开户,与进账单上的名称是否一致。

（4）汇票必须记载的事项是否齐全,出票金额、实际结算金额、出票日期、收款人名称等是否更改,其他记载事项的更改是否由原记载人签章证明。

（5）出票行的签章是否符合规定,加盖的汇票专用章是否与印模相符。

（6）出票金额大小写是否一致。

（7）汇票的实际结算金额是否在出票金额以内,与进账单金额是否一致,多余金额结计是否正确。

（8）持票人是否在背面签章,转让汇票背书是否连续。

活动步骤 2. 银行汇票兑付

经审查无误后,代理付款行经办人员将进账单第二联作贷方传票,银行汇票第二联作借方传票附件,进行账务处理,其会计分录如下:

借：清算资金往来　　　　　　　　　　　　　　　　65 000
　　贷：吸收存款——活期存款——逸品商贸有限公司　　65 000

银行经办人员将进账单第一联加盖业务受理章,作业务受理证明,将进账单第三联加盖业务转讫章,作收账通知,一并交持票人。

活动步骤 3. 后续处理

代理付款行经办人员在相关记账传票上加盖业务转讫章及经办人员个人名章,与其他传票一起装订保管,同时按照规定将银行汇票兑付信息通知出票行。

【模拟实训4-3-2】

农业银行北海市支行开户的田源物资有限公司（5326300000185670008）2020年11月13日提交进账单和#6757号银行汇票和解讫通知，汇票金额为129 000元，进账单及实际结算金额为129 000元，银行汇票是模拟银行西城支行2020年10月26日签发的，汇票申请人为在模拟银行西城支行开户单位鸿宇股份有限公司（6300800600179856009）。

请作为代理付款行经办人员办理银行汇票的兑付业务，见图4-3-8和图4-3-9。

付款期限 壹个月	模拟银行西城支行 银行汇票（解讫通知）										CH 03066757 03
出票日期（大写）　年　月　日				代理付款行：			行号：				
收款人：				账号：							
出票金额 人民币（大写）											
实际结算金额人民币（大写）		千	百	十	万	千	百	十	元	角	分
申请人： 出票行：				账号或住址： 行号：							
备注： 凭票付款 代理付款行签章	密押： 多余金额										科目（借） 对方科目（贷） 转账日期　年　月　日 复核　　记账
	千	百	十	万	千	百	十	元	角	分	

此联代理付款行兑付后随报单寄出票行，由出票行作多余款贷方凭证

图4-3-8　办理银行汇票的兑付业务

```
                中国××银行    进账单（贷方凭证）        2
                                年  月  日
┌─────┬──────────┬──────┬─────┬─────┬──────┬──┬──┬──┬──┬──┬──┬──┬──┬──┬──┬──┐
│ 出  │ 全    称 │      │ 收  │ 全    称 │                                  │
│ 票  ├──────────┤      │ 款  ├──────────┤                                  │
│ 人  │ 账    号 │      │ 人  │ 账    号 │                                  │
│     ├──────────┤      │     ├──────────┤                                  │
│     │ 开户银行 │      │     │ 开户银行 │                                  │
├─────┼──────────┼──────┴─────┴──────┬──┬──┬──┬──┬──┬──┬──┬──┬──┬──┬──┤
│ 金  │  人民币  │                    │十│亿│千│百│十│万│千│百│十│元│角│分│
│ 额  │  （大写）│                    │  │  │  │  │  │  │  │  │  │  │  │  │
├─────┼──────────┼──────┬──────────┴──┴──┴──┴──┴──┴──┴──┴──┴──┴──┴──┴──┤
│ 票据种类 │       │ 票据张数 │                                              │
├──────────┤       ├──────────┤                                              │
│ 票据号码 │       │          │                                              │
├──────────┴──────────────────┤                                              │
│ 备注：货款                  │                                              │
└─────────────────────────────┴──────────────────────────────────────────────┘
                                        复核         记账
```

图 4-3-9 办理银行汇票的兑付业务

【项目活动 3】银行汇票结清

【活动目标】

掌握银行汇票结清的账务处理和操作流程，能按照银行汇票结清的相关规定办理银行汇票的结清业务。

【案例引入】

2020 年 11 月 13 日，模拟银行西城支行经办人员收到商业银行北海市支行发来的汇票解讫借报信息，汇票是在本行开户的鸿宇股份有限公司（6300800600179856009）2020 年 10 月 26 日申请签发的，支付在商业银行北海市支行开户的逸品商贸有限公司（5100016879600030058）的货款，汇票金额 65 000 元，经办人员按规定办理银行汇票结清业务。

活动步骤 1. 来账确认

出票行收到代理付款行通过辖内系统或人民银行支付清算系统发来的付款信息，审核无误后打印资金汇划补充凭证（见图 4-3-10），抽出放在专夹保管的汇票卡片，经核对确属本行签发，报单金额与实际结算金额相符，多余金额结计正确无误。

```
                    模拟银行西城支行      资金汇划补充凭证
                              2020 年 11 月 13 日
  发报日期     20201113              业务种类      银行汇票
  发报流水号   20200019              收报流水号    8600601
  发报行行号   76532                 发报行名称    商业银行北海市支行
  收报行行号   68006                 收报行名称    模拟银行西城支行
  收款人账号   5100016879600030058   收款人名称    逸品商贸有限公司
  收款人地址   北海市
  付款人账号   6300800600179856009   付款人名称    鸿宇股份有限公司
  付款人地址   重庆市
  货币种类金额 ￥65000.00            人民币        陆万伍仟元整
  摘要  货款
  原汇票金额   ￥65000.00   原汇票号码 03066752    原出票日期  20201026
  网点  003         交易码  4562      流水号  86003        柜员号  00301
  事后监督          主管              复核                  会计
```

图 4-3-10 资金汇划补充凭证

活动步骤 2. 账务处理

（1）银行汇票全额付款的账务处理。

出票行经办人员应在汇票卡片的实际结算金额栏填入全部金额，在多余款收账通知的多余金额栏填写"0"，汇票卡片作借方凭证，资金汇划补充凭证（或解讫通知）与第四联多余款收账通知作借方凭证附件（见图 4-3-11），将相关信息录入业务处理系统，办理转账业务。其会计分录如下：

借：汇出汇款　　　　　　　　　　　　　　　　　　　　　65 000
　　贷：清算资金往来　　　　　　　　　　　　　　　　　　65 000

同时销记汇出汇款登记簿。

（2）银行汇票非全额付款的账务处理。

接上例，如果实际结算金额为 60 000 元，出票行经办人员应在汇票卡片的实际结算金额栏填写实际结算金额，将多余金额填写在多余款收账通知的多余金额栏内，以汇票卡片作借方凭证；以资金汇划补充凭证（或第三联解讫通知）作多余款转账贷方凭证；将相关信息录入业务处理系统，办理转账业务。会计分录如下：

借：汇出汇款　　　　　　　　　　　　　　　　　　　　　65 000
　　贷：清算资金往来　　　　　　　　　　　　　　　　　　60 000
　　　　吸收存款——活期存款——鸿宇股份有限公司　　　　5 000

在多余款收账通知的多余金额栏填写多余金额，并加盖转讫章，通知申请人。

同时销记汇出汇款登记簿。

（3）申请人未在银行开立存款账户。

如果申请人未在银行开立存款账户，则应将多余金额先转入"其他应付款"科目。其会计分录如下：

```
                                         模拟银行西城支行
               付款期限                   银行汇票（多余款）  4         CH  03066752
               壹个月                        收账通知                       03

出票日期
（大写） 贰零贰零 年 零壹拾 月 贰拾陆 日              代理付款行：          行号：

收款人：逸品商贸有限公司              账号：5100016879600030058

出票金额 人民币
     （大写）陆万伍仟元整                              ¥65000.00

实际结算金额人民币                         | 千 | 百 | 十 | 万 | 千 | 百 | 十 | 元 | 角 | 分 |
     （大写）陆万伍仟元整                   |    |    |    | ¥  | 6  | 5  | 0  | 0  | 0  | 0  |

申请人：鸿宇股份有限公司             账号或住址：6300800600179856009
出票行：模拟银行西城支行             行号：68006

备注：货款          密押：
凭票付款            多余金额             左列退回多余金额已收
                                          入你账户内。
                千 百 十 万 千 百 十 元 角 分    复核        记账
出票行签章                               0
```

图 4-3-11 收账通知

借：汇出汇款   65 000
　　贷：清算资金往来   60 000
　　贷：其他应付款——申请人户   5 000
同时销记汇出汇款登记簿，并通知申请人来行领取。领取时其会计分录如下：
借：其他应付款——申请人户   5 000
　　贷：库存现金   5 000

活动步骤 3. 后续处理

银行经办人员在相关记账凭证上加盖转讫章及经办人员名章，作为办理业务的凭证与其他凭证一起装订保管，将第四联多余款收账通知加盖转讫章，作收账通知，交申请人，同时销记汇出汇款登记簿。

【想一想】

银行本票、银行汇票各有哪些基本规定？

【模拟实训 4-3-3】

2020 年 11 月 16 日，模拟银行西城支行经办人员收到农业银行北海市支行发来的汇票解讫通知，见图 4-3-12，汇票是在本行开户的鸿宇股份有限公司（6300800600179856009）2020 年 10 月 26 日申请签发的，用以支付在农业银行北海市支行开户的田源物资有限公司（5326300000185670008）的货款，汇票金额 129 000 元，请以出票行经办人员的身份按规定办理银行汇票结清业务。

模拟银行西城支行　资金汇划补充凭证			
年　月　日			
发报日期		业务种类	
发报流水号		收报流水号	
发报行行号		发报行名称	
收报行行号		收报行名称	
收款人账号		收款人名称	
收款人地址			
付款人账号		付款人名称	
付款人地址			
货币种类金额	人民币		
摘要			
原汇票金额	原汇票号码	原出票日期	
网点	交易码	流水号	柜员号
事后监督	主管	复核	会计

图 4-3-12　汇票解讫通知

任务四　商业汇票业务处理

任务描述

熟悉商业汇票的账务处理和操作流程，掌握持票人开户行受理商业承兑汇票的业务处理，能按照相关规定进行商业承兑汇票托收业务的处理；掌握付款人开户银行收到持票人开户行发来的委托收款凭证及汇票的业务处理；掌握持票人开户行收到划回票款或退回凭证的业务处理。

熟悉银行承兑汇票业务的基本规定；掌握承兑银行受理汇票承兑的处理；掌握银行承兑汇票到期托收的业务处理；掌握银行承兑汇票到期承兑行扣收款项与划付款项的业务处理；掌握银行承兑汇票到期款项划回款项的业务处理。

知识准备

一、商业汇票的概念

商业汇票是指由出票人签发，委托付款人在指定日期无条件支付确定的金额给收款人或持票人的票据。

二、商业汇票的分类

商业汇票必须经过承兑，商业汇票的付款人为承兑人。商业汇票按照承兑人的不同，可以分为商业承兑汇票和银行承兑汇票。由银行以外的付款人承兑的汇票称为商业承兑汇票；由银行承兑的汇票称为银行承兑汇票。商业承兑汇票可以由付款人签发并承兑，也可以由收款人签发交由付款人承兑。

三、商业汇票的基本规定

（1）在银行开立存款账户的法人以及其他组织之间，必须具有真实的交易关系和债权债务关系，才能使用商业汇票。

（2）签发商业汇票必须记载下列内容：

① 表明"商业承兑汇票"的字样或"银行承兑汇票"的字样；
② 无条件支付的承诺；
③ 确定的金额；
④ 付款人名称；
⑤ 收款人名称；
⑥ 出票日期；
⑦ 出票人签章。

欠缺记载上列事项之一的，商业汇票无效。

（3）银行承兑汇票的出票人必须具备三个条件：

① 在承兑银行开立存款账户的法人以及其他组织；
② 与承兑银行具有真实的委托付款关系；
③ 资信状况良好，具有支付汇票金额的可靠资金来源。

（4）出票人不得签发无对价的商业汇票，用以骗取银行或者其他票据当事人的资金。

（5）商业汇票可以在签发时向付款人提示承兑后使用，也可以在汇票出票后先使用再向付款人提示承兑。

（6）商业汇票的付款期限最长不得超过6个月。商业汇票的提示付款期限，自汇票到期日起10日。持票人应在提示付款期内通过开户银行委托收款或直接向付款人提示付款。持票人超过提示付款期限提示付款的，持票人开户银行不予受理。

（7）商业汇票可以背书转让。

（8）银行承兑汇票的出票人应于汇票到期前将票款足额交存其开户银行。承兑银行应在汇票到期日或到期日后的见票当日支付票款。银行承兑汇票到期时，出票人若不能足额付款，承兑银行代其无条件支付款项，并按日向出票人加收万分之五的利息。

（9）符合条件的商业汇票的持票人可持未到期的商业汇票连同贴现凭证向银行申请贴现。贴现银行可将未到期的商业汇票向其他银行申请转贴现，也可向人民银行申请再贴现。

【项目活动1】商业承兑汇票结算业务处理

【活动目标】

熟悉商业承兑汇票业务的基本规定，掌握商业银行受理商业承兑汇票的账务处理和操作流程；掌握持票人开户行受理商业承兑汇票的业务处理，能按照相关规定进行商业承兑汇票托收业务的处理；掌握付款人开户行收到持票人开户行发来的委托收款凭证及汇票的业务处理；掌握持票人开户行收到划回票款或退回凭证的业务处理。

【案例引入】

2020年10月26日，在模拟银行西城支行开户的启辰电子有限公司（6300800600259766009）提交托收凭证和在模拟银行南山支行（51906）开户的诚信百货有限公司（9620005843500036503）2020年6月26日签发承兑的商业承兑汇票，金额600 000元，申请办理托收。经办人员按规定为其办理托收手续。

【基本知识】

一、商业承兑汇票基本程序

商业承兑汇票基本程序见图4-4-1。

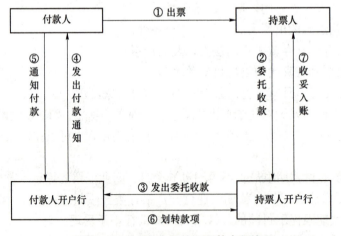

图4-4-1　商业承兑汇票基本程序

二、商业承兑汇票业务处理

（一）持票人开户行受理商业承兑汇票的业务处理

商业承兑汇票一式三联（见图4-4-2），第一联为卡片，由承兑人留存；第二联为商业承兑汇票正本，由持票人开户行随委托收款凭证寄付款人开户行，作借方传票附件；第三联为存根联，由出票人留存。

商业承兑汇票在承兑时，承兑人应在商业承兑汇票第二联正面的有关栏内签署"承兑字样,并加盖预留银行签章,然后将商业承兑汇票交给收款人。

持票人持商业承兑汇票,委托开户行收款时,应填制委托收款凭证,在"委托收款凭据名称"栏内注明"商业承兑汇票"字样及其号码(见图4-4-3),连同商业承兑汇票一并提交开户行。

持票人开户行收到持票人交来的委托收款凭证和汇票后,应认真审核以下内容:

(1)汇票是否统一印制的凭证。

(2)提示付款期限是否超过。

(3)汇票上填明的持票人是否在本行开户。

(4)出票人、承兑人的签章是否符合规定。

(5)汇票必须记载的事项是否齐全,出票日期、出票金额、收款人名称是否更改,其他记载事项的更改是否有记载人签章证明。

(6)是否作成委托收款背书,背书转让的汇票其背书是否连续,签章是否符合规定,背书使用粘单的,是否按规定在粘接处签章。

(7)托收凭证的记载事项是否与汇票记载的事项相符,第二联是否加盖收款单位印章,所附单证是否与凭证所填一致。

经审核无误后,持票人开户行经办人员在委托收款凭证各联加盖"商业承兑汇票"戳记,将第二联委托收款凭证用专夹保管,并登记发出委托收款结算凭证登记簿。

持票人开户行经办人员在委托收款凭证第一联加盖业务受理章后,退给收款人,送别客户。

在第三联托收凭证加盖结算专用章后,连同第四、五联托收凭证及有关收款依据一并寄付款人开户行。

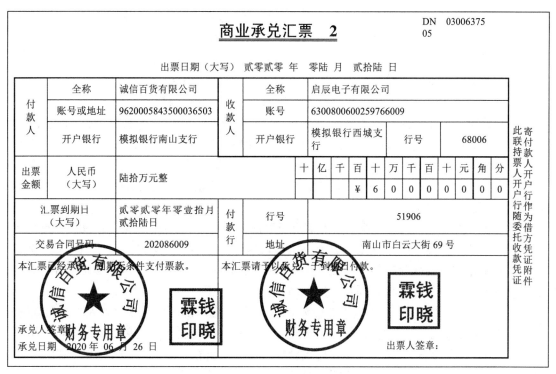

图4-4-2 商业承兑汇票

模拟银行西城支行　委托收款凭证（贷方凭证）2

委托日期　2020 年 10 月 26 日

付款人	全称	诚信百货有限公司			收款人	全称	启辰电子有限公司		
	账号或地址	9620005843500036503				账号	6300800600259766009		
	开户银行	模拟银行南山支行	行号	51906		开户银行	模拟银行西城支行	行号	68006

金额	人民币（大写）	陆拾万元整	十亿	千	百	十	万	千	百	十	元	角	分
						¥	6	0	0	0	0	0	0

款项内容：货款	委托收款凭据名称	商业承兑汇票03006375	附寄单证张数	1 张

备注：

上列委托收款附有关单证请予办理

收款人开户银行收到日期　　年　月　日

（盖：启辰电子有限公司财务专用章；秋黄燕印）

科目（贷）……………………
对方科目（借）……………………
转账日期　年　月　日
复核　　　记账

此联收款人开户银行作贷方凭证

图 4-4-3　委托收款凭证

（二）付款人开户行收到持票人开户行发来的委托收款凭证及汇票的处理

付款人开户行收到持票人开户行发来的委托收款凭证及汇票时，应按相关规定认真审核如下内容：

（1）付款人是否在本行开户，是否属于本行受理的业务凭证；

（2）委托收款凭证第三联是否加盖收款行结算专用章；

（3）所附单证张数与委托收款凭证上所填的内容是否相符；

（4）承兑人在商业承兑汇票上的签章与预留银行签章是否相符。

经审核无误后，付款人开户行经办人员将第三、四联委托收款凭证登记收到委托收款结算凭证登记簿后，用专夹保管，将第五联加盖业务公章后交给付款人签收，通知其付款。

付款人在接到付款通知次日起三日内没有任何异议，并且存款账户内有足额的资金用于支付汇票款，付款人开户行经办人员应按照支付结算办法规定的划款日期进行业务处理，以第三联委托收款凭证作借方传票，商业承兑汇票加盖"附件"戳记后作附件，其会计分录如下：

借：吸收存款——活期存款——诚信百货有限公司　　600 000
　　贷：清算资金往来（或存放中央银行款项）　　600 000

同时销记收到委托收款结算凭证登记簿，在该登记簿上注明转账日期。并按照相关规定，依据委托收款凭证第四联将款项划转信息通知收款行。

当付款人存款账户内金额不足或无款支付时，银行应填制一式三联付款人未付票款通知书，在委托收款凭证和收到委托收款结算凭证登记簿上注明退回日期和"无款支付"字样，将付款人未付票款通知书第一联和委托收款凭证第三联留存备查，将付款人未付票款通知书第二、三联，连同委托收款凭证第四联及其债务证明一并发给收款人开户行。

付款人拒绝支付票款的，应向其开户行提交拒付理由书，银行按照委托收款拒绝付款的手续处理。

（三）持票人开户行收到划回票款或退回凭证的业务处理

持票人开户行收到付款人开户行发来的信息，经与留存的委托收款凭证第二联核对无误后，持票人开户行经办人员在委托收款凭证第二联填注转账日期，以资金汇划补充凭证作转账贷方传票，以委托收款凭证第二联加盖附件章作附件，办理转账，并销记发出委托收款结算凭证登记簿，其会计分录如下：

借：清算资金往来（或存放中央银行款项）　　　　　　　　600 000
　　贷：吸收存款——活期存款——启辰电子有限公司　　　　600 000

转账后，将其中一联资金汇划补充凭证加盖转讫章作收账通知，送交持票人。

【模拟实训 4-4-1】

2020 年 10 月 26 日，模拟银行西城支行开户单位远洋百货股份有限公司（6300200700178956073）提交托收凭证和在模拟银行南山支行（51906）开户的金山机械有限公司（9620005843500058420）2020 年 5 月 26 日签发的商业承兑汇票，金额 1 000 000 元，申请办理托收。模拟银行西城支行经办人员按规定为其办理托收手续。

模拟银行南山支行收到持票人开户行发来的委托收款凭证及汇票时，按照支付结算办法规定的划款日期进行业务处理。并按照相关规定，依据委托收款凭证第四联将款项划转信息通知模拟银行西城支行。

模拟银行西城支行收到付款人开户行发来的信息，经与留存的委托收款凭证第二联核对无误后，为持票人办理收款业务。

请作为银行经办人员，办理上述商业承兑汇票各环节的业务，见图 4-4-4 和图 4-4-5。

	商业承兑汇票　2		DN 03006382 05
	出票日期（大写）　年　月　日		

付款人	全称		收款人	全称											此联持票人开户行作随委托收款附件凭证寄付款人开户行作借方凭证
	账号或地址			账号											
	开户银行			开户银行			行号								
出票金额	人民币（大写）				十亿	千	百	十万	千	百	十	元	角	分	
	汇票到期日（大写）				付款行		行号								
							地址								
	交易合同号码														
本汇票已经承兑，到期无条件支付票款。			本汇票请予以承兑，于到期日付款。												
承兑人签章： 承兑日期　　　年　月　日									出票人签章：						

图 4-4-4　办理商业承兑汇票业务①

模拟银行西城支行 委托收款凭证（贷方凭证）2

委托日期　年　月　日

付款人	全称					收款人	全称													此联收款人开户银行作贷方凭证
	账号或地址						账号													
	开户银行		行号				开户银行				行号									
金额	人民币（大写）							十亿	千	百	十万	千	百	十	元	角	分			
款项内容：		委托收款凭据名称						附寄单证张数												
备注：		收款人开户银行收到日期　年　月　日				上列委托收款附有关单证请予办理收款。收款人签章						科目（贷）…………… 对方科目（借）…………… 转账日期　年　月　日 复核　　记账								

图 4-4-5　办理商业承兑汇票业务②

【项目活动2】银行承兑汇票结算业务处理

【活动目标】

熟悉银行承兑汇票业务的基本规定，掌握承兑银行受理汇票承兑的处理；掌握银行承兑汇票到期托收的业务处理；掌握银行承兑汇票到期承兑行扣收款项与划付款项的业务处理；掌握银行承兑汇票到期款项划回的业务处理。

【案例引入】

2020年7月27日，模拟银行西城支行开户单位远洋百货股份有限公司（6300200700178956073）签发银行承兑汇票一份，向开户银行申请承兑，金额3 000 000元，收款人为在模拟银行城南支行开户的飞天纺织品有限公司（53005830120013470015），银行承兑汇票手续费费率0.5‰。

【基本知识】

一、银行承兑汇票基本程序

银行承兑汇票基本程序见图4-4-6。

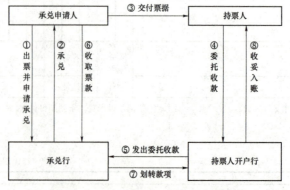

图 4-4-6　银行承兑汇票基本程序

二、银行承兑汇票业务处理

（一）承兑银行受理汇票承兑的业务处理

银行承兑汇票是指由在承兑银行开立存款账户的收款人（承兑申请人）签发，由承兑银行承兑的，在指定日期无条件支付确定的金额给收款人或持票人的票据。银行承兑汇票的承兑人是银行，银行一经承兑，就要负绝对付款的责任，因此，银行承兑汇票承兑时必须通过银行信贷部门审核批准。

银行承兑汇票一式三联（见图4-4-7），第一联为卡片，由承兑行留存备查，承兑行支付票款时作借方传票附件；第二联为银行承兑汇票正本，由收款人或持票人开户行随委托收款凭证寄付款行作借方传票附件；第三联为存根联，由出票人留存。

银行的信贷部门按照支付结算办法和有关规定审核同意后，即可与承兑申请人签署银行承兑协议（见图4-4-8）。

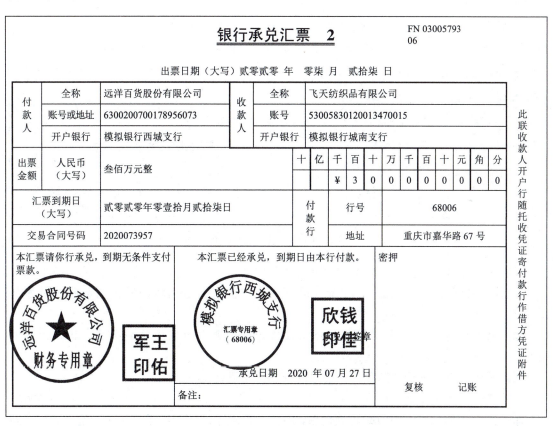

图4-4-7 银行承兑汇票

银行承兑协议

编号：2020073957

银行承兑汇票的内容：

收款人全称 <u>飞天纺织品有限公司</u>　　开户银行 <u>模拟银行城南支行</u>　　账号 <u>5300583012001347 0015</u>

付款人全称 <u>远洋百货股份有限公司</u>　开户银行 <u>模拟银行西城支行</u>　　账号 <u>6300200700178956073</u>

汇票号码 <u>03005793</u>　　　　　　汇票金额（大写）<u>叁佰万元整</u>

签发日期 <u>2020</u> 年 <u>07</u> 月 <u>27</u> 日　　到期日期 <u>2020</u> 年 <u>10</u> 月 <u>27</u> 日

以上汇票经承兑银行承兑，承兑申请人（下称申请人）愿遵守《银行支付结算办法》的规定以及下列条款：

一、申请人于汇票到期日前将应付票款足额交存承兑银行。

二、承兑手续费按票面金额千分之（0.5）计收，在银行承兑时一次付清。

三、承兑汇票如发生任何交易纠纷，均由收付双方自行处理，票款于到期前仍按第一条办理。

四、承兑汇票到期日，承兑银行凭票无条件支付票款。如到期日之前申请人不能足额交付票款，承兑银行对不足支付票款转作承兑申请人逾期贷款，并按照有关规定计收罚息。

五、承兑汇票款付清后，本协议自动失效。

　　本协议第一、二联分别由承兑银行信贷部门和承兑申请人存执，协议副本由承兑银行会计部门存查。

承兑申请人<u>远洋百货股份有限公司</u>(盖章)　　　　承兑银行<u>模拟银行西城支行</u>(盖章)

订立承兑协议日期　2020 年 7 月 27 日

图4-4-8 银行承兑协议

承兑行会计部门经办人员接到银行承兑汇票和银行承兑协议审核无误后，在第一、二联汇票上注明承兑协议编号，在第二联汇票上加盖汇票专用章和授权的经办人员签名或盖章。

承兑行会计部门经办人员按照承兑协议规定向出票人收取承兑手续费，其会计分录如下：

借：吸收存款——活期存款——远洋百货股份有限公司　　　1 500
　　贷：手续费及佣金收入　　　　　　　　　　　　　　　　　1 500

承兑行会计部门经办人员账务处理后，将第二联汇票连同一联承兑协议交给出票人。同时根据第一联银行承兑汇票卡片填制银行承兑汇票表外收入传票，登记表外科目登记簿。

收入：银行承兑汇票　　　　　　　　　　　　　　　　　　3 000 000

（二）银行承兑汇票托收的业务处理

持票人委托开户行向承兑银行收取票款时，应填写委托收款凭证，连同汇票一并送交开户行。持票人开户行经办人员应认真审核以下内容：

(1) 汇票是否为统一印制的凭证。
(2) 是否提示付款期限超过。
(3) 汇票上填明的持票人是否在本行开户。
(4) 出票人、承兑人的签章是否符合规定。
(5) 汇票必须记载的事项是否齐全,出票日期、出票金额、收款人名称是否更改,其他记载事项的更改是否有记载人签章证明。
(6) 是否作成委托收款背书,背书转让的汇票其背书是否连续,签章是否符合规定。
(7) 委托收款凭证的记载事项是否与汇票记载的事项相符,第二联是否加盖收款单位印章,所附单证是否与凭证所填一致。

持票人开户行经办人员在委托收款凭证第一联加盖业务公章后,退给收款人,送别客户。

持票人开户行经办人员在委托收款凭证各联上加盖"银行承兑汇票"戳记,在第三联委托收款凭证加盖结算专用章后,连同第四、五联委托收款凭证及有关银行承兑汇票一并寄承兑申请人开户行。

经办人员将第二联托收凭证单独保管,并登记发出委托收款结算凭证登记簿。

(三) 银行承兑汇票到期扣款与款项划付的业务处理

承兑行经办人员应每天查看汇票的到期情况,对到期汇票,应于到期日(法定休假日顺延)向承兑申请人收取票款。经办人员办理转账时应填制两联特种转账借方传票、一联特种转账贷方传票,并在"转账原因"栏注明"根据××号汇票划转票款"字样。将相关信息录入业务处理系统,办理转账。会计分录如下:

借:吸收存款——活期存款——远洋百货股份有限公司　　3 000 000
　　贷:应解汇款——远洋百货股份有限公司　　　　　　　　3 000 000

承兑行经办人员收到持票人开户行寄来的委托收款凭证及汇票,抽出用专夹保管的汇票卡片和承兑协议副本,审核无误后,经办人员于汇票到期日或到期日之后的见票当日,按照委托收款的付款手续,将相关信息录入业务处理系统,办理转账。其会计分录如下:

借:应解汇款——远洋百货股份有限公司　　　　　　　　3 000 000
　　贷:清算资金往来　　　　　　　　　　　　　　　　　　3 000 000

同时编制表外科目付出传票,销记表外科目登记簿。

付出:银行承兑汇票　　　　　　　　　　　　　　　　　　3 000 000

做完以上账务处理后,承兑行经办人员在相关记账凭证上加盖转讫章及经办人员名章,作为办理业务的凭证与其他凭证一起装订保管。同时按规定依据第四联托收凭证将款项划转信息通知收款行。

(四) 银行承兑汇票款项划回的业务处理

收款人开户行经办人员收到承兑申请人开户行通过网内系统或大额小额系统发来的划款信息,审核无误后,打印资金汇划补充凭证,将留存的第二联委托收款凭证抽出,认真进行审核。

审核无误后,经办人员在第二联委托收款凭证上填注转账日期,以资金汇划补充凭证作转账贷方传票,委托收款凭证第二联作附件,将相关信息录入业务处理系统,办理转账。其会计分录如下:

借：清算资金往来　　　　　　　　　　　　　　　　　　　　3 000 000
　　贷：吸收存款——活期存款——飞天纺织品有限公司　　　　3 000 000

转账后，将委托收款凭证第四联（或一联资金汇划补充凭证）加盖转讫章作收账通知，送交收款人。

【想一想】

银行承兑汇票与商业承兑汇票之间有没有区别？如果有区别，请说明有哪些区别？

知识拓展

电子商业汇票

电子商业汇票是指出票人依托电子商业汇票系统，以数据电文形式制作的，委托付款人在指定日期无条件支付确定的金额给收款人或者持票人的票据。

电子商业汇票分为电子银行承兑汇票和电子商业承兑汇票。电子银行承兑汇票由银行业金融机构、财务公司承兑；电子商业承兑汇票由银行业金融机构、财务公司以外的法人或其他组织承兑。电子商业汇票的付款人为承兑人。

电子商业汇票系统是经中国人民银行批准建立，依托网络和计算机技术，接收、存储、发送电子商业汇票数据电文，提供与电子商业汇票货币给付、资金清算行为相关服务的业务处理平台。

电子商业汇票的出票、承兑、背书、保证、提示付款和追索等业务，必须通过电子商业汇票系统办理。

电子商业汇票为定日付款票据。电子商业汇票的付款期限自出票日起至到期日止，最长不得超过1年。

与传统的纸质商业汇票相比，电子商业汇票以数据电文形式签发、流转，以电子签名取代实体签章，拥有安全、便捷、经济和期限长等优势。

1. 安全

使用经过安全认证的电子数据流和可靠的电子签名，能够杜绝假票和克隆票；以数据电文存储在系统中，无保管纸质票据时所产生的风险隐患；以网络传输替代人工传递，消除纸质票据携带和转让的风险。

2. 便捷

用计算机设备录入替代手工书写，用网络传输替代人工传递，省时省力；可实时查询，票据流转全程被票据权利人实时掌控；用电子签名代替实体签章，足不出户就可签发电子商业汇票。

3. 经济

票据背书、交付均在系统上操作，瞬间流转，节省时间投入和费用支出；通过电子渠道进行质押、贴现，资金瞬间到账，无须查询查复；无须人工保管，自动提示托收。

4. 期限长

传统的纸质商业汇票的付款期限自出票日起最长不超过6个月，而电子商业汇票付款期限延长至一年,可作为融资手段代替相当一部分短期流动资金贷款。

【模拟实训4-4-2】

2020年7月27日,模拟银行西城支行开户单位中天纺织品有限公司(6300200705985956076)签发银行承兑汇票一份,向开户银行申请承兑,金额1 000 000元,收款人为在模拟银行城南支行开户的双龙机械厂(53005839325013470053),银行承兑汇票手续费费率0.5‰。

要求:请按照银行承兑汇票的相关规定和操作流程,作为承兑行经办人员和持票人开户行经办人员办理银行承兑汇票各环节的业务,见图4-4-9。

银行承兑汇票 2							FN 03005862 06	
			出票日期(大写) 年 月 日					
付款人	全称			收款人	全称			此联收款人开户行随托收凭证寄付款行作借方凭证附件
	账号或地址				账号			
	开户银行				开户银行			
出票金额	人民币(大写)			十亿 千 百 十 万 千 百 十 元 角 分				
汇票到期日(大写)				付款行		行号		
						地址		
交易合同号码								
本汇票请你行承兑,到期无条件支付票款。		本汇票已经承兑,到期日由本行付款。 承兑行签章 承兑日期 年 月 日				密押 复核 记账		
		备注:						

图4-4-9 办理银行承兑汇票

项目五

贷款和票据贴现业务处理

知识目标

1. 了解贷款的含义和分类,掌握贷款业务的核算原则;
2. 掌握贷款业务的科目设置,贷款发放、收回、计息及减值贷款的核算方法;
3. 了解贴现的含义和特点,掌握贴现的核算方法。

职业能力目标

1. 能够按照贷款业务规定正确进行贷款各环节的具体会计账务处理;
2. 能够运用所学知识正确进行贴现各环节的具体会计账务处理。

素质目标

1. 具备爱岗敬业、诚实守信、遵纪守法、坚持准则、廉洁自律、强化服务的职业道德和社会责任感;
2. 具有严谨、细致、规范、认真、诚信、踏实的职业态度;
3. 具备执行能力、团队协作能力、沟通能力和创新精神;
4. 具备热爱工作、追求极致的工匠精神。

知识结构导图

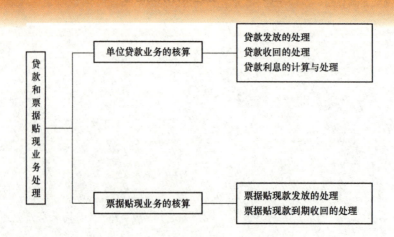

任务一　单位贷款业务的核算

任务描述

熟悉贷款的概念、贷款的种类、贷款核算原则和基本规定，熟悉贷款发放、收回的凭证，掌握凭证的填写要求并能正确填写；能按照规定正确处理贷款的发放、收回和展期等业务。

知识准备

一、贷款的概述

（一）贷款的概念

贷款是指商业银行按照一定的利率将资金使用权暂时出借给社会公众，并到期收回本金和利息的一种信用活动。商业银行通过出借资金的使用权而获得利息收入，扣除成本后获得盈利。贷款是商业银行最重要的资产业务，也是商业银行会计核算的重要内容。

（二）贷款的当事人

商业银行贷款的当事人包括贷款人和借款人。

贷款人是商业银行，在我国是经国务院银行业务监督管理相关机构批准的可以发放贷款的商业银行。

借款人是经商业银行审批后能够获得贷款的企业法人、个体工商户、自然人以及其他经济组织。

特别申明一下，本书主讲单位贷款。

银行根据国家法律和规章制度的规定，运用信用方式动员社会的闲散资金，以资金的效益性为目的，以资金的安全性和流动性为前提，对各企业事业单位和个人发放贷款，在办理贷款的发放和收回的业务核算中实行信贷监督。

二、贷款的种类

（一）按贷款的期限和流动性划分，贷款可分为短期贷款、中期贷款和长期贷款

短期贷款，是指银行根据有关规定发放的、期限在1年以下（含1年）的各种贷款。
中期贷款，是指银行发放的贷款期限在1年以上5年以下（含5年）的各种贷款。
长期贷款，是指银行发放的贷款期限在5年以上（不含5年）的各种贷款。

（二）按贷款发放的条件划分，贷款可分为信用贷款、担保贷款和票据贴现

1. 信用贷款

信用贷款是指以借款人的信誉发放的贷款。其特征是以借款人的信用为保证，借款人无须提供抵押品、质押品和第三方担保，因此这类贷款风险较大，一般对借款人的信用等级要求甚高，还要对其还款能力、还款意愿、经济效益和发展前景等进行翔实的考察。

2. 担保贷款

担保贷款是指借款人以某些特定的财产或信用作为还款保证的贷款。按担保方式又分为保证贷款、抵押贷款和质押贷款。

（1）保证贷款是以第三人承诺在借款人不能偿还贷款时，按贷款合同约定承担一般保证责任或者连带责任而获得的贷款。保证贷款是以第三方保证而取得的贷款，一般是由其他公司或法人承担贷款担保人。

（2）抵押贷款是以借款人或第三方将其财产作为还款保证向银行取得的贷款。借款人无须将法律规定的可做抵押的财产转移给商业银行占有，只需要将其财产证明文件留存在银行即可。当债务人不履行债务时，商业银行有权依法处置抵押物，所得款项优先偿还贷款。

（3）质押贷款是以借款人或第三方将其动产作为还款保证向银行取得的贷款。借款人要将质押的动产移交给商业银行占有，当借款人不履行债务时，商业银行有权依法出售该动产，所得款项优先偿还贷款。

3. 票据贴现

票据贴现是指商业银行应持票人的要求，以现款购买持票人持有但尚未到期的商业票据的行为。由于持票人要贴付一定的利息，所以称为贴现。票据贴现时商业银行支付给持票人的金额为票据金额扣除贴现利息后的余额，票据到期后，银行可向票据载明的付款人或承兑人收回票款。持票人通过票据贴现获得了资金融通，所以它是一种特殊的商业银行贷款形式。

（三）按贷款风险程度划分，贷款可分为正常类贷款、关注类贷款、次级类贷款、可疑类贷款和损失类贷款五类

正常类贷款是指借款人能够履行合同，一直能正常还本付息，不存在任何影响贷款本息及时全额偿还的消极因素，银行对借款人按时足额偿还贷款本息有充分把握的贷款。

关注类贷款是指尽管借款人目前有能力偿还贷款的本息，但是存在一些可能对还贷产生不利影响因素的贷款。如果这些因素继续下去，借款人的偿还能力会受到影响。

次级类贷款是指借款人的还款能力出现了明显的问题，依靠其正常经营收入已无法保证足额偿还本息的贷款。需要通过处置资产或对外融资，甚至执行抵押担保才能还本付息。

可疑类贷款是指贷款人无法足额偿还本息，即使执行抵押或担保，也肯定要给银行造成一部分损失的贷款。只是损失金额的多少还不能确定，要看借款人的决策和后续处理。

损失类贷款是指在采取所有可能的措施和一切必要的法律程序之后，本息仍无法收回，或只能收回极少部分的贷款。该贷款已经注定造成损失。

其中，次级类贷款、可疑类贷款、损失类贷款属于不良贷款。这种分类法俗称"贷款五级分类法"，在 2002 年，中国人民银行参照国际惯例，结合中国国情制定了《贷款分类指导原则》，该原则要求商业银行根据贷款人的实际还款能力进行贷款质量的五级分类，主要针对已经发放的贷款而分类。

（四）按银行承担的职能划分，贷款可为自营贷款、委托贷款和特定贷款

自营贷款，是指银行以合法方式筹集资金自主发放的贷款，其风险由银行自身承担，银行负责收回本金和利息。

委托贷款，是指由政府部门、企事业单位及个人等委托人提供资金，由贷款人（即受托人）根据委托人确定的贷款对象、用途、金额、期限、利率等代为发放和监督使用并协助收回的贷款。贷款人（受托人）只收取手续费，不承担贷款风险。

特定贷款，是指经国务院批准并对贷款可能造成的损失采取相应补救措施后责成国有独资商业银行发放的贷款。

三、贷款业务的核算原则

（一）本息分别核算

银行发放的中长期贷款，应当按照实际发放的贷款金额入账。期末应当按照贷款本金和应收取的利息分别核算。

（二）不同类型的贷款分别核算

商业银行的贷款种类繁多，相应的贷款会计核算方法和程序也不一样，需要设立不同种类的贷款账户，制定贷款方法和收回的具体核算手续。例如自营贷款与委托贷款分别核算、商业贷款与政策性贷款分别核算等。

（三）准确及时地办理贷款的核算

发放贷款要及时，计算利息要准确，按权责发生制将应收利息计入当期损益，按期收回贷款本息，按规定计算和收取逾期贷款的罚息，做好呆账贷款和坏账的核销手续，当有客观证据表明贷款发生减值的，应当在资产负债表日计提减值准备等。

四、商业银行贷款设置的会计科目

（一）"贷款"

本科目是资产类科目，核算银行按规定发放的各种客户贷款分类核算，二级科目包括"短期贷款""中长期贷款""质押贷款""抵押贷款""保证贷款""信用贷款"等。

本科目按照贷款类别、客户分别对"本金""利息调整""已减值"等科目进行明细核算。

银行发放贷款时，本科目记借方；贷款收回或发生逾期后，本科目记贷方。

（二）"利息收入"

本科目是资产类科目，按借款人单位名称进行明细核算。

银行发放的贷款，应于资产负债表日按贷款的合同本金和合同利率计算确定的应收未收利息，借记本科目。

【项目活动1】贷款发放的处理

【活动目标】

掌握贷款发放的活动流程与基本要领，能按照要求进行贷款发放的操作处理。

【案例引入】

鸿宇股份有限公司（6300800600179856009）于2020年1月26日提交本行信贷部门审批同意的借款借据，向本行申请流动资金贷款4 000 000元，贷款期限为3个月，利息为6.57%，模拟银行西城支行审核无误后予以办理，贷款账号为6300800600165984607。

【活动步骤】

贷款发放活动流程如图 5-1-1 所示。

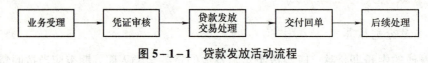

图 5-1-1　贷款发放活动流程

活动步骤 1. 业务受理

借款单位向银行申请贷款，必须填写包含借款用途、偿还能力、还款方式等主要内容的借款申请书，并向银行信贷部门提供有关资料。信贷部门按照审贷分离、分级审批的要求进行贷款的审批，在审批过程中要进行信用评估、贷前调查和可行性论证。

贷款发放应由信贷部门与借款人签订借款合同。借款合同应当约定贷款用途、金额、利率、还款期限、还款方式、违约责任和双方认为需要约定的其他事项。信贷部门要按借款合同规定按期发放贷款。

按借款合同规定发放贷款，借款人应填写一式五联的借款凭证（见图 5-1-2）。第一联为备查联，由银行信贷部门留存；第二联为贷款正本；第三联为贷方传票，代存款科目转账贷方传票；第四联为到期检查卡，银行作放款到期检查卡；第五联为回单，作给借款单位的收账通知。在第一联加盖借款人预留银行印鉴后送交信贷部门审查，信贷部门审查签章后，在信贷操作系统中录入贷款发放的相关信息。

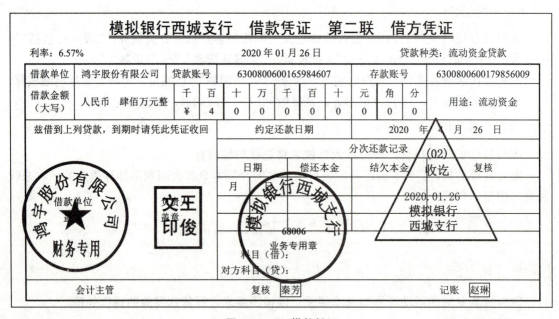

图 5-1-2　借款凭证

活动步骤 2. 凭证审核

银行经办人员接到借款单位凭证后，应认真审查以下内容：

（1）借款凭证各项内容填写是否正确完整，有无信贷部门审批意见；

（2）有无信贷部门和相关人员的签章；

(3) 大小写金额是否一致;
(4) 印章是否齐全;
(5) 借款凭证上加盖的印鉴与预留银行印鉴是否一致等。

活动步骤 3. 贷款发放交易处理

经审核无误后,银行经办人员根据借款凭证为借款人开立贷款账户,以借款凭证第二联代转账借方传票,第三联代转账贷方传票,将相关业务信息录入操作系统,办理转账。

会计分录如下:

借: 贷款——短期贷款——鸿宇股份有限公司　　　　　　4 000 000
　　贷: 吸收存款——活期存款——鸿宇股份有限公司　　　　　　4 000 000

活动步骤 4. 交付回单

在借款凭证第五联加盖业务清讫章,交由借款人,通知客户贷款已经入账。

活动步骤 5. 后续处理

银行经办人员在借款凭证第二联和第三联分别加盖业务清讫章和经办人员名章后,作为办理业务的凭证与其他凭证一并保管。

借款凭证第四联按贷款到期日与其他贷款业务凭证按先后顺序排列,银行会计部门对凭证进行专门保管,应每月与各科目分户账进行核对,查看到期日期,并保证账证相符。

【模拟实训 5-1-1】

2020 年 9 月 26 日,模拟银行西城支行开户单位德盛电子有限公司(6300800600179766009)提交信贷部门审批同意的借款借据,向本行申请流动资金贷款 50 万元,贷款期限 3 个月,年利率为 4.35%,贷款账号为 6300800600172112200361。

要求:请以模拟银行西城支行经办人员的身份进行相应的业务处理,包括凭证填写、审核、凭证盖章和业务处理,如图 5-1-3 所示。

模拟银行西城支行　借款凭证　第二联　借方凭证												
利率: %			2020 年　月　日								贷款种类:	
借款单位			贷款账号						存款账号			
借款金额 (大写)			千	百	十	万	千	百	十	元	角	分
												用途:
兹借到上列贷款,到期时请凭此凭证收回				约定还款日期						年　月　日		
				分次还款记录								
借款单位　负责人 盖章　　　盖章				日期		偿还本金			结欠本金		复核	
				月	日							
				科目(借): 对方科目(贷):								
会计主管				复核				记账				

图 5-1-3　借贷业务处理

【项目活动 2】贷款收回的处理

【活动目标】

掌握贷款收回的活动步骤与基本要领，能按照要求进行贷款收回的操作处理。

【案例引入】

鸿宇股份有限公司（6300800600179856009）于 2020 年 4 月 26 日归还其从模拟银行西城支行借入的流动资金贷款 4 000 000 元，贷款账号为 6300800600165984607。模拟银行西城支行为其办理还款手续。

【活动步骤】

信用贷款收回活动流程如图 5-1-4 所示。

图 5-1-4 信用贷款收回活动流程

活动步骤 1. 业务受理

借款人归还贷款时应填写一式四联还贷凭证。还款凭证第一联为回单，第二联为借方传票，第三联为贷方传票，第四联为卡片。借款单位应在还贷凭证第二联加盖预留银行印鉴后，提交银行，如图 5-1-5 所示；如果是用支票还款，还需要填写支票和进账单，一起提交银行。

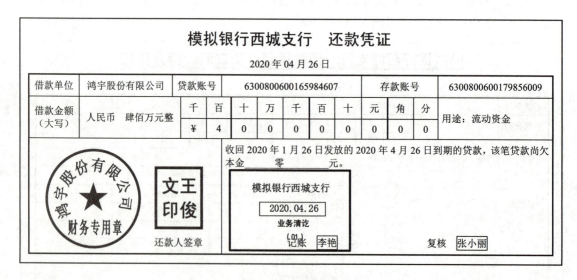

图 5-1-5 还款凭证

活动步骤 2. 凭证审核

银行经办人员收到一式四联还款凭证后，应抽出专门保管的原贷款借据第四联进行核对，核对无误后，还必须认真审查以下内容：

（1）贷款归还是否经信贷部门审查同意；

（2）信贷部门工作人员是否签字；

（3）还贷凭证各项内容填写得是否完整且正确；

（4）凭证上加盖的印鉴与预留银行印鉴是否一致；

（5）存款账户款项是否足额支付等。

活动步骤 3. 收回贷款交易处理

经审查无误，如借款人全额归还贷款，银行经办人员以还贷凭证第二联作借方传票，还贷凭证第三联作贷方传票，专门保管的原借款凭证第四联作贷方传票附件，将相关信息录入操作系统，办理转账。会计分录如下：

借：吸收存款——活期存款——鸿宇股份有限公司　　　　4 000 000

　　贷：贷款——短期贷款——鸿宇股份有限公司　　　　4 000 000

若是分次归还，除按上述手续办理外，还应在原借款凭证第四联的“分次偿还记录”栏登记本次偿还金额，结出尚欠贷款余额，并继续留存保管，直到最后贷款还清时再作贷方传票的附件。

活动步骤 4.　交付回单

上述处理完成后，经办人员在还贷凭证第四联加盖业务清讫章，作为回单交给还贷人。

活动步骤 5.　后续处理

在还贷凭证第二联和第三联加盖业务清讫章和经办人员名章后，作为办理业务的凭证与其他凭证一并装订保管。

【模拟实训 5-1-2】

德盛电子有限公司（6300800600179766009）于 2020 年 12 月 26 日归还其从本行借入的流动资金贷款 50 万元，贷款账号为 630080060017211200361。模拟银行西城支行为其办理还款手续。

要求：请以模拟银行西城支行经办人员的身份进行相应的业务处理，包括凭证填写、审核、凭证盖章和业务处理，如图 5-1-6 所示。

模拟银行西城支行　还款凭证

年　月　日

<table>
<tr><td>借款单位</td><td></td><td colspan="2">贷款账号</td><td colspan="5"></td><td colspan="3">存款账号</td><td></td></tr>
<tr><td rowspan="2">借款金额（大写）</td><td rowspan="2">人民币</td><td>千</td><td>百</td><td>十</td><td>万</td><td>千</td><td>百</td><td>十</td><td>元</td><td>角</td><td>分</td><td rowspan="2">用途：</td></tr>
<tr><td></td><td></td><td></td><td></td><td></td><td></td><td></td><td></td><td></td><td></td></tr>
<tr><td colspan="4">还款人签章</td><td colspan="9">收回 2020 年　月　日发放的 2020 年　月　日到期的贷款，该笔贷款尚欠本金________元。
记账　　复核</td></tr>
</table>

图 5-1-6　还贷业务处理

知识拓展

一、抵押贷款的发放和收回

1. 抵押贷款发放

抵押贷款发放与信用贷款发放的流程和活动步骤一样，但是编制会计分录的方法不同。

【案例 5-1-1】2020 年 3 月 20 日，模拟银行西城支行开户单位德盛电子有限公司（6300800600179766009）提交信贷部门审批同意的借款借据，以房屋作抵押向本行申请流动资金贷款 600 000 元，贷款期限 3 个月，年利率为 5.25%，模拟银行西城支行予以办理。请问会计分录该如何编制？

会计分录如下：

借：贷款——抵押贷款——德盛电子有限公司　　　　　　　　600 000
　　贷：吸收存款——活期存款——德盛电子有限公司　　　　　　600 000

2. 抵押贷款收回

抵押贷款收回与信用贷款收回的流程和活动步骤一样，但是编制会计分录的方法不同。

【案例 5-1-2】2020 年 6 月 20 日，德盛电子有限公司（6300800600179766009）到期归还于 2020 年 3 月 20 日以房屋抵押的流动资金贷款，模拟银行西城支行审核无误后予以办理。请问会计分录该如何编制？

会计分录如下：

借：吸收存款——活期存款——德盛电子有限公司　　　　　　　600 000
　　贷：贷款——抵押贷款——德盛电子有限公司　　　　　　　　600 000

二、逾期贷款的处理

借款人因某些原因到期不能归还贷款，于到期日起即转为逾期贷款。银行应当对逾期贷款及时查明原因，并积极组织催收和检查贷款。编制会计分录如下：

借：贷款——逾期贷款——××××公司逾期贷款
　　贷：贷款——短（中长期）贷款——××××公司

从逾期之日起，转入逾期贷款账户，并将该笔贷款注明"逾期贷款"标记。为了督促贷款单位及早归还逾期贷款，对逾期部分应加收惩罚利息。

三、贷款展期

贷款到期后，由于一些特殊情况，有些企业确实无法按期还款时，应该提前 30 个工作日向贷款银行申请展期，经银行审查同意后，可延长还款时间，但需办理展期手续，否则按逾期贷款处理。

一般情况下，贷款展期不得低于原贷款条件。

（1）短期贷款展期不得超过原贷款期限；

（2）长期贷款展期最长不得超过 3 年；

（3）中期贷款展期不得超过原贷款期限的一半。

对于同意展期的贷款，银行信贷部门应当在展期申请书上写明同意的意见，并将展期申请书提交给会计部门，会计部门要在原借款凭证上批注展期日期，在银行业务系统中修改贷款到期日期。

【项目活动 3】贷款利息的计算和处理

【活动目标】

掌握贷款利息的计算方法，能按照要求进行贷款利息的操作处理。

【案例引入】

模拟银行西城支行于 2020 年 1 月 26 日向开户单位鸿宇股份有限公司（6300800600179856009）发放了一笔短期贷款，金额为 4 000 000 元，贷款期限为 3 个月，利息为 6.57%，该公司在 2020 年 4 月 26 日如期归还，请以定期结息和利随本清两种方式结算利息。

【活动步骤】

单位贷款结息业务的活动流程如图 5-1-7 所示。

图 5-1-7　单位贷款结息业务的活动流程

（一）定期结息方式

贷款结息一般有三种方式：按季结息、按月结息、利息本清。

按季结息，每季度末月的 20 日为结息日，结息日的后一天计提应计利息。

按月结息的，每月的 20 日为结息日，结息日的后一天计提应计利息。

其中按季结息和按月结息属于定期结息。具体结息方式由借贷双方协商确定。

活动步骤 1. 计算利息

下面以按季结息为例：

（1）3 月 21 日应计利息为：

$$4\ 000\ 000 \times 54 \times (6.57\% \div 360) = 39\ 420（元）$$

其中 2020 年 1 月 26 日至 3 月 20 日，累计 54 天。

（2）4 月 25 日还款时应计利息为：

$$4\ 000\ 000 \times 36 \times (6.57\% \div 360) = 26\ 280（元）$$

其中 2020 年 3 月 21 日至 4 月 25 日，累计 35 天。

（3）总计利息为 657 000 元。

活动步骤 2. 账务处理

第一次结息 3 月 20 日，第二次结息 4 月 25 日，经办人员都应编制贷款利息清单，于次日将相关信息录入操作系统办理转账。

会计分录如下：

（1）第一次结息 3 月 20 日。

借：吸收存款——活期存款——鸿宇股份有限公司　　　39 420
　　贷：利息收入——鸿宇股份有限公司　　　　　　　　　　39 420

(2) 第二次结息 4 月 25 日。
借：活期存款——鸿宇股份有限公司　　　　　　　　　　　　　26 280
　　贷：利息收入——鸿宇股份有限公司　　　　　　　　　　　26 280

活动步骤 3. 打印凭证签章

以 2020 年 3 月 20 日结息为例，见图 5-1-8。

模拟银行西城支行　存（贷）款利息传票					
币种：人民币		2020 年 03 月 20 日			
借方	户名	鸿宇股份有限公司	贷方	户名	利息收入
	账号	6300800600179856009		账号	
实收（付）金额		39420.00	计息户账号		6300800600179856009
借据编号		20200255	借据序号		165
备注	起息日期	止息日期	积数	利率	利息
	2020.01.26	2020.03.20	216000000	6.57%	39420.00
调整利息：			冲正利息：		
应收（付）利息合计：39420.00						
会计主管		授权 王丽	复核 李欢		经办 赵琳

（印章：(02) 转讫 2020.03.21 模拟银行西城支行）

图 5-1-8　凭证打印签章

活动步骤 4. 后续处理

银行经办人员在相关凭证上分别加盖业务清讫章和经办人员名章后，作为办理业务的凭证与其他凭证一起装订保管。

（二）利随本清方式

活动步骤 1. 计算利息

贷款利息＝本金×存期×利率＝4 000 000×3×(6.57%÷12)＝65 700（元）

活动步骤 2. 账务处理

会计分录如下：
借：吸收存款——活期存款——鸿宇股份有限公司　　　　　　65 700
　　贷：利息收入——鸿宇股份有限公司　　　　　　　　　　　65 700

活动步骤 3. 打印凭证签章
同定期结息。

活动步骤 4. 后续处理
同定期结息。

【模拟实训 5-1-3】

模拟银行西城支行在 2020 年 3 月 12 日向光大仪表厂（6300800600012001020035）发放一笔短期贷款，金额为 500 000 元，期限为 3 个月，年利率为 5.41%，该企业于 2020 年 6 月

12 日还款。

要求：请以模拟银行西城支行经办人员的身份进行相应的业务处理，包括凭证填写、审核、凭证盖章和业务处理，如图 5-1-9 所示。

模拟银行西城支行　存（贷）款利息传票						
币种：			年　　月　　日			
借方	户名		贷方	户名		
	账号			账号		
实收（付）金额			计息户账号			
借据编号			借据序号			
备注	起息日期	止息日期	积数	利率	利息	
	调整利息：			冲正利息：		
	应收（付）利息合计：					
	会计主管	授权		复核		经办

图 5-1-9　贷款利息的计算和处理

任务二　票据贴现业务的核算

任务描述

熟悉票据贴现的意义、业务规定，熟练计算票据贴现的利息；熟悉贴现凭证的格式，掌握贴现凭证的填写要求；能够进行票据贴现账务处理。

知识准备

一、票据贴现的概念

票据贴现是指商业汇票的持票人有资金需求时，将自己手中未到期的商业汇票权利转让给银行的票据行为。

银行按票面金额扣除贴现日以后的利息后支付现款给贴现申请人，在商业汇票到期时再向出票人收款。对贴现申请人而言，票据贴现是以支付利息的方式获得资金。对银行而言，票据贴现是银行向持票人融通资金的一种放款行为，是特殊的贷款行为。

需要注意的是，票据贴现的对象一般是商业汇票。商业汇票是出票人（工商企业）签发的，委托付款人在指定日期无条件支付确定的金额给收款人或者持票人的票据。商业汇票分为商业承兑汇票和银行承兑汇票，二者的区别如表 5-2-1 所示。商业承兑汇票由银行以外的付款人承兑（付款人为承兑人），银行承兑汇票由银行承兑。

表 5-2-1 商业承兑汇票与银行承兑汇票的区别

区别	商业承兑汇票	银行承兑汇票
当事人	出票人是企业，承兑人是企业	出票人是企业，承兑人是银行
保证金	无	银行收保证金
风险	承兑人是企业，风险高	银行作为担保人，风险低
开票资格	由相关管理银行将申请开具商业承兑汇票的企业申报资料报人民银行审核批准，批准后在相关媒体上公示	开票企业在相关出票银行有授信额度即可
使用便利程度	有些无法贴现和转让	票据转让、票据贴现方便，贴现率低
支付情况	签发企业银行存款不足时，银行可拒绝支付	签发企业银行存款不足时，银行见票无条件支付

二、票据贴现的办理条件

（一）票据贴现申请人必须具备的条件

商业汇票的持票人向银行办理贴现业务必须具备下列条件：
（1）在银行开立存款账户的企业法人以及其他组织。
（2）与出票人或者直接前手具有真实的商业交易关系。
（3）提供与其直接前手之前的增值税发票和商品发运单据复印件，如发货单、运输单、提单、增值税发票等复印件。

（二）拟贴现票据需具备的条件

（1）必须是要式完整的商业汇票。票式填写完整，盖印、压数无误，背书连续完整。
（2）必须是真票，并且是根据真实的商品交易关系开立的票据。
（3）票据未到期。

（三）票据贴现的期限

票据贴现期限最长不得超过 6 个月，贴现期限为从贴现之日起至票据到期日止。

（四）票据贴现利率

票据贴现利率按人民银行规定执行。实付贴现金额按票面金额扣除贴现利息计算。

三、应设置的主要会计科目

为核算商业银行票据贴现业务，一般需设置"贴现资产""利息收入——贴现利息收入"等科目。

"贴现资产"科目核算商业银行向持有未到期票据的客户办理贴现的款项。商业银行为客户办理贴现时，借记本科目；贴现到期，贷记本科目；余额在借方，表示期末贴现贷款实际金额。本科目按性质和贴现申请人进行明细核算。

"利息收入——贴现利息收入"科目核算银行办理票据贴现业务时收取的利息。商业银行为客户办理贴现时，贷记本科目。

【项目活动1】票据贴现款发放的处理

【活动目标】

掌握票据贴现款发放的活动流程与基本要领,能按照业务规定和流程进行票据贴现款发放的账务处理。

【案例引入】

2020年6月22日,鸿宇股份有限公司(6300800600179856009)负责人来模拟银行西城支行办理一笔026743号银行承兑汇票贴现业务,该公司已在模拟银行西城支行开户。该票据出票日是2020年5月22日,到期日为2020年9月22日,贴现率为5.475‰,金额为5 000 000元,出票人为华美科技有限公司(830720101083),承兑人为北江农村商业银行西环路支行(83072)。

【活动步骤】

票据贴现款发放活动流程如图5-2-1所示。

图5-2-1 票据贴现发放活动流程

活动步骤1. 业务受理

票据贴现申请人在贴现凭证(见图5-2-2)第一联加盖预留银行印鉴,连同汇票一并送交银行。银行信贷部门按照信贷管理办法和支付结算办法的有关规定进行审查,符合条件的,在贴现凭证上加盖专用印章后,送交会计部门。

活动步骤2. 凭证审核

银行会计部门收到贴现凭证和汇票后,应认真审查以下内容:

(1)贴现凭证上是否有信贷部门的签章,各项内容是否填写正确、无误;
(2)贴现凭证第一联上的印鉴是否与预留银行印鉴一致;
(3)汇票是否真实;
(4)汇票有否作成背书;
(5)贴现凭证的填写与汇票是否相符等。

活动步骤3. 计算利息

银行会计部门收到转让背书的商业汇票和贴现凭证,按照支付结算办法的有关规定审查无误,贴现凭证的填写与汇票核对相符后,按照支付结算办法有关贴现期限、贴现利息计算的规定和规定的贴现率计算出贴现利息和实付贴现金额,然后在贴现凭证有关栏目内填上贴现率、贴现利息和实付贴现金额,如图5-2-2所示。

贴现利息的计算办法如下:

$$贴现利息 = 汇票金额 \times 贴现天数 \times (月贴现率 \div 30)$$

$$实付贴现金额 = 汇票金额 - 贴现利息$$

贴现天数从贴现之日起到汇票到期前一日止,按实际天数计算。若是承兑人在异地的,贴现、转贴现和再贴现的期限计算应另加 3 天的划款日期。

本案例中鸿宇股份有限公司(6300800600179856009)银行承兑汇票的贴现利息计算如下:

$$贴现利息 = 5\,000\,000 \times (92+3) \times (5.475‰ \div 30) = 86\,687.5(元)$$

$$实付贴现金额 = 5\,000\,000 - 86\,687.5 = 4\,913\,312.5(元)$$

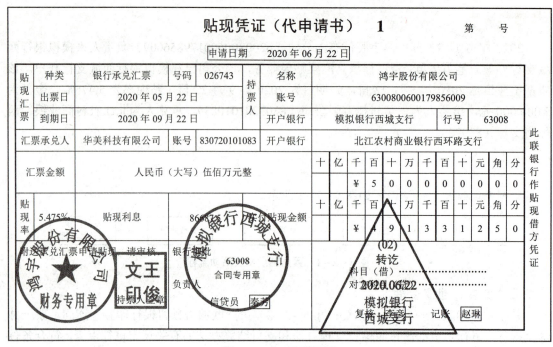

图 5-2-2 贴现凭证

活动步骤 4. 交易处理

经办人员以贴现凭证第一联作贴现科目借方传票,第二联、第三联分别作贴现申请人贷方传票和利息收入贷方传票,将相关信息录入操作系统,办理转账。会计分录如下:

```
借:贴现资产——银行承兑汇票户                    5 000 000
   贷:吸收存款——活期存款——鸿宇股份有限公司     4 913 312.5
      贴现资产——利息调整——贴现利息收入户         86 687.5
```

活动步骤 5. 交付回单及后续处理

银行经办人员在贴现凭证第一、二、三联分别加盖业务清讫章和经办人员名章,在贴现凭证第四联加盖业务清讫章,交给贴现申请人作收账通知,贴现凭证第五联和汇票按到期日顺序排列,用专夹保管,商业汇票快到期时,需要凭借该联办理汇票托收。

【模拟实训 5-2-1】

2020 年 6 月 25 日,模拟银行西城支行开户单位万有电子有限责任公司(8410120200632)持北江农村商业银行东环路支行(85603)承兑的银行承兑汇票申请贴现,银行承兑汇票票号是 60531,汇票金额 3 000 000 元,出票日期为 2020 年 4 月 22 日,到期日为 2020 年 10

月 22 日，贴现率为 5.475‰，出票人为纪念百货有限公司（8560320201032），模拟银行西城支行经办人员审查后予以办理贴现。

要求：请以模拟银行西城支行经办人员的身份进行相应的业务处理，包括凭证填写、审核、凭证盖章和业务处理，如图 5-2-3 所示。

贴现凭证（代申请书） 1																			
申请日期 年 月 日 第 号																			
贴现汇票	种类			号码		申请人	名称												
	出票日		年 月 日				账号												
	到期日		年 月 日				开户银行						行号						
汇票承兑人	名称					账号			开户银行										
汇票金额	人民币（大写）							千	百	十	万	千	百	十	元	角	分		
贴现率	‰	贴现利息	千	百	十	万	千	百	十	元	角	分	实付贴现金额	千	百	十	万	千	百	十	元	角	分

（此联银行作贴现借方凭证）

附送承兑汇票申请贴现，请审核。

此致
贴现银行

申请人签章

银行审批

负责人　信贷员

复核　　　　　记账

图 5-2-3　办理贴现

【项目活动 2】票据贴现款到期收回的处理

【活动目标】

掌握票据贴现款到期收回的活动流程与基本要领，能按照业务规定和流程进行贴现款到期收回的账务处理。

【案例引入】

2020 年 9 月 19 日，模拟银行西城支行根据 6 月 22 日办理的鸿宇股份有限公司（6300800600179856009）的贴现业务和 026743 号银行承兑汇票，填写委托收款凭证，向北江农村商业银行西环路支行收回贴现款。

该票据出票日是 2020 年 5 月 22 日，到期日为 2020 年 9 月 22 日，贴现率为 5.475‰，金额为 5 000 000 元，出票人为华美科技有限公司（830720101083），承兑人为北江农村商业银行西环路支行（83072）。

【活动步骤】

票据贴现款到期收回活动流程如图5-2-4所示。

图5-2-4 票据贴现款到期收回活动流程

活动步骤1. 收回准备

贴现到期，贴现银行作为持票人，在汇票背面背书栏加盖结算专用章并由授权的经办人员签名或盖章，注明"委托收款"字样，填制委托收款凭证，在"委托收款凭据名称"栏注明"商业承兑汇票"或"银行承兑汇票"及其汇票号码，连同汇票向付款人办理收款。对于付款人在异地的，应在汇票到期前，匡算付款人的邮程，提前办理委托收款。

活动步骤2. 寄送凭证

贴现银行将已经填写完整的托收凭证的第三、四、五联，连同第五联贴现凭证作委托收款凭证的附件，一起寄给付款人开户行，向付款人收取款项。

活动步骤3. 款项划付

付款人开户行收到贴现银行寄来的托收凭证和汇票，经审查无误后，经办人员按照程序办理付款手续，并将相关信息录入业务系统，办理转账。

活动步骤4. 交易处理

贴现银行收到付款行划回的款项后，按照程序办理款项划回手续处理，并作交易处理。

会计分录如下：

借：清算资金往来   5 000 000
　　贷：贴现资产——银行承兑汇票户   5 000 000

活动步骤5. 后续处理

贴现银行经办人员在相关凭证上加盖转讫章和经办人员名章后，把相关凭证一并装订保管。

知识拓展

如果贴现银行在寄送凭证后，收到付款人开户银行或承兑银行退回的委托收款凭证、汇票和拒绝付款理由书或付款人未付票款通知书后，贴现银行在追索票据时分以下两种情况：

（1）贴现申请人未在本行开立账户的，对已贴现的汇票金额的收取，应按《票据法》的规定向贴现申请人或其他前手进行追索。

（2）对申请贴现的持票人在本行开户的，可从贴现申请人账户收取。

① 若贴现申请人账户余额充足，进行扣款。会计分录如下：

借：吸收存款——活期存款——贴现申请人户
　　贷：贴现资产——××汇票户

② 若贴现申请人账户余额不足，其不足的部分按照逾期贷款的规定处理。会计分录

如下：

借：吸收存款——活期存款——贴现申请人户
    贷款——逾期贷款——贴现申请人户
  贷：贴现资产——××汇票户

③ 若贴现申请人账户无款，应将全部贴现款转入逾期贷款账户。会计分录如下：

借：贷款——逾期贷款——贴现申请人户
  贷：贴现资产——××汇票户

【模拟实训 5-2-2】

2020 年 10 月 18 日，模拟银行西城支行根据 2020 年 6 月 25 日办理的贴现业务和 60531 号银行承兑汇票，填写委托收款凭证，向北江农村商业银行东环路支行收回贴现款。该银行承兑汇票金额 3 000 000 元，出票日期为 2020 年 4 月 22 日，到期日为 2020 年 10 月 22 日，贴现率为 5.475‰，出票人为纪念百货有限公司（8560320201032），承兑人为北江农村商业银行东环路支行（85603），贴现申请人为模拟银行西城支行开户单位万有电子有限责任公司（8410120200632）。

（1）承兑银行划回款项，模拟银行西城支行收到款项。

（2）承兑银行退回委托收款凭证、汇票和拒绝付款理由书或付款人未付票款通知书，模拟银行西城支行从万有电子有限责任公司（8410120200632）账户上收取账款时发现，其账户余额仅有 2 450 000 元。

要求：请以模拟银行西城支行经办人员的身份进行相应的业务处理，包括凭证填写、审核、凭证盖章和业务处理。

项目六

单位外汇业务处理

知识目标

1. 了解外汇业务的主要内容和外汇存款、贷款的种类以及外汇统账制的记账方法；
2. 理解外汇交易中结汇、售汇、套汇的规定及相应的流程；
3. 掌握外汇交易中结汇、售汇、套汇以及单位存款、贷款业务的核算方法。

职业能力目标

1. 能够掌握结汇、售汇、套汇以及外汇存款、贷款业务的操作流程；
2. 能够根据规定正确地进行外汇买入业务、外汇卖出业务以及套汇业务各环节的具体操作处理。

素质目标

1. 具备爱岗敬业、诚实守信、遵纪守法、坚持准则、廉洁自律、客观公正、强化服务的职业道德和社会责任感；
2. 具有严谨、细致、规范、认真、诚信、踏实的职业态度；
3. 具备执行能力、团队协作能力、沟通能力和创新精神；
4. 具备热爱工作、追求极致的工匠精神。

知识结构导图

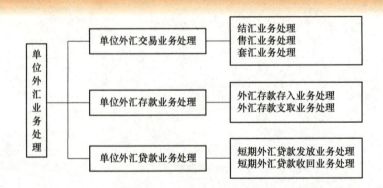

任务一　单位外汇交易业务处理

任务描述

主要了解外汇的概念、汇率的分类，以及外汇交易形式中结汇、售汇、套汇的结算规定和凭证格式，掌握填写凭证的具体要求；能够根据结汇、售汇业务规定正确进行外汇买入业务、外汇卖出业务及套汇业务的具体操作处理。

知识准备

一、外汇的概念

外汇是指以外币表示的可以用作国际清偿的支付手段和资产。具体内容包括以下几个方面：

（1）外币现钞，包括纸币、铸币；
（2）外币支付凭证或者支付工具，包括票据、银行存款凭证、银行卡等；
（3）外币有价证券，包括债券、股票等；
（4）特别提款权；
（5）其他外汇资产。

作为外汇必须符合两个条件：一是以外国货币表示；二是可自由兑换。目前全世界有 45 个国家和地区的货币是可自由兑换货币，最常用的是美元、英镑、欧元、日元、港元、加拿大元、澳元等。银行在进行外汇业务核算时，会计凭证、账簿和报表均应按规定标明货币的国际通用符号，常见货币符号、货币单位及辅币进位规则如表 6–1–1 所示。

表 6–1–1　常见货币符号、货币单位及辅币进位规则

货币名称	货币符号	货币单位及辅币进位
人民币	¥（CNY/RMB）	1 元 = 10 角，1 角 = 10 分
美元	US$（USD）	1 元 = 100 分
英镑	£（GBP）	1 英镑 = 100 便士
欧元	€（EUR）	1 欧元 = 100 分
日元	J¥（JPY）	1 元 = 100 钱
港元	HK$（HKD）	1 元 = 100 分
加拿大元	CAN$（CAD）	1 元 = 100 分
澳大利亚元	A$（AUD）	1 元 = 100 分
新加坡元	S$（SGD）	1 元 = 100 分
澳门元	PAT（MOP）	1 元 = 100 分

二、汇率的概念与种类

（一）汇率的概念与标价方法

汇率是指一国货币与另一国货币相互折算的比率，也称外汇牌价或汇价。

汇率有两种标价方法：直接标价法和间接标价法。以商品买卖为例，如一支铅笔0.5元，即通常以货币的数量多少标明一定单位商品的价格，这就是直接标价法；有时候也会反过来标1元等于2支铅笔，这种以商品的数量多少来标明一定单位货币价格的方法，称为间接标价法。如果将货币兑换当作货币买卖，则：

$$USD1 = RMB6.355\ 4\ 为直接标价法$$
$$RMB1 = USD0.157\ 3\ 为间接标价法$$

直接标价法是以本币的数量标明一定单位外币的价格，换句话说，是以一定单位的外币为标准，折算为若干单位本币的标价方法。目前除美国和英国外，世界上绝大多数国家和地区都采用直接标价法。间接标价法正好相反，是以外币的数量标明一定单位本币的价格，换句话说，是以一定单位的本币为标准，折算为若干单位外币的标价方法。

（二）汇率的种类

汇率可以按照不同的标准进行分类，根据交易方向及外汇载体的不同，可分为汇买价、汇卖价、钞买价、钞卖价和中间价；根据交割期限的不同，可分为即期汇率和远期汇率。

汇买价是指银行买入外汇现汇的价格；汇卖价是指银行卖出外汇现汇的价格；钞买价是指银行买入外币现钞的价格；钞卖价是指银行卖出外币现钞的价格；中间价是指汇买价与汇卖价的平均价，在银行内部结算或套汇时使用。在银行公布的外汇牌价中，高低顺序排列为钞买价＜汇买价＜中间价＜汇卖价＝钞卖价，其中钞买价是最低的。

现钞汇率与现汇汇率理论上存在差额，因为银行买入现汇即为买入客户在国外银行的外汇存款，银行可以直接将买进的外汇划拨到其国外银行的账户中并开始计息，而买进外币现钞时，由于外币现钞在本国不流通，银行买进后需库存保留一段时间，待达到一定的金额后，将其运往货币发行国，变成在国外银行的外币存款即现汇后开始计息和用于国际结算，在此期间，银行要承担汇率风险、资金占用利息及现钞管理费等，支付包装费、运输费及保险费等，将这些费用转嫁给外币现钞的卖主，所以钞买价要低于汇买价。相反，国内不通行外币现钞，银行要卖出外币现钞，就必须从货币发行国运进来，同样也会发生一些费用。因此，理论上钞卖价要高于汇卖价。

在银行买卖外汇的实务中，钞买价低于汇买价，而钞卖价与汇卖价相同。

即期汇率，也称现汇汇率，是买卖双方成交后，在两个营业日之内办理外汇交割时所用的汇率。远期汇率，也称期汇汇率，是买卖双方事先约定的，并在未来的一定日期进行外汇交割的汇率。

三、外汇业务与外汇买卖

（一）外汇业务

商业银行的外汇业务是指以记账本位币以外的货币进行收付、结算的业务。目前我国外汇指定银行经营的外汇业务主要有外币存款业务、外汇贷款业务、外汇汇款业务、外汇兑换业务、外汇同业拆借业务、发行或代理发行股票以外的外币有价证券业务、外币票据的承兑和贴现业务、贸易和非贸易结算业务、外汇担保业务、自营及代客货币兑换业务、国家外汇管理局批准的其他外汇业务。商业银行的外汇业务与人民币业务相比有其自身的特点，从而导致外汇业务在会计核算中的特殊性。

（二）外汇买卖

外汇买卖又称为货币兑换，是指外汇银行在日常业务中，由于使用货币种类的不同，经常将一种货币兑换成另一种货币，这种卖出一种货币，买入一种货币的行为，就是外汇买卖。

1. 买入外汇包括结汇及外币兑本币业务

所谓结汇，是指境内企事业单位、机关和社会团体按国家的外汇政策规定，将各类外汇收入按银行挂牌汇率卖给外汇指定银行，即银行买进这部分外汇，同时付给对方相应的人民币。利息找零业务比照结汇处理，即商业银行在支付储户本息时，元以下辅币不能支付外币零头，可以按牌价以人民币折付。

2. 卖出外汇包括本币兑外币业务和售汇

售汇是指境内企事业单位、机关和社会团体的经常项目下的正常付汇，持有关有效凭证，用人民币到商业银行办理兑换，商业银行收进人民币，支付等值外汇。

套汇业务主要有两类：第一类是同种货币之间的套汇，主要指钞买汇卖和汇买钞卖。钞买汇卖是银行从客户手里买进外币现钞，卖给对方外币现汇。汇买钞卖是指银行从客户手中买进外汇现汇，卖给对方外汇现钞，是指两种货币之间的套汇。第二类是银行按买入价买进一种外汇，按照卖出价卖出另一种外汇。

四、外汇业务会计核算的特点

（一）外汇业务会计核算记账方法采用借贷复式记账法

借贷复式记账法就是以借、贷为记账符号，以"有借必有贷、借贷必相等"为记账规则，在两个或两个以上相互联系的账户中进行金额相等、方向相反记录的一种记账方法。借方登记资产增加，负债减少、所有者权益减少，损失增加，收益结转。贷方登记资产减少，负债增加，所有者权益增加、收益增加，损失结转。

（二）外汇业务会计核算记账方式采用外汇分账制，其记账基础采用权责发生制

外汇银行经营的货币种类较多，为了完整地反映各类外汇资金的增减变化情况，保护各类外汇资金的安全，外汇银行采用外汇分账制。

外汇分账制又叫原币记账法，是指按业务发生时的货币记账，不折成本位币入账的一种记账方式。其主要内容如下：

1. 人民币与外币分账

对有外汇牌价的各类外汇收支要求以原币记账，不折成本位币入账。以原币填制凭证，登记账簿，编制报表，每一种货币各自成立一套完整的账务系统。

2. 专门设置"货币兑换"科目，在外汇业务核算中起桥梁和平衡作用

当一项银行业务涉及两种或两种以上的货币时，必须通过有关"货币兑换"科目核算。

"货币兑换"科目是外汇分账制的一个特定科目,在不同的外汇业务之间起一个桥梁的平衡和联系作用。如出口结汇、进口售汇、套汇业务的核算,外汇银行均通过"货币兑换"科目核算。"货币兑换"科目是共同类会计科目,买入外币时,外币金额应贷记此科目,同时,人民币金额应借记此科目。卖出外币时,外币金额应借记此科目,同时,人民币金额应贷记此科目。

3. 年终并表,以本币资金统一反映财务状况和经营成果

年终时,各种外币除编制各自的报表外,美元以外的其他外币要按年终决算牌价折成美元报表,合并的美元报表按年终决算牌价折成人民币报表,再以人民币报表按会计科目归口合并,编制一张汇总的人民币报表。权责发生制又称应收应付制,只要债权债务一经发生,不管有无实际的资金收付行为,都应记账。权责发生制对于本期内实际发生,应属于本期的收益和费用,不论其款项是否收到或付出,都作为本期的收益和费用处理。反之,凡不属于本期实际发生,不属于本期的收益和费用,即使款项已经收到或付出,都不作为本期的收益和费用处理。

例如,一笔 3 年期的美元定期存款到期时的利息为 1 500 美元,这笔 1 500 美元的利息虽到期后支付,但应属于 3 个年度,需均衡分摊。商业银行应在第一年、第二年年终都对当年承担的利息费用列作损失,进行账务处理。这样才能准确计算各年的损益。否则,1 500 美元的利息支出都由第三年承担,第三年的支出就被扩大了,而第一年、第二年的支出则被缩小了。显然,这不能正确反映每年的经营成果。

五、外汇买卖凭证及账簿

外汇买卖凭证分为外汇买卖借方凭证和外汇买卖贷方凭证两种,每种均由两联套写凭证构成(一般加一联外汇兑换水单和一联外汇买卖统计卡),其中一联为外币外汇买卖凭证,另一联为人民币凭证。银行买入外汇(结汇和兑入外币)时,使用外汇买卖贷方凭证(一式三联);银行卖出外汇(售汇和兑出外币)时,使用外汇买卖借方凭证(一式三联)。为了反应一笔外汇买卖业务的全貌,外汇买卖凭证的外币金额、人民币金额和外汇牌价必须同时填列。外汇买卖凭证必须同时与对方有关科目转账,不得只转一方。外汇买卖的外币一联凭证应与对应的外币凭证自行平衡;外汇买卖的人民币一联凭证应与对应的人民币凭证自行平衡。银行在办理套汇业务时,使用外汇买卖套汇凭证。由于套汇包括买入和卖出两种行为,所以套汇凭证为一式六联,其中四联分别用于登记不同外币的"货币兑换"科目,两联用于登记人民币的"货币兑换"科目。套汇凭证的折合率栏应填明套汇时使用的两个价格,一般规定左上方填写买入价,右下方填写卖出价。

"货币兑换"科目凭外汇买卖凭证入账,"货币兑换"科目设分户账,以各分户账货币独立立账。人民币不设货币兑换分户账,它的格式比较特殊(把本、外币分户账结合在一起)。外汇银行结汇时,外币反映在贷方,人民币反映在借方,两者都应记入买入栏;外汇银行售汇时,外币反映在借方,人民币反映在贷方,两者都应记入卖出栏。对于套汇业务,如是不同种货币套汇,则应分别在各自货币兑换分户账上登记;如是同一种货币套汇,则在同一个货币账户里平行登记。货币兑换分户账的结余数额以外币和人民币分别结计,同时反映,方向正好相反。

当结余中的外币金额反映在借方时,表明卖出外币多于买入该种外币,称为空头;当外币金额反映在贷方时，表明买入外币多于卖出该种外币，称为多头。所以，区别于一般账簿的形式，货币兑换分户账的这种特殊形式，既便于记账，又便于了解两种货币资金的增减情况和外币头寸的多头、空头情况。

"货币兑换"科目总账，按各种货币独立设置，其格式及登记方法与一般科目总账相同。营业终了，经办行要与上级行平仓，当经办行某种外币结汇大于售汇时，经办行应向上级行卖出此种外币，当经办行某种外币结汇小于售汇时，经办行应向上级行买入此种外币，会计凭证是交易单和交易证实书。

【项目活动1】结汇业务处理

【活动目标】

掌握结汇业务的操作方法与基本要领，能按业务规定进行结汇业务的具体操作处理。

【案例引入】

2020年3月15日，模拟银行西城支行收到纽约某银行（与鸿宇股份有限公司有美元账户关系）的汇入销货款2 000美元，当日美元兑人民币的汇买价为688.42%（即CNY688.42/USD100，后面的牌价表示的含义一样），中间价为689.80%，收款方为巧致工艺进出口公司，转入公司单位存款账户。经办人员按规定为其办理结汇手续。

【活动步骤】

结汇业务处理流程如图6-1-1所示。

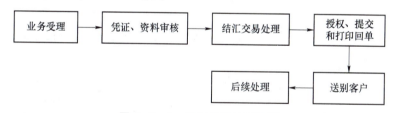

图6-1-1　结汇业务处理流程

活动步骤1. 业务受理和凭证、资料审核

客户申请办理结汇，应填写并提交结汇申请书（以下简称申请书）一式两联，并在申请书第　联加盖预留银行印鉴（如客户按外汇管理规定选择不结汇，直接按原币入账，客户无须另行提供资料）。对于须经外汇管理局审批结汇的，还应同时提交有关结汇核准件。银行经办人员收到结汇申请书和相关文件后，应审核客户的结汇申请是否符合国家外汇管理规定，申请书的内容填写是否正确，申请书上加盖的印章是否与预留银行印鉴相符；如需提供核准件的，还应审核结汇核准内容是否符合规定。

活动步骤2. 结汇交易处理

审核无误后，经办人员通过系统输入相关数据信息，系统会实时逐笔自动办理结汇业务。会计分录如下：

借：汇入汇款　　　　　　　　　　　　　　　　　　　　　　　USD2 000
　　贷：货币兑换（汇买价688.42%）　　　　　　　　　　　　　USD 2 000

借：货币兑换（中间价689.80%）　　　　　CNY 13 796（USD 2 000×689.80%）
　　贷：吸收存款——活期存款——鸿宇股份有限公司
　　　　　　　　　　　　　　　　　　　　CNY13 768.4（USD2 000×688.42%）
　　　　汇兑损益　　　　　　　　　　　　　　　　　　　　　　　CNY 27.6

外汇兑换收益是逐笔确认的模式，在以上会计分录中，人民币货币兑换账户应该以中间价折算确认，而支付给鸿宇股份有限公司的美元应按汇买价折算，两者差额部分为银行柜台部门的收益。

汇兑损益是指金融企业外币货币性项目因汇率变动而形成的收益或损失。汇兑损益包括交易损益和折算损益。交易损益是指不同货币兑换时，由金融企业买卖价差而产生的汇兑损益。如金融企业结汇时，银行要以低于中间价的买入价购入外汇；而售汇时，银行要以高于中间价的卖出价售出外汇，买入价或卖出价与中间价的差额就是因交易产生的汇兑损益。从银行的角度来说是汇兑收益，从其他金融企业的角度来说是汇兑损失。折算损益是指金融企业的各项外币资产和负债由于期末汇率和记账汇率不同而产生的折算为记账本位币的差额，即各个外币资产和负债账户的外币期末余额按期末市场汇率折合为记账本位币的金额与原账面记账本位币金额的差额。当期末汇率高于记账汇率时，这个差额对于外币资产来说是汇兑收益，对于外币负债来说是汇兑损失；当期末汇率低于记账汇率时，这个差额对于外币负债来说是汇兑收益，对于外币资产来说是汇兑损失。

活动步骤3. 授权、提交和打印回单

经办人员输入完成后，会计主管审核已输入的相关信息，审核无误后进行授权并提交，交易完成后，根据系统提示，打印结汇水单和系统自动生成的结汇凭证，如图6-1-2所示，并根据需要加盖出口收汇核销专用章。

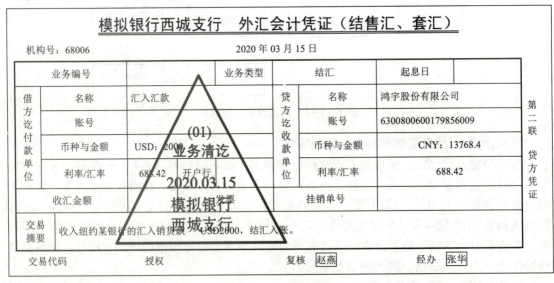

图6-1-2　结汇凭证

活动步骤4. 送别客户及后续处理

经办人员在结汇水单、结汇凭证通知联上加盖业务清讫章后交给客户，如出具核销联的，加盖出口收汇核销专用章，并请客户在银行留存联上当面签收并送别客户。同时，在处理后的相关凭证上加盖业务清讫章和经办人员名章后，与其他凭证一并保管。

【模拟实训 6-1-1】

2020 年 5 月 28 日，模拟银行西城支行收到美国某银行（与模拟银行西城支行有美元账户关系）的汇入销货款 300 000 美元，当日美元兑人民币的汇买价为 688.42%，中间价为 689.87%，收款方为鸿宇股份有限公司，转入公司单位存款账户。经办人员按规定为其办理结汇手续。

要求：以模拟银行西城支行经办人员的身份进行相应的业务处理，包括凭证审核、结汇业务处理、业务数据录入、凭证签章与凭证处理，并编制会计分录。

知识拓展

经办行与上级行平仓

1. 当经办行对某种外币结汇大于售汇时，经办行应该向上级行卖出此种外币

经办行编制的会计分录如下：

借：内部平仓往来　　　　　　　　　　　　　　　××人民币
　　贷：货币兑换（平仓汇率）　　　　　　　　　　××人民币
借：货币兑换（平仓汇率）　　　　　　　　　　　××外币
　　贷：内部平仓往来　　　　　　　　　　　　　　××外币

会计凭证为交易单、交易证实书。
上级行做相反的会计分录。

2. 当经办行某种外币结汇小于售汇时，经办行应向上级行买入此种外币

经办行编制的会计分录如下：

借：内部平仓往来　　　　　　　　　　　　　　　××外币
　　贷：货币兑换（平仓汇率）　　　　　　　　　　××外币
借：货币兑换（平仓汇率）　　　　　　　　　　　××人民币
　　贷：内部平仓往来　　　　　　　　　　　　　　××人民币

会计凭证为交易单、交易证实书
上级行做相反的会计分录。

【项目活动 2】售汇业务处理

【活动目标】

掌握售汇业务的操作方法与基本要领，能按业务规定进行售汇业务的具体操作。

【案例引入】

2020 年 5 月 25 日，鸿宇股份有限公司（6300800600179856009）持有关有效凭证向模拟银行西城支行购汇 30 000 欧元汇往德国，支付进口货款。当日欧元兑换人民币的卖出价为775.00%,中间价为772.12%。经办人员按规定为其办理售汇手续。

【活动步骤】

售汇业务处理流程如图6-1-3所示。

图6-1-3 售汇业务处理流程

活动步骤1. 业务受理

客户申请购汇时应填写购汇申请书(以下简称申请书)一式两联,并在申请书第一联加盖单位预留银行印鉴。客户需要将购汇申请书、规定的有效凭证和商业单据以及外汇管理局核准件一并提交银行。一般情况下,除购汇用于还本付息和收取信用证、保函保证金等业务外,客户不得提前购汇,购汇时间一般选择客户对外支付款项的时间。

活动步骤2. 凭证、资料审核

银行受理客户提交的资料后,应实行审售分离制度。经办人员负责审核客户资料的完整性,即按外汇管理规定审核客户提交的有效凭证及商业单据或批件是否齐全;购汇申请书的金额与相关资料是否一致,购汇申请书上加盖的印章与预留银行印鉴是否一致等。经办人员初审无误后将相关资料交业务主管进行复审。业务主管人员负责审核资料的有效性和真实性,即审核客户提交的有效凭证及商业单据的内容是否真实反映了资金划付的业务背景,单据之间对业务的描述是否一致。审核无误后,审核人应在购汇申请书和相关凭证上签章。

活动步骤3. 售汇交易处理

凭证、资料审核无误后,经办人员通过系统输入相关数据信息,办理售汇业务。会计分录如下:

借:吸收存款——活期存款——鸿宇股份有限公司　　　　　CNY 232 500
　　　　　　　　　　　　　　　　　　　　(EUR30 000×775.00%)
　贷:汇兑损益　　　　　　　　　　　　　　　　　　　　　CNY 864
　　　货币兑换(中间价 772.12%)　(EUR30 000×772.12%)CNY 231 636
借:货币兑换(卖出价 775.00%)　　　　　　　　　　　　　EUR30 000
　贷:汇出汇款　　　　　　　　　　　　　　　　　　　　　EUR 30 000

活动步骤4. 授权、提交和打印回单

经办人员输入完成后,由会计主管审核已输入的相关信息,无误后进行授权并提交。交易完成后,根据系统提示,打印售汇单据和系统自动生成的售汇凭证,如图6-1-4所示。

图 6-1-4 售汇凭证

活动步骤 5. 送别客户及后续处理

经办人员在售汇单据、售汇凭证通知联上加盖业务清讫章后，与购汇申请书客户回单联一并交给客户，并送别客户。售汇后根据客户填写的有关凭证进行汇款处理。一联购汇申请书与外汇管理局售汇核准件作为有关传票的附件，另一联购汇申请书与有效商业单据另外用专夹保管。

【模拟实训 6-1-2】

2020 年 5 月 25 日，鸿宇股份有限公司（6300800600179856009）持有关有效凭证向模拟银行西城支行购汇 800 000 欧元汇往德国，支付进口货款。当日欧元兑人民币的卖出价为 775.00‰，中间价为 772.12‰。经办人员按规定为其办理售汇手续。

要求：以模拟银行西城支行经办人员的身份进行相应的业务处理，包括凭证审核、业务数据录入、凭证签章与凭证处理，并编制会计分录。

【项目活动 3】套汇业务处理

【活动目标】

掌握套汇业务的操作方法与基本要领，能按业务规定进行套汇业务的具体操作。

【案例引入】

鸿宇股份有限公司（6300800600179856009）于 2020 年 7 月 15 日持有效凭证从其美元账户中兑取 100 000 港元汇往香港，支付购货款。当日美元汇买价为 686.51‰，中间价为 687.97‰，港币卖出价为 88.03‰，中间价为 87.86‰。模拟银行西城支行经办人员按规定为其办理套汇手续。

【活动步骤】

套汇业务处理流程如图 6-1-5 所示。

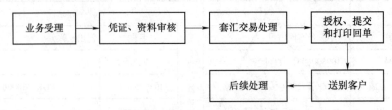

图 6-1-5　套汇业务处理流程

活动步骤 1. 业务受理与凭证、资料审核

一般来讲，套汇业务主要有两类：第一类是同种货币之间的套汇，主要指钞买汇卖和汇买钞卖。钞买汇卖是银行从客户手里买进外币现钞，卖给对方外币现汇。汇买钞卖是银行从客户手中买进外币现汇，卖给对方外币现钞。第二类是两种外币之间的套汇，是银行按买入价买进一种外汇，按卖出价卖出另一种外汇。如客户对外支付的外币与存款外币不一致，银行应主动办理代客套汇业务。客户因业务需求向银行办理套汇时，应首先经过有关部门的合法性和合规性审核，方能申请办理。

客户申请套汇时应向银行提交外汇套汇凭证。经办人员收到套汇凭证及相关资料后，应审核客户提交的套汇凭证相关内容填写是否正确，买卖货币填写是否清楚无误，凭证上加盖的印章与预留银行印鉴是否一致。

活动步骤 2. 套汇交易处理

经办人员审核无误后，进入业务操作系统，选择货币兑换类型中的代客套汇交易，并根据套汇凭证（见图 6-1-6）输入相关数据信息，系统采取实时逐笔自动平盘的方式进行账务处理。会计分录如下：

借：单位活期存款——鸿宇股份有限公司　　　　　　　　　　　　USD12 822.83
　　贷：货币兑换（汇买价 686.51%）　　　　　　　　　　　　　USD12 822.83
借：货币兑换（中间价 687.97%）　　（USD12 822.83×687.97%）CNY88 217.22
　　贷：汇兑损益　　　　　　　　　　　　　　　　　　　　　　　CNY357.22
　　　　货币兑换（中间价 87.86%）　　　（HKD100 000×87.86%）CNY87 860
借：货币兑换（卖出价 88.03%）　　　　　　　　　　　　　　　HKD100 000
　　贷：汇出汇款　　　　　　　　　　　　　　　　　　　　　　HKD100 000

活动步骤 3. 授权、提交和打印回单

经办人员输入完成后，由会计主管审核输入的相关信息，审核无误后进行授权并提交。交易完成后，经办人员可以根据系统提示，打印货币兑换凭证和借、贷记通知。一般银行办理代客套汇业务后，还需要进行外汇资金汇划等业务，经办人员根据客户的需要通过相关的交易为客户进行汇划等处理。

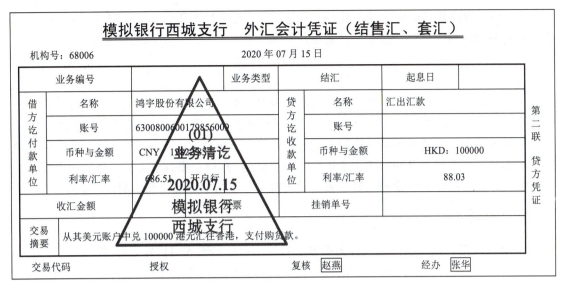

图 6-1-6 套汇凭证

活动步骤 4. 送别客户及后续处理

经办人员在借记通知回单上加盖业务清讫章，交给客户并送别客户。打印机制凭证后，以客户提交的相关凭证作机制凭证的附件，相关有效凭证和商业单据加盖业务清讫章和经办人员名章后用专夹保管。

【模拟实训 6-1-3】

2020 年 7 月 15 日，鸿宇股份有限公司（6300800600179856009）持有效凭证从其美元账户中兑取 60 000 港元汇往香港，支付购货款。当日美元汇买价为 686.51%，中间价为 687.97%，港币卖出价为 88.03%，中间价为 87.86%。模拟银行西城支行经办人员按规定为其办理套汇手续。

要求：以模拟银行西城支行经办人员的身份进行相应的业务处理，包括凭证审核、业务数据录入、凭证签章与凭证处理，并编制会计分录。

任务二　单位外汇存款业务处理

任务描述

熟悉外汇存款业务的结算规定，熟悉外汇存款业务的凭证格式，掌握具体的填写要求。

知识准备

一、外汇存款的含义

外汇存款是商业银行以信用方式吸收的国内外单位和个人在经济活动中闲置或结余的外币资金。外汇存款是商业银行的主要负债之一，它具有自由兑换、方便支取、可国际偿付的特点。外汇存款是商业银行的主要外汇业务，也是发放外汇贷款的重要资金来源和从事国际结算业务的前提，外汇存款业务核算是反映和监督外汇存款业务的重要工具。

二、单位外汇存款的含义

单位外汇存款一般是指以单位或经济组织的名义存入银行的外汇，包括甲种外币存款及外债专户存款。经国家外汇管理局核准开立外汇账户的企（事）业法人和其他经济组织，当需要将境外资金汇入境内或将境内资金汇出以及办理其他存款、转账业务时，可持外汇管理局核准的开立外汇账户批准书和营业执照等相关材料，到商业银行开立外汇账户后办理存款及转账业务。单位外汇存款的主要对象是境内机构，包括中资机构和外商投资企业。

三、单位外汇存款的分类

1. 单位外汇存款按账户性质分为经常项目外汇存款和资本项目外汇存款

各单位在银行办理存款时，必须开立外汇存款账户，由单位填写申请书，并凭盖有公章、财务专用章及主管人员名章的印鉴卡及外汇账户使用证、外债登记证、外汇（转）贷款登记证等开立外汇存款账户，按规定的收支范围办理外汇收支。目前，单位外汇存款主要有美元、日元、港币、英镑、欧元等多种货币，其他自由外币可以按存入日的外汇牌价折算成上述币种之一来开立存款账户。

经核准或备案具有涉外经营权或有经常项目外汇收入的企事业单位、团体机构等可开立经常项目外汇存款账户。有资本项目外汇收支的单位经国家外汇管理局批准可开立资本项目外汇存款账户。

2. 根据存款期限不同，单位外汇存款分为定期外汇存款和活期外汇存款

单位定期外汇存款是指存款银行与存款单位约定至某一固定时间起才可提用的外汇存款。目前，定期外汇存款主要是采取整存整取的方式。定期外汇存款按存款金额的大小分为外汇小额存款和外汇大额存款。目前，外汇小额存款是指存款金额在等值300万美元以下的外汇定期存款，外汇大额存款是指存款金额在等值300万美元（含）以上的定期外汇存款，外汇小额存款起存金额为1万美元（含）的等值外汇，存期为1个月、3个月、半年、1年、2年五个档次；外汇大额存款起存金额为300万美元（含）的等值外汇，存期为3个月、半年、1年、2年四个档次。

单位活期外汇存款相较于单位定期外汇存款，存取灵活。根据存取方式不同又分为支票户存款和存折户存款，支票户存款凭送款单或其他收款凭证存入，凭支票或其他付款凭证支取。一般情况下，外贸企业由于代理进口的需要而在银行开立的进口保证金账户以及企业借入外债而在银行开立的外债专户存款就属于此类支票户存款；存折户存款则凭存折和存取款凭条存取。

四、单位外汇存款设置的科目

单位外汇存款，有原币存入、现钞存入和以不同货币存入三种情况。商业银行对单位外汇存款通过"单位活期存款""驻华机构活期存款""外债专户存款"和"单位定期存款"等科目核算。

【项目活动1】外汇存款存入业务处理

【活动目标】

掌握单位外汇存款存入业务的操作方法与基本要领,能按业务规定进行外汇存款存入业务的具体操作处理。

【案例引入】

2020年7月25日,鸿宇股份有限公司(6300800600179856009)收到纽约客户汇来的一笔货款,金额为200 000美元,要求存入其外汇活期存款美元现汇账户。模拟银行西城支行经办人员按规定为其办理外汇存款存入手续。

【活动步骤】

外汇存款存入业务处理流程如图6-2-1所示。

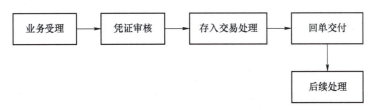

图6-2-1 外汇存款存入业务处理流程

活动步骤1. 业务受理与凭证审核

经办人员收到国外划入并由上级行转来的贷报信息,应认真核对来账信息。如果是交存外币现钞的,经办人员应认真审核外币现钞的真伪以及客户提交的缴款单日期、单位名称、账号、开户行名称、款项来源等是否填写完全正确;大小写金额填写是否准确、相符;凭证联次有无缺少、是否套写等。

活动步骤2. 存入交易处理

经审查凭证或清点现钞无误后,经办人员在业务系统中录入相关信息,贷记收款人账户,系统自动结计余额,并自动生成相关内容。

(1)现汇原币存入的,会计分录如下:

借:汇入汇款或其他有关科目　　　　　　　　　　　　　　　USD200 000
　　贷:单位活期存款——鸿宇股份有限公司　　　　　　　　USD200 000

(2)现钞存入的,要通过钞买汇卖套汇处理,会计分录如下:

借:现金　　　　　　　　　　　　　　　　　　　　　　　　××外币
　　贷:货币兑换(钞买价)　　　　　　　　　　　　　　　　××外币
借:货币兑换(中间价)　　　　　　　　　　　　　　　　　　××人民币
　　贷:货币兑换(中间价)　　　　　　　　　　　　　　　　××人民币
　　　　汇兑损益　　　　　　　　　　　　　　　　　　　　××人民币
借:货币兑换(卖出价)　　　　　　　　　　　　　　　　　　××外币
　　贷:单位活期存款　　　　　　　　　　　　　　　　　　××外币

(3) 其他外币现汇存入的，要通过套汇处理，会计分录如下：
借：汇入汇款或其他有关科目　　　　　　　　　　　××其他外币
　　贷：货币兑换（其他外币汇买价）　　　　　　　××其他外币
借：货币兑换（其他外币中间价）　　　　　　　　　××人民币
　　贷：货币兑换（存款外币中间价）　　　　　　　××人民币
　　　　汇兑损益　　　　　　　　　　　　　　　　××人民币
借：货币兑换（存款外币卖出价）　　　　　　　　　××存款外币
　　贷：单位活期存款　　　　　　　　　　　　　　××存款外币

活动步骤 3. 回单交付和后续处理

账务记载完毕后，经办人员在相关凭证的回单联上加盖业务清讫章和经办人员名章后，作为回单交给客户；其他已记账处理的凭证加盖业务清讫章、经办及复核人员名章，与其他凭证一并用专夹保管。

【模拟实训 6-2-1】

模拟银行西城支行发生下列业务：

2020 年 7 月 25 日，鸿宇股份有限公司（6300800600179856009）持有现汇 5 000 美元，要求经办人员存入其美元现汇存款账户。

要求：以模拟银行西城支行经办人员的身份进行相应的业务处理，包括凭证审核、业务数据录入、凭证签章与凭证处理，并编制相应的会计分录。

知识拓展

外汇存款的分类

外汇存款按存款管理特点的不同分为甲种外汇存款、乙种外汇存款、丙种外汇存款。甲种外汇存款的对象为单位；乙种外汇存款的对象为除国内一般居民以外的个人；丙种外汇存款的对象为国内一般居民。

外汇存款按存款对象可分为单位外汇存款和个人外汇存款。单位外汇存款是存款者以单位或经济组织的名义存入银行的外汇。个人外汇存款是存款者以个人名义存入银行的外汇款。单位外汇存款包括甲种外汇存款及外债专户存款。个人外汇存款包括乙种外汇存款、丙种外汇存款。国内居民一般开立丙种外汇存款。

外汇存款按存款货币不同分为港币、美元、日元、英镑、欧元等外汇存款，如果以其他可自由兑换的外币存入，可按存入日的牌价套算成上述货币，一般存入何种货币，就支付该种货币。

外汇存款按期限可分为活期外汇存款和定期外汇存款。

外汇存款按支取方式不同分为支票户存款和存折户存款。

外汇存款按存入资金形态的不同分为现汇存款户（以下简称现汇户）和现钞存款户（以下简称现钞户）。目前，单位外汇存款均为现汇存款户，现汇存款户可直接汇出国外；现钞存款户须经过钞买汇卖的套汇处理后方可汇出国外，现钞存款户可直接支取现钞。

【项目活动2】外汇存款支取业务处理

【活动目标】

掌握单位外汇存款支取业务的操作方法与基本要领，能按业务规定进行外汇存款支取业务的具体操作处理。

【案例引入】

鸿宇股份有限公司（6300800600179856009）在模拟银行西城支行开有美元现汇存款账户，现要求从其账户中汇付200 000美元到美国纽约，支付其进口货款。经办人员按规定为其办理外汇存款支取手续。

【活动步骤】

单位外汇存款现汇支取业务处理流程如图6-2-2所示。

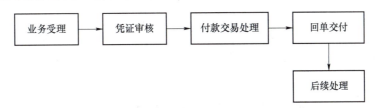

图6-2-2　单位外汇存款现汇支取业务处理流程

活动步骤1. 业务受理与凭证审核

开户单位办理外汇存款支取时，应根据需要在账户存款余额内签发支付凭证。支付凭证上应注明款项用途和支取金额，并在支付凭证上加盖预留银行签章后交银行。

经办人员接到客户提交的支付凭证后，应认真审核支付凭证是否真实，提示付款期限是否超过；签章是否符合规定，并折角核对其签章与预留银行签章是否相符，需要支付密码的，其密码是否正确；大小写金额是否一致，记载事项是否齐全；账户是否有足够支付的款项等。如果从现汇户中支取现钞，还应审查是否符合国家现金管理的规定等。

活动步骤2. 付款交易处理

（1）支取原币汇出时，其会计分录如下：

借：吸收存款——活期存款——鸿宇股份有限公司　　　　　　USD200 000
　　贷：汇出汇款　　　　　　　　　　　　　　　　　　　　USD200 000

（2）支取外币现钞或支取不同于开户货币的外币币种时，单位外币存款最多只能支取50 000美元，50 000万美元以上现金支取，需要经过外汇管理局批准，其会计分录如下：

借：单位活期存款　　　　　　　　　　　　　　　　　　　××外币
　　贷：货币兑换（汇买价）　　　　　　　　　　　　　　　××外币
借：货币兑换（中间价）　　　　　　　　　　　　　　　　××人民币
　　贷：货币兑换（中间价）　　　　　　　　　　　　　　　××人民币
　　　　汇兑损益　　　　　　　　　　　　　　　　　　　　××人民币

借：货币兑换（卖出价）　　　　　　　　　　　　　　　　　××外币
　　　　贷：现金　　　　　　　　　　　　　　　　　　　　　　　××外币
活动步骤 3. 回单交付和后续处理
　　账务记载完毕后，经办人员在相关凭证的回单联上加盖业务清讫章和经办人员名章，作为回单交给客户；已记账处理的凭证加盖业务清讫章、经办及复核人员名章后，与其他凭证一并用专夹保管。

【模拟实训 6-2-2】

　　模拟银行西城支行 2020 年 8 月 25 日发生下列业务：
　　鸿宇股份有限公司（6300800600179856009）在模拟银行西城支行开有欧元现汇存款账户，现要求从其账户中汇付 50 000 欧元到德国柏林，支付其进口货款。经办人员按规定为其办理外汇存款现汇支取手续。
　　要求：以模拟银行西城支行经办人员的身份进行相应的业务处理，包括凭证审核、业务数据录入、凭证签章与凭证处理，并编制相应的会计分录。

任务三　单位外汇贷款业务处理

任务描述

　　熟悉单位短期外汇贷款业务（以下简称短期外汇贷款）的结算规定，熟悉单位短期外汇贷款业务的凭证格式，掌握具体的填写要求；能够按单位短期外汇贷款业务的规定进行短期外汇贷款业务各环节的操作处理。

知识准备

一、短期外汇贷款的含义

　　外汇贷款业务是外汇银行的主要业务之一，它不同于人民币贷款业务，外汇银行发放外汇贷款还要承受外汇汇率的风险，为了减少汇率风险对银行的影响，商业银行主要发放短期外汇贷款，而长期外汇贷款目前主要由中国进出口银行办理，本任务主要讲述短期外汇贷款业务。
　　短期外汇贷款是外汇银行办理的以外币为计量单位的短期贷款，它是外汇银行重要的信贷业务。一般生产出口商品，并且有偿还能力的企业，都可以申请短期外汇贷款。外汇银行目前发放的短期外汇贷款货币主要有美元、港币、日元、英镑、欧元五种。还款货币与借款货币应一致，计收借款货币利息。如果还款货币与借款货币不同，则要通过外汇买卖的方式将还款货币转换成借款货币后再还款入账。

二、短期外汇贷款的利率

　　外汇银行目前发放的短期外汇贷款的利率分为固定利率和浮动利率两种，使用固定利率计算利息的贷款,不管贷款期间利率如何变动,贷款始终以一个固定的利率来计收利息。外汇银行发放的主要是短期外汇浮动利率贷款,浮动利率分 1 个月、3 个月、6 个月、1 年浮动四个档次,所谓按 1 个月、3 个月、6 个月、1 年浮动,就是指企业在使用银行贷款那天确定的利率在 1 个月、3 个月、6 个月和 1 年内不管利率变动多大,都固定不变,过了 1 个月、3 个月、6 个月和 1 年后,按浮动的利率计收利息。

【项目活动 1】短期外汇贷款发放业务处理

【活动目标】

掌握短期外汇贷款发放业务的操作方法与基本要领,能按业务规定进行短期外汇贷款发放业务的具体操作处理。

【案例引入】

鸿宇股份有限公司与模拟银行西城支行订立短期浮动利率贷款合同,贷款 300 000 美元,向美国星星公司进口零部件,期限半年,按 3 个月浮动,按季支付利息。模拟银行西城支行 2020 年 7 月 15 日发放贷款,全额支付美国某代理行的出口托收款。

【活动步骤】

短期外汇贷款发放业务处理流程如图 6-3-1 所示。

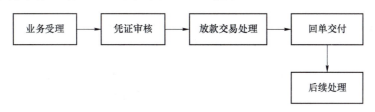

图 6-3-1 短期外汇贷款发放业务处理流程

活动步骤 1. 业务受理

借款人向外汇银行申请短期外汇贷款,必须填写借款申请书,并向银行信贷部门提供有关资料。信贷部门按照审贷分离、分级审批的要求进行贷款的审批。审批通过后,由信贷部门与借款人签订借款合同,并由信贷部门填写外汇贷款借款凭证(以下简称借款凭证)一式六联,该借款凭证需要签章后加盖贷款审批专用章,由信贷部门录入信贷系统(通过"贷款发放"交易录入相关信息),提交确认后,由借款人在外汇贷款借款凭证第一联上加盖预留银行印鉴,连同贷款合同交给会计部门处理。

活动步骤 2. 凭证审核

会计核算部门收到信贷部门交来的外汇贷款借款凭证后,应认真审核该借款凭证的各项要素是否填写完整;与贷款合同是否一致;签章是否齐全、真实;借款凭证上加盖的印鉴与预留银行印鉴是否一致。

活动步骤 3. 放款交易处理

审核无误后,经办人员进入系统,通过"贷款入账"交易将贷款的各项信息输入系统。

输入完成提交确认后，系统自动进行账务处理。会计分录如下：

借：短期外汇贷款——鸿宇股份有限公司　　　　　　USD300 000
　　贷：同业存放——美国某代理行　　　　　　　　USD300 000
借：进口代收款项　　　　　　　　　　　　　　　　USD300 000
　　贷：应收进口代收款项　　　　　　　　　　　　USD300 000

活动步骤 4. 回单交付

在第四联外汇贷款借款凭证上加盖业务清讫章和经办人员名章后，交给借款人，通知贷款入账。

活动步骤 5. 后续处理

经办人员录入交易完成后，在六联外汇贷款借款凭证上分别加盖业务清讫章和经办人员名章；打印机制凭证后，将外汇贷款借款凭证第一、二联借方传票作机制凭证的附件，第三联卡片留底用专夹保管，第五联交信贷部门留存，第六联送当地外汇管理局备案。

【模拟实训 6-3-1】

鸿宇股份有限公司与模拟银行西城支行订立短期浮动利率贷款合同，借款 50 万美元，向美国星星公司进口原件，期限半年，按 3 个月浮动利率按季支付利息。模拟银行西城支行于 2020 年 8 月 15 日发放贷款，全额支付美国某代理行的出口托收款。

要求：以模拟银行西城支行经办人员的身份进行相应的业务处理，包括凭证审核、业务数据录入、凭证签章与凭证处理，并编制会计分录。

知识拓展

商业银行外汇贷款与人民币贷款的主要区别

1. 利率确定不同

人民币贷款的利率相对固定；外汇贷款利率则是以浮动为主，贷款利率由总行不定期公布，外汇贷款从第一笔用汇日期起到还清本息日期止，一般不超过 1 年，最长不超过 3 年。

2. 贷款的发放不同

一般而言，人民币贷款到账后，借款单位在实际使用之前，可以转存；而短期外汇贷款一般在借款单位实际对外付汇时银行才同时发放。一般不发生派生性存款，外汇贷款经批准后，具体的发放使用办法按国际惯例处理。贷款发放是从贷款账户直接对外支付，不存在贷款转作存款后对外支付的情况，因而不会形成借款单位的派生性存款。其目的是加强外汇管理，提高外汇资金的使用效益。借款单位借款时，无论是以信用证还是以代收或汇款方式办理结算，均需填写短期外汇贷款借款凭证，银行核准后，据以开立外汇贷款账户。

【项目活动 2】短期外汇贷款收回业务处理

【活动目标】

掌握短期外汇贷款收回业务的操作方法与基本要领，能按业务规定进行短期外汇贷款收回业务的具体操作处理。

【案例引入】

2020年10月15日，鸿宇股份有限公司（6300800600179856009）归还到期的3个月300 000美元贷款，利率为2.687 5%，模拟银行西城支行经办人员审核无误后，办理短期外汇贷款收回业务。

【活动步骤】

短期外汇贷款收回业务处理流程如图6-3-2所示。

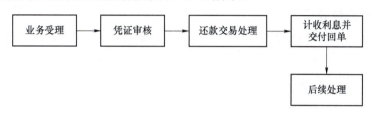

图6-3-2 短期外汇贷款收回业务处理流程

活动步骤1. 业务受理

借款人向银行申请归还全部或部分外汇贷款时，应填写外汇贷款还款凭证（以下简称还款凭证）一式六联，并加盖预留银行印鉴提交信贷部门；信贷部门抽出保存的外汇贷款借款凭证第五联，经审查核对相关内容无误后，在还款凭证上签章，并由借款人在还款凭证上加盖签章。然后将外汇贷款还款凭证交会计部门。如果需售汇归还贷款本息，还应经售汇审核。

活动步骤2. 凭证审核

经办人员收到信贷部门交来的外汇贷款还款凭证后，应抽出外汇贷款借款凭证第三联到期卡片核对，并审核外汇贷款还款凭证的各项要素填写得是否完整正确，还款凭证上加盖的签章及贷款收回专用章是否与预留银行印鉴一致。

活动步骤3. 还款交易处理

审核无误后，经办人员进入业务操作系统，通过"贷款还款"交易将相关信息输入系统。复核完成提交确认后，系统自动进行账务处理。会计分录如下：

借：单位活期存款——鸿宇股份有限公司　　　　　　　　USD300 000
　　贷：短期外汇贷款——鸿宇股份有限公司　　　　　　　　USD300 000

但如果借款单位还款的货币与贷款货币不一致，要通过有关"货币兑换"科目进行会计处理。

会计分录如下：
借：单位活期存款　　　　　　　　　　　　　　　　　××存款货币
　　贷：货币兑换（存款货币汇买价）　　　　　　　　　××存款货币
借：货币兑换（存款货币中间价）　　　　　　　　　　××人民币
　　贷：货币兑换（贷款货币中间价）　　　　　　　　　××人民币
　　　　汇兑损益　　　　　　　　　　　　　　　　　　××人民币
借：货币兑换（汇卖价）　　　　　　　　　　　　　　××贷款货币
　　贷：短期外汇贷款　　　　　　　　　　　　　　　　××贷款货币

活动步骤 4. 计收利息并交付回单

短期外汇贷款一般按季结息，每季末月 20 日为收息日，计息由系统自动完成。在收到信贷部门交来的外汇贷款还款凭证后，会计人员复查利息无误，根据系统提示打印计收利息清单，在计收利息清单和全部六联还款凭证上加盖业务清讫章，并将还款凭证第四联回单联和计收利息回单送交客户。按季收息账务处理的会计分录如下：

借：单位活期存款或应收利息
　　贷：利息收入

短期外汇贷款一般按原币计息，如果借款单位存款货币与计收利息的货币不一致，则要通过有关"货币兑换"科目进行会计处理，换成原币入账。

活动步骤 5. 后续处理

上述处理完成后，打印机制凭证，将外汇贷款还款凭证第一、二联和外汇贷款借款凭证的卡片联作机制凭证附件；外汇贷款还款凭证第三联由会计部门销卡存查；第五联送交信贷部门保管；第六联报送当地外汇管理局备案。

【模拟实训 6-3-2】

模拟银行西城支行 2020 年 9 月 15 日发生下列业务：

鸿宇股份有限公司（6300800600179856009）归还到期的 3 个月 40 万欧元贷款。

要求：以模拟银行西城支行经办人员的身份进行相应的业务处理，包括凭证审核、业务数据录入、凭证签章与凭证处理，并编制会计分录。

项目七

资金汇划与资金清算业务处理

知识目标

1. 掌握商业银行资金汇划系统的含义与一般规定；
2. 掌握商业银行系统内资金汇划与资金清算的基本做法；
3. 掌握现代化支付清算系统；
4. 理解系统内资金汇划清算业务的活动流程和操作处理。

职业能力目标

1. 能够熟悉商业银行系统内资金汇划与资金清算所使用的科目和凭证；
2. 能够掌握商业银行系统内资金汇划与资金清算业务的活动流程与活动步骤，能够正确进行账务处理；
3. 能够掌握大额支付业务和小额支付业务的活动流程。

素质目标

1. 具备爱岗敬业、诚实守信、遵纪守法、坚持准则、廉洁自律、客观公正、强化服务的职业道德和社会责任感；
2. 具有严谨、细致、规范、认真、诚信、踏实的职业态度；
3. 具备执行能力、团队协作能力、沟通能力和创新精神；
4. 具备热爱工作、追求极致的工匠精神。

知识结构导图

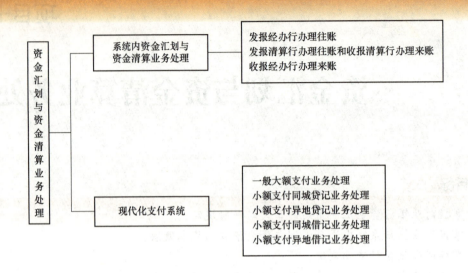

任务一　系统内资金汇划与资金清算业务处理

任务描述

了解商业银行资金汇划系统的含义与一般规定，了解商业银行系统内资金汇划与资金清算的基本做法，熟悉商业银行系统内资金汇划与资金清算所使用的科目和凭证，能按照商业银行系统内资金汇划与资金清算的活动流程，正确进行业务处理。

知识准备

一、系统内资金汇划清算系统

系统内资金汇划清算系统（以下简称资金汇划清算系统）即系统内资金汇划与资金清算系统，是指商业银行内部各行处之间由于办理结算、款项缴拨、内部资金调拨等业务引起的资金账务往来，该业务往来通过由计算机网络组成的资金汇划清算系统进行办理。

商业银行内部的资金汇划清算系统又称为电子汇划系统，该系统既承担汇兑、托收承付、委托收款（含商业汇票等）、银行汇票、银行卡、储蓄旅行支票、内部资金划拨、其他经总行批准的款项汇划及其资金清算，又承担对公、储蓄、银行卡异地通存通兑业务的资金清算，同时也办理有关的查询查复业务。

二、资金汇划清算系统的构成

资金汇划清算系统由汇划业务经办行、清算行、总行清算中心通过计算机网络组成。

（一）经办行

经办行是具体办理结算资金和内部资金汇划业务的银行。汇划业务的发生行是发报经办行；汇划业务的接收行是收报经办行。

（二）清算行

清算行是在总行清算中心开立备付金存款账户（以下简称备付金户），办理其辖属行汇划款项清算的分行，包括直辖市分行、总行直属分行及二级分行（含省分行营业部）。省分行在总行开立备付金户，只办理系统内资金调拨和内部资金利息汇划。

（三）总行清算中心

总行清算中心是办理系统内各经办行之间的资金汇划、各清算行之间的资金清算及资金拆借、账户对账等账务的核算和管理部门。

三、资金汇划清算系统的基本做法

资金汇划清算系统的基本做法是实存资金、同步清算、头寸控制、集中监督。

（一）实存资金

实存资金是指以清算行为单位在总行清算中心开立备付金存款账户，用于汇划款项时资金清算。

（二）同步清算

同步清算是指发报经办行通过其清算行经总行清算中心将款项汇划至收报经办行，同时，总行清算中心办理清算行之间的资金清算，清算行办理经办行之间的资金清算。

（三）头寸控制

头寸控制是指各清算行在总行清算中心开立的备付金存款账户，必须保证有足够的存款，总行清算中心对各行汇划资金实行逐笔即时清算。清算行备付金存款不足，可向总行借款。

（四）集中监督

集中监督是指总行清算中心对汇划往来数据发送、资金清算、备付金存款账户资信情况和行际间查询查复情况进行管理和监督。

四、资金汇划清算业务设置的科目

资金汇划清算业务设置下列科目：

（一）"清算资金往来"科目

该科目核算各经办行通过电子汇划系统发出报单和收到报单时的资金汇划往来与清算情况。本科目属于资产负债类科目，汇划业务结束后，该科目余额结转"系统内上存款项"科目，进行资金实时清算。

（二）"系统内上存款项"科目

该科目反映各清算行存放在总行以及各经办行存放在清算行的清算备付金。该科目为省区分行、直辖市分行、总行直属分行、二级分行使用，属资产类科目，余额反映在借方。

(三)"系统内款项存放"科目

该科目反映总行收到的各清算行上存以及各清算行收到各经办行上存的清算备付金存款。该科目为总行、省区分行使用,属负债类科目,余额反映在贷方。

系统内资金汇划与清算业务活动流程如图7-1-1所示。

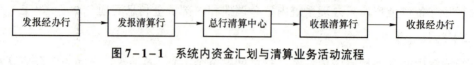

图7-1-1 系统内资金汇划与清算业务活动流程

【项目活动1】发报经办行办理往账

【活动目标】

掌握发报经办行办理往账的活动流程,能按照活动流程进行往账业务的操作处理。

【案例引入】

2020年8月1日,模拟银行西城支行开户单位鸿宇股份有限公司(6300800600179856009)来行申请将800 000元货款汇给在模拟银行渝北支行(81136)开户的两江有限公司(6301230700102010005)。模拟银行西城支行经办人员为其办理往账手续。

【活动步骤】

发报经办行办理往账业务活动流程如图7-1-2所示。

图7-1-2 发报经办行办理往账业务活动流程

活动步骤1. 业务录入

经办人员根据审核已记账的汇划凭证,区别是实时还是批量的汇划方式,再按业务种类输入相关信息,用途栏和客户附言栏应按客户填写的内容录入,不得省略。录入完成后,打印往账录入清单。

活动步骤2. 复核确认和授权

复核人员根据录入清单和原始汇划凭证,进行全面审查、复核确认。实时业务全部授权,批量业务(大额业务)须经各经办行会计主管人员授权。

活动步骤3. 数据发送

业务数据经过录入、复核、授权无误后,产生有效汇划数据,由系统发送至清算行。实时业务由系统实时发送至清算行,批量业务日终处理。

活动步骤4. 往账交易处理

贷报业务会计分录如下:

借:吸收存款——活期存款——鸿宇股份有限公司　　800 000 (或:应解汇款)

    贷：清算资金往来   800 000
  借报业务则相反。
  每日营业终了，将"清算资金往来"科目结转"系统内上存款项"科目，进行资金的实时清算，如为贷报业务，会计分录如下：
  借：清算资金往来
    贷：系统内上存款项
  如为借报业务，会计分录相反。

活动步骤 5. 凭证打印

  日终时打印电子清算专用记账凭证、系统内上存款项记账凭证和资金汇划业务清单，连同业务委托书第三联、托收承付第四联、银行卡凭证、托收凭证第四联、银行汇票第二和第三联、银行承兑汇票第二联等结算支付凭证，一起作电子清算专用记账凭证的附件。

活动步骤 6. 后续处理

  手工核对当天原始汇划凭证的笔数、金额合计与资金汇划业务清单发送借贷报笔数、合计数及"清算资金往来"科目发报汇总借贷方凭证笔数及发生额是否一致。

【项目活动 2】发报清算行办理往账和收报清算行办理来账

【活动目标】

  熟悉发报清算行办理往账、收报清算行办理来账的活动步骤和活动流程，能按业务活动流程进行业务的操作处理。

【活动步骤】

活动步骤 1. 接收数据

清算行接收发报经办行传输来的汇划业务。

活动步骤 2. 账务处理

计算机自动记载"系统内上存款项"科目和"系统内款项存放"科目有关账户。
收到贷报业务的会计分录如下：
借：系统内款项存放——××经办行备付金户
  贷：系统内上存款项——上存总行备付金户
借报业务则相反。
  如遇清算行在总行清算中心备付金存款不足时，上存总行备付金账户余额可暂时在贷方反映，但清算行要迅速筹措资金补充备付金头寸。

活动步骤 3.

1. 数据传送

汇划数据经过按规定权限授权、编押及账务处理后，由计算机自动传输至总行。

2. 总行清算中心处理

总行清算中心收到各发报清算行汇划款项，由计算机自动登记后，将款项传送至收报清算行。每日营业终了，更新各清算行在总行开立的备付金存款账户。

3. 收报清算行处理

收报清算行收到总行清算中心传来的汇划业务数据，计算机自动检测收报经办行是否为辖属行，并经系统自动核押无误后，自动进行账务处理。实时业务即时处理，并传至收报经办行；批量业务处理后，次日传至收报经办行。

（1）实时汇划贷报业务，会计分录如下：

借：系统内上存款项——上存总行备付金户
　　贷：系统内款项存放——××经办行备付金户

借报业务则相反。

（2）批量汇划贷报业务，会计分录如下：

借：系统内上存款项——上存总行备付金户
　　贷：其他应付款——待处理汇划款项户

次日传给收报经办行时的会计分录如下：

借：其他应付款——待处理汇划款项户
　　贷：系统内款项存放——××经办行备付金户

借报业务则相反。

【项目活动3】收报经办行办理来账

【活动目标】

掌握收报经办行办理来账的活动流程，能按照业务活动流程进行来账业务的操作处理。

【案例引入】

2020年8月2日，模拟银行渝北支行收到汇兑业务资金汇划贷方报单信息，金额800 000元，汇款人为在模拟银行西城支行开户的鸿宇股份有限公司（6300800600179856009），收款人为在模拟银行渝北支行开户的两江有限公司（6301230700102010005），模拟银行渝北支行经办人员按规定办理来账手续。

【活动步骤】

收报经办行办理来账业务的活动流程如图7-1-3所示。

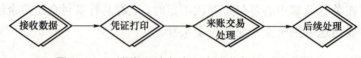

图7-1-3　收报经办行办理来账业务的活动流程

活动步骤1. 接收数据

收报经办行接收清算行传来的批量、实时汇划业务。

活动步骤2. 凭证打印

经审核无误后，打印资金汇划（借方）补充凭证或资金汇划（贷方）补充凭证一式两份。

活动步骤 3. 来账交易处理

收到模拟银行西城支行的贷报信息和托收划回款项，会计分录如下：

借：清算资金往来　　　　　　　　　　　　　　　　　　　800 000
　　贷：吸收存款——活期存款——两江有限公司　　　　　　　　800 000

每日营业终了，将"清算资金往来"科目结转到"系统内上存款项"科目，进行资金清算。会计分录如下：

借：系统内上存款项
　　贷：清算资金往来

活动步骤 4. 后续处理

每日营业终了，收报经办行应分别打印借报、贷报资金汇划业务清单，与借方或贷方资金汇划接收处理清单、资金汇划借方（贷方）补充凭证及"清算资金往来"科目来报汇总借贷方凭证笔数、发生额核对一致。每天打印的资金汇划借方（贷方）补充凭证要与"空白重要凭证保管使用登记簿"中使用、结存数量以及号码核对一致，并进行销号。

【模拟实训 7-1-1】

1. 实训

模拟银行西城支行 2020 年 10 月 23 日发生下列借（贷）报业务：

（1）开户单位长江电子有限公司（8652600136697237001）提交电子汇兑委托书，申请办理汇兑业务，金额 721 000 元，向在东阳市支行（85630）开户的东山文化股份有限公司（6726954830002）支付货款。

（2）为开户单位长江电子有限公司（8652600136697237001）办理一笔银行汇票解付业务，汇票金额 93 000 元，实际结算金额为 89 000 元。银行汇票是在凌川支行（85426）开户的万渝贸易有限公司（5843160005001）申请签发的，用以支付货款。

要求：请以模拟银行西城支行经办人员的身份完成相应的业务操作。

2. 简答

（1）什么是系统内资金汇划清算业务？
（2）商业银行系统内借（贷）报业务的活动流程如何？
（3）在资金汇划清算业务中，商业银行经办行使用的会计科目及使用方法是什么？

任务二　现代化支付系统

任务描述

了解商业银行跨系统资金汇划清算业务的含义与一般规定，了解商业银行大额支付系统、小额支付系统的活动流程，掌握大额、小额支付中发报行和收报行的会计处理方法。

知识准备

一、中国现代化支付系统

（一）中国现代化支付系统的定义

中国现代化支付系统（China National Advanced Payment System，CNAPS）（以下简称支付系统）是中国人民银行（以下简称人民银行）按照我国支付清算需要，利用现代化计算机技术和通信网络技术自主开发建设的，能够高效、安全处理各银行办理的异地、同城各种支付业务及其资金清算和货币市场交易的应用系统。它是各银行和货币市场的公共支付清算平台，是中国人民银行发挥其金融服务职能的重要的核心支持系统。

（二）中国现代化支付系统的参与者

中国现代化支付系统的参与者包括直接参与者、间接参与者以及特许参与者。

1. 直接参与者

直接参与者包括人民银行地市以上中心支行（库）以及在人民银行开设清算账户的银行和非银行金融机构。与城市处理中心直接连接，通过城市处理中心处理其支付清算业务。人民银行地市以上分支行会计部门和国库部门作为直接参与者，在城市处理中心开设大额、小额支付往来账户和支付清算往来账户。

2. 间接参与者

间接参与者包括人民银行县（市）支行（库）和未在人民银行开设清算账户而委托直接参与者办理资金清算的银行，以及经人民银行批准经营支付结算业务的非银行金融机构。间接参与者不与城市处理中心直接连接，其支付业务通过各银行内部系统或其他方式提交给其清算资金的直接参与者，由该直接参与者提交支付系统处理。

3. 特许参与者

特许参与者是经中国人民银行批准通过支付系统办理特定业务的机构。外汇交易中心、债券一级交易商等特许参与者在人民银行当地分支行开设特许账户，与当地城市处理中心连接，通过连接的城市处理中心办理支付业务；公开市场操作室等特许参与者与支付系统国家处理中心连接，办理支付交易的即时转账。

现代化支付系统的基本程序是由发起行发起业务后，经发起清算行、发报中心、国家处理中心、收报中心、接收清算行，最后至接收行止。在该程序的参与者中，发起行和接收行是间接参与者；发起清算行、发报中心、收报中心、接收清算行均是直接参与者。

个别商业银行由于不具备内部资金汇划系统，其系统内的资金汇划清算业务也依托大额、小额支付系统来办理。

二、中国现代化支付系统的作用

（一）加快资金周转，提高社会资金的使用效益

中国现代化支付系统，特别是其中的大额支付系统，采取从发起行到接收行的全过程自动化处理方式，逐笔发送、实时清算，是一个高效、快捷的系统。通过中国现代化支付系统处理的每笔支付业务即刻到账，实现全国支付清算资金的每日零在途，为促进市场经济的快速发展发挥着重要作用。

（二）支撑多样化支付工具的使用，满足各种社会经济活动的需要

中国现代化支付系统，尤其是其中的小额批量处理系统，能够支撑各种贷记、借记支付业务的快速处理，并能为其提供大业务量、低成本的服务，可以满足社会各种经济活动的需要。

（三）培育公平竞争的环境，促进银行业整体服务水平的提高

随着中国金融体制改革的不断深化，逐步形成了政策性银行、国有独资商业银行、股份制银行、城市商业银行、农村合作银行、城乡信用合作社以及外资银行的组织体系，它们相互之间既有合作也有竞争。建设运行的中国现代化支付系统，是中国人民银行为金融机构提供的一个公共的支付清算服务平台，所有符合条件的银行及其分支机构都可以参与到这个系统中，从而为各金融机构创造一个公平竞争的经营环境，推动各银行的有序竞争，促进银行业整体服务水平的提高。

（四）增强商业银行的流动性，提高商业银行的经营管理水平

流动性、营利性、安全性是商业银行经营的基本原则。商业银行是经营货币的特殊企业，讲究流动性是现代商业银行经营的核心。中国现代化支付系统可以为银行提供日间透支、自动质押回购、预期头寸查询，可以帮助商业银行进一步提高其资金的使用效率，使其资金的使用尽可能最大化，可以有效支持商业银行对其流动性的管理，通过国家处理中心处理跨行的资金清算，商业银行法人、管理行以及开户行可以随时查询、监控其头寸的变动情况，根据需要及时地调度资金；中国现代化支付系统是一个高效运转的系统，有利于商业银行头寸的快速调度和从货币市场寻找资金的及时到账，提高头寸的运用水平。

（五）适应国库单一账户改革，提高财政资金的使用效益

近年来，财政国库管理制度改革正在逐步深入建立以国库单一账户体系为基础、以集中收付为主要形式的国库核算体系，以加强财政资金的管理，提高财政资金的使用效益。要保证这一改革的有效实施，必须有一个高效的支付系统给予支持。中国现代化支付系统适应了这一改革的需要，加快了国库资金的汇划。

（六）支持货币政策的实施，增强金融宏观调控能力

实施货币政策加强金融调控，是中央银行的重要职能。公开市场操作是当今各国中央银行运用的一种主要货币政策工具；实行存款准备金制度，也是一国中央银行实施货币政策和加强宏观调控的重要手段。上述货币政策工具、宏观调控手段需要中国现代化支付系统的有效支持，才能得到更好的实施。中国现代化支付系统与中央债券簿记系统直接连接，实现公开市场操作业务的即时转账，可以大大提高其资金清算和公开市场运转的效率；中国现代化支付系统可以对法人存款准备金进行考核，中国人民银行及其分支行通过中国现代化支付系统及时掌握存款准备金的余额信息，便于对其进行管理。此外，中国现代化支付系统还蕴藏着大量的支付业务和资金清算信息，可以为研究货币政策和宏观调控提供决策参考。

（七）支持货币市场资金清算，促进货币市场发展

近年来，随着中国的金融改革，中国的债券市场、外汇市场、同业拆借市场发展相当迅速，且交易量不断扩大，其资金清算要求的时效性较强。中国现代化支付系统与这些市场主体相连接，可以实现债券交易资金的即时转账（即钱券对付）和外汇交易的人民币资金、同业拆借资金的高效汇划，促进货币市场的发展。

（八）防范支付风险，维护金融稳定

商业银行经营的风险往往会从清算环节发生，甚至会导致系统性风险，如一家银行的清算问题可能导致支付瓶颈，引发多米诺效应，蔓延到整个系统。这是一些发达国家中央银行乃至商业银行在建设支付系统时关注和改革的重点。现阶段中国的商业银行，特别是一些中小金融机构的风险控制能力还比较薄弱，表现在支付清算方面的风险系数可能会进一步加大。为此，中国人民银行在建设中国现代化支付系统时，将防范支付系统风险作为一个重要目标，采取大额支付实时清算、小额支付净额清算、不足支付排队处理的方式；设置清算窗口时间，便于头寸不足的银行及时筹措资金；设置清算账户控制功能，对有风险的账户进行事前控制。这些措施的采用能有效地防范支付风险的发生，维护金融稳定。

三、大额实时支付系统处理的业务及科目设置

（一）大额实时支付系统（CNAPS）（以下简称大额系统或大额支付系统）处理的业务

大额实时支付系统处理同城或异地金额在规定起点以上（目前规定金额为5万元）的大额贷记支付业务和紧急的小额贷记支付业务。它包括一般大额支付业务、即时转账支付业务和城市商业银行银行汇票业务，具有实时转账、逐笔处理业务、全额清算资金、实时到账的特点。

一般大额支付业务处理汇兑业务、委托收款（划回）业务、托收承付（划回）业务、中央银行和国库资金汇划（贷记）业务、银行间同业拆借业务等。

（二）大额实时支付系统设置的会计科目

1. "大额支付往来"科目

本科目核算支付系统发起清算行和接收清算行通过大额实时支付系统办理的支付结算往来款项，余额轧差反映。年终，本科目余额全额转入"支付清算资金往来"科目，余额为零。

2. "支付清算资金往来"科目

本科目核算支付系统发起清算行和接收清算行通过大额实时支付系统办理的支付结算汇差款项。年终，"大额支付往来"科目余额对清后，结转至本科目，余额轧差反映。

3. "汇总平衡"科目

本科目由国家处理中心专用，用于平衡国家处理中心代理人民银行分支行（库）的账务处理，不纳入人民银行分支行（库）的核算。

四、小额批量支付系统处理的业务、科目设置及活动流程

（一）小额批量支付系统处理的业务

小额批量支付系统（BEPS）（以下简称小额系统或小额支付系统）主要处理跨系统同城、异地电子和异地纸张截留的借记业务以及每笔金额在规定起点以下（目前规定金额为5万

元）的贷记业务。

该系统批量传送支付指令，定时轧差清算，可以处理大业务量、小金额的支付业务。

小额批量支付系统是以国家处理中心为核心，以城市处理中心为接入节点的两层星形结构，并与大额实时支付系统在同一支付平台上运行。

小额批量支付系统处理的业务有以下几种：

（1）非实时贷记业务；

（2）非实时借记业务；

（3）实时贷记业务；

（4）实时借记业务；

（5）清算组织发起的代收付业务；

（6）同城轧差净额清算业务；

（7）国库相关业务；

（8）通存通兑业务；

（9）支票圈存业务；

（10）支票截留业务；

（11）信息服务业务。

（二）小额批量支付系统设置的会计科目

1. "小额支付往来"科目

本科目核算支付系统发起清算行和接收清算行通过小额批量支付系统办理的支付结算往来款项，余额轧差反映。年终，本科目余额全额转入"支付清算资金往来"科目，余额为零。

2. "支付清算资金往来"科目

本科目核算支付系统发起清算行和接收清算行通过小额批量支付系统和大额实时支付系统办理的支付结算汇差款项。年终，"小额支付往来"科目余额对清后，结转至本科目，余额轧差反映。

3. "汇总平衡"科目（国家处理中心专用）

本科目用于平衡国家处理中心代理人民银行分支行（库）的账务处理，不纳入人民银行分支行（库）的核算。

（三）小额批量支付系统的基本业务处理流程

小额批量支付系统的基本业务处理流程是"24小时连续运行，逐笔发起，组包发送，实时传输，双边轧差，定时清算"。

小额系统实行7×24小时连续运行，系统每一工作日运行时间为前一自然日16:00至本自然日16:00；发起行逐笔发起小额业务，组包后经城市处理中心或国家处理中心实时传输至接收行；同城业务在城市处理中心、异地业务在国家处理中心，逐包按收款清算行和付款清算行双边轧差，并在规定时点提交清算账户管理系统（SAPS）清算。城市处理中心、国家处理中心每日16:00在小额批量支付系统日切后，进行当日最后一场轧差清算，日切后的业务则纳入次日第一场轧差清算处理。小额批量支付系统轧差净额的清算日为国家法定工作日，清算时间为8:30—17:00，如遇节假日，小额批量支付系统仍可继续轧差和转发业务，但所有轧差净额暂不进行资金清算，统一在节假日后的第一个法定工作日进行清算。

【项目活动1】一般大额支付业务处理

【活动目标】

了解一般大额支付业务的活动流程，能够按照该流程进行业务发起清算行、业务接受清算行相关业务的操作处理。

【案例引入】

2020年8月5日，模拟银行渝北支行开户的红叶有限公司（6300800600179856000）将500 000元货款汇给在模拟银行西城支行开户的鸿宇股份有限公司（6300800600179856009）。模拟银行西城支行经办人员通过大额支付系统进行处理。

【活动步骤】

一般大额支付业务的活动流程如图7-2-1所示。

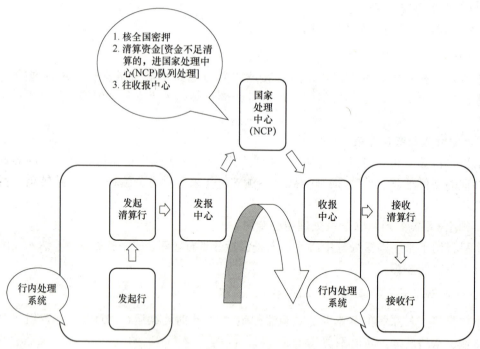

图7-2-1 一般大额支付业务的活动流程

一、各行或中心的具体任务

（一）发起清算行处理

1. 发起准备

发起清算行根据发起人的要求确定支付业务的优先支付级次，发起人要求的救灾、战备款项为特急支付，发起人要求的紧急款项为紧急支付，其他支付为普通支付。

2. 各行内处理

根据发起人提交的原始凭证和要求，如为直连模式，首先通过各行内业务处理系统（以下简称行内处理系统）处理。

3. 往账交易处理

在直连模式下，发起行的贷记业务会计分录如下：

借：活期存款科目
　　贷：清算资金往来

发起清算行的贷记业务会计分录如下：

借：清算资金往来
　　贷：存放中央银行款项

在间连模式下，不再通过清算资金往来。

4. 信息发送

行内处理系统自动逐笔加编地方密押后发往发报中心。

（二）发报中心处理

发报中心收到发起清算行发来的支付信息，确认无误后，加编全国密押，实时发往国家处理中心。

（三）国家处理中心处理

国家处理中心收到发报中心发来的支付报文，逐笔确认无误后，清算资金，并将支付信息发往收报中心。

（四）收报中心处理

收报中心收到国家处理中心的支付信息，确认无误后，逐笔加编地方密押，实时发往接收清算行。

（五）接收清算行处理

1. 在直连模式下

在直连模式下，商业银行前置机系统收到收报中心发来的贷记支付信息，逐笔核对确认后发送至行内业务处理系统，进行账务处理，并打印支付信息。会计分录如下：

借：存放中央银行款项
　　贷：清算资金往来

信息接收行收到相关贷记信息后的会计分录如下：

借：清算资金往来
　　贷：活期存款

2. 在间连模式下

在间连模式下，商业银行前置机系统收到收报中心发来的支付信息，逐笔确认后，打印支付系统专用凭证，再在行内业务处理系统进行账务处理。会计分录如下：

借：存放中央银行款
　　贷：大额支付往来

二、具体活动步骤

具体活动步骤如图 7-2-2 所示。

图 7-2-2　具体活动步骤

活动步骤 1. 发起准备

作为发起行的模拟银行渝北支行会计分录如下：

借：活期存款——红叶有限公司　　　　　　　　　（或应解汇款）500 000
　　贷：大额支付往来　　　　　　　　　　　　　　　　　　　　500 000

作为发起清算行的模拟银行西城支行会计分录如下：

借：大额支付往来　　　　　　　　　　　　　　　　　　　　　500 000
　　贷：存放中央银行款项　　　　　　　　　　　　　　　　　　500 000

活动步骤 2. 各行内处理

发报中心收到发起清算行发来的支付信息，确认无误后，加编全国密押，实时发往国家处理中心。

作为发报中心的人民银行重庆渝北中心支行会计分录如下：

借：模拟银行存款——重庆分行　　　　　　　　　　　　　　　500 000
　　贷：大额支付往来　　　　　　　　　　　　　　　　　　　　500 000

活动步骤 3. 往账交易处理

国家处理中心收到发报中心发来的支付报文，逐笔确认无误后，清算资金，并将支付信息发往收报中心。

收报中心收到国家处理中心的支付信息，确认无误后，逐笔加编地方密押，实时发往接收清算行。作为收报中心的人民银行西城分行会计分录如下：

借：大额支付往来　　　　　　　　　　　　　　　　　　　　　500 000
　　贷：人民银行存款——西城分行　　　　　　　　　　　　　　500 000

活动步骤 4. 信息发送

作为接收清算行的模拟银行西城支行会计分录如下：

借：存放中央银行款项　　　　　　　　　　　　　　　　　　　500 000
　　贷：大额支付往来　　　　　　　　　　　　　　　　　　　　500 000

作为接收行的会计分录如下：

借：大额支付往来　　　　　　　　　　　　　　　　　　　　　500 000
　　贷：活期存款——鸿宇股份有限公司　　　　　　　　　　　　500 000

知识拓展

大额支付系统的业务范围与处理周期

一、业务范围

大额支付系统的业务范围包括一般大额支付业务、即时转账支付业务和城市商业银行银行汇票业务。

1. 一般大额支付业务

一般大额支付业务是由发起行发起，逐笔实时发往国家处理中心，国家处理中心清算资金后，实时转发接收行的业务。包括汇兑业务、委托收款（划回）业务、托收承付（划回）业务、中央银行和国库资金汇划（贷记）业务、银行间同业拆借业务等。

2. 即时转账支付业务

即时转账支付业务是由与支付系统国家处理中心直接连接的特许参与者（第三方）发起，通过国家处理中心实时清算资金后，通知被借记行和被贷记行的业务。目前主要由中央债券综合业务系统发起。

3. 城市商业银行银行汇票业务

城市商业银行银行汇票业务是支付系统为支持中小金融机构结算和通汇而专门设计的支持城市商业银行银行汇票资金的移存和兑付的资金清算业务。

二、处理周期

在系统正常运行的情况下，一笔支付业务从支付系统发起行到支付系统接收行的时间为实时到达。如收款客户的开户行应用大额支付系统，付款客户在营业日当日下午17:00前办理的大额支付业务都可实现实时到达收款行。实现了全国支付清算资金的每日零在途，彻底改变了电子联行系统"天上三秒、地上三天"的状况。

【模拟实训 7-2-1】

1. 简述大额支付系统的业务范围。
2. 简述大额支付系统的会计科目及使用方法。

【项目活动2】小额支付同城贷记业务处理

【活动目标】

了解小额支付同城贷记业务处理的活动流程，熟悉该流程中收付款清算行的操作处理程序。

【活动步骤】

小额支付系统处理的同城贷记支付业务，其信息从付款行发起，经付款清算行、城市处理中心、收款清算行至收款行止，如图7-2-3所示。

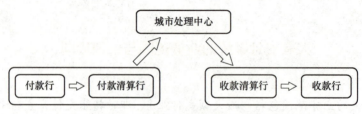

图7-2-3 小额支付同城贷记业务处理流程

【项目活动3】小额支付异地贷记业务处理

【活动目标】

了解小额支付异地贷记业务处理的活动流程,熟悉该流程中收付款清算行的操作处理程序。

【活动步骤】

小额支付系统处理的异地贷记支付业务,其信息从付款行发起,经付款清算行、付款行城市处理中心、国家处理中心、收款行城市处理中心、收款清算行至收款行止,如图7-2-4所示。

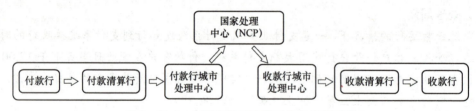

图7-2-4 小额支付异地贷记业务处理流程

【模拟实训7-2-2】

比较小额支付同城贷记业务、小额支付异地贷记业务二者的异同。

【项目活动4】小额支付同城借记业务处理

【活动目标】

了解小额支付同城借记业务处理的活动流程,熟悉该流程中收付款清算行的操作处理程序。

【活动步骤】

小额支付系统处理的同城借记支付业务,其信息从收款行发起,经收款清算行、城市处理中心、付款清算行至付款行后,付款行按规定时限发出回执信息按原路径返回至收款行止,如图7-2-5所示。

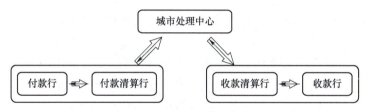

图 7-2-5　小额支付同城借记业务处理流程

【项目活动 5】小额支付异地借记业务处理

【活动目标】

了解小额支付异地借记业务处理的活动流程，熟悉该流程中收付款清算行的操作处理程序。

【活动步骤】

小额支付系统处理的异地借记支付业务，其信息从收款行发起，经收款清算行、收款行城市处理中心、国家处理中心、付款行城市处理中心、付款清算行至付款行后，付款行按规定时限发出回执信息按原路径返回至收款行止，如图 7-2-6 所示。

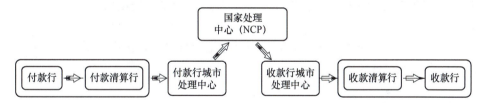

图 7-2-6　小额支付异地借记业务处理流程

知识拓展

小额支付系统支持 5 类业务，即普通贷记业务、定期贷记业务、普通借记业务、定期借记业务、实时贷记业务、实时借记业务等，条件成熟时陆续开办其他业务种类。

1. 普通贷记业务

普通贷记业务是指付款人通过其开户银行办理的主动付款业务，主要包括规定金额以下的汇兑业务、委托收款（划回）业务、托收承付（划回）业务、网上银行支付业务等。

2. 定期贷记业务

定期贷记业务是指付款人开户银行依据当事各方事先签订的合同（协议），定期向指定的收款人开户银行发起的批量付款业务，如代付工资、养老金、保险金、国库各类款项的批量划拨等，其特点是单个付款人同时向多个收款人发起付款指令。定期贷记业务也受金额上限的限制。

3. 普通借记业务

普通借记业务是指收款人通过其开户银行向付款人开户银行主动发起的收款业务，包括人民银行机构间的借记业务、国库借记汇划业务和支票截留业务等。

4. 定期借记业务

定期借记业务是指收款人开户银行依据当事各方事先签订的合同（协议），定期向指定的付款人开户银行发起的批量收款业务，如收款人委托其开户银行收取水、电、煤气等公用事业费用，其特点是单个收款人向多个付款人同时发起收款指令。

5. 实时贷记业务

实时贷记业务是指付款人委托其开户银行发起的，将确定款项实时划拨到指定收款人账户的业务，主要包括国库实时缴税、跨行个人储蓄通存等业务。

6. 实时借记业务

实时借记业务是指收款人委托其开户银行发起的，从指定付款人账户实时扣收确定款项的业务，主要包括国库实时扣税、跨行个人储蓄通兑等业务。

【模拟实训 7-2-3】

1. 实训

2020 年 8 月 10 日，模拟银行渝北支行开户单位红叶有限公司（6300800600179856000）把 900 000 元货款汇给在模拟银行西城支行开户的国贸有限公司（6300800600179856009）。模拟银行西城支行经办人员通过大额支付系统进行处理。

要求：请以模拟银行西城支行经办人员的身份完成相应业务操作。

2. 简答

（1）简述小额支付系统同城贷记业务与同城借记业务的流程区别。

（2）简述大额支付系统的业务范围。

项目八

金融机构往来业务处理

知识目标

1. 理解商业银行与中央银行往来、商业银行之间往来的基本概念；
2. 了解商业银行与中央银行往来、商业银行之间往来的业务流程；
3. 掌握商业银行与中央银行往来、商业银行之间往来的账务处理。

职业能力目标

1. 能够把握金融机构往来业务的基本规定；
2. 能运用金融机构往来业务的基本规定进行会计实务操作。

素质目标

1. 具备爱岗敬业、脚踏实地、勤奋刻苦的工作态度；
2. 具备相互协作、相互帮助的团队合作精神；
3. 具备严谨、细致的工作作风；
4. 具备诚实、守法的职业素养。

知识结构导图

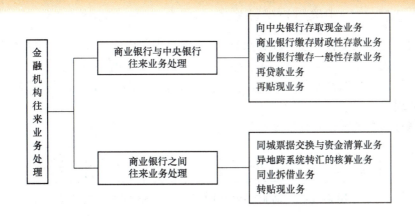

任务一　商业银行与中央银行往来业务处理

【任务描述】

1. 熟悉商业银行与中央银行往来业务的种类与基本规定；
2. 熟悉商业银行与中央银行往来使用的凭证格式，掌握具体的填写要求；
3. 能够正确处理商业银行向中央银行存取现金、缴存存款、再贷款以及再贴现等业务的操作处理。

【知识准备】

商业银行与中央银行往来是指商业银行与中央银行之间因缴存款、融通资金、汇划款项、领缴现金和通过人民银行存款账户进行资金清算等业务而引起的资金账务往来。其内容包括向中央银行存取现金、缴存存款准备金、向中央银行再贷款、向中央银行办理再贴现、通过中央银行办理款项转汇等。

【项目活动1】向中央银行存取现金业务

【活动目标】

1. 了解商业银行向中央银行存取现金业务的操作流程与基本要领；
2. 掌握商业银行向中央银行存取现金业务的账务处理。

【案例引入】

1. 2020年4月20日，模拟银行西城支行填交现金缴款单，向人民银行缴存现金6 000 000元。人民银行经审核无误后，办理现金入库手续。

2. 2020年4月30日，模拟银行西城支行填制现金支票，向人民银行申请支取现金6 000 000元。人民银行经审核无误后，办理现金支取手续。

【活动步骤】

一、商业银行向中央银行缴存现金

商业银行向中央银行（以下简称央行）（本项目中即中国人民银行）缴存现金时，填制现金缴款单一式两联，连同现金一并送存中央银行，中央银行经点收无误后，在现金缴款单上加盖现金收讫章和经办人员名章后，将现金缴款单第一联退回商业银行；第二联代贷方凭证作账务处理。

商业银行向中央银行缴存现金业务活动流程如图8-1-1所示。

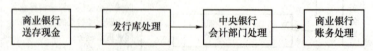

图8-1-1　商业银行向中央银行缴存现金业务活动流程

活动步骤 1. 商业银行送存现金

商业银行缴存现金需填制现金缴款单,与现金一同送存中央银行。现金缴款单如图 8-1-2 所示。

中国人民银行　现金缴款单

2020 年 04 月 20 日　　　账号:

交款单位(公章):模拟银行西城支行

摘要	营业款	券别	版别	捆数	金额(元)
上款已如数交存		100		600	6000000.00
现金收讫章及管库员章		合计			¥6000000.00
人民币(大写)	陆佰万元整				
业务主管		复核			制单

第二联　会计部门记账凭证附件

图 8-1-2　现金缴款单

活动步骤 2. 发行库处理

中央银行经点收无误后,在现金缴款单上加盖现金收讫章和经办人员名章后,将现金缴款单第一联退回商业银行。记账如下:

收入:发行基金——本身库户　　　　　　　　　　　　　　　　　　　6 000 000

同时,将发行库入库凭证有关联次连同现金缴款单送交会计部门。

活动步骤 3. 中央银行会计部门处理

中央银行会计部门收到发行库转来的现金缴款单及发行库入库凭证,经审核无误后,进行账务处理。会计分录如下:

借:发行基金往来　　　　　　　　　　　　　　　　　　　　　　　　6 000 000
　　贷:其他银行存款——模拟银行西城支行　　　　　　　　　　　　　6 000 000

活动步骤 4. 商业银行账务处理

商业银行根据现金缴款单回单联,填制现金付出传票,如图 8-1-3 所示,进行账务处理。会计分录如下:

借:存放中央银行款项——备付金存款户　　　　　　　　　　　　　　6 000 000
　　贷:库存现金　　　　　　　　　　　　　　　　　　　　　　　　　6 000 000

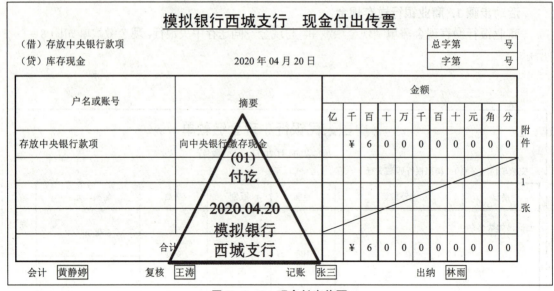

图 8-1-3 现金付出传票

二、商业银行向中央银行支取现金

商业银行向中央银行支取现金时,应开出现金支票,经中央银行审核后办理取款手续。商业银行取回现金后,填制现金收入传票,进行账务处理。

商业银行向中央银行支取现金业务活动流程如图 8-1-4 所示。

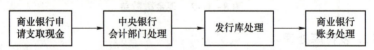

图 8-1-4 商业银行向中央银行支取现金业务活动流程

活动步骤 1. 商业银行申请支取现金

商业银行到中央银行申请支取现金,填写现金支票请领单,经审批后到会计部门领取现金支票。商业银行按照要求填制现金支票,如图 8-1-5 所示,交中央银行会计部门。

图 8-1-5 现金支票

活动步骤 2. 中央银行会计部门处理

中央银行会计部门收到现金支票，经审查无误后，以现金支票作为现金付出传票，另填制"发行基金往来"科目贷方传票。同时，在记账传票上加盖记账、复核和有关人员名章后交发行库办理付款。

会计分录如下：

借：其他银行存款——模拟银行西城支行　　　　　　　　　　6 000 000
　　贷：发行基金往来　　　　　　　　　　　　　　　　　　6 000 000

活动步骤 3. 发行库处理

发行库收到会计部门转来的现金支票和"发行基金往来"科目贷方传票，如图 8-1-6 所示，经对商业银行取款人员工作证及预留银行印鉴核对无误后，填制发行库出库凭证。发行库在商业银行的现金支票上加盖现金付讫章及经办人员名章，配款并付出现金。记账如下：

付出：发行基金——本身库户　　　　　　　　　　　　　　6 000 000

活动步骤 4. 商业银行账务处理

商业银行取回现金后，出纳人员根据现金支票存根联（见图 8-1-7）和入库票，登记现金收入日记簿。现金支票存根联交会计部门作贷方记账凭证，现金收入日记簿和一联现金入库票作借方凭证的附件。其会计分录如下：

借：库存现金　　　　　　　　　　　　　　　　　　　　　6 000 000
　　贷：存放中央银行款项——备付金存款户　　　　　　　　6 000 000

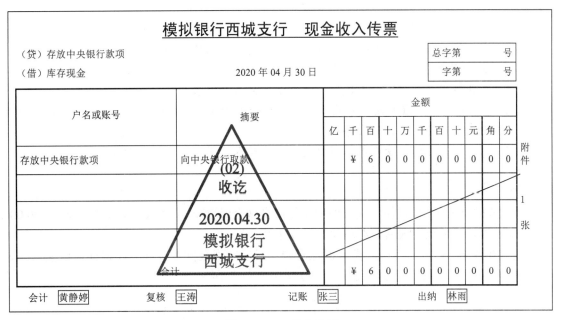

图 8-1-6　贷方传票

图 8-1-7 现金支票存根联

知识拓展

商业银行与开户人民银行往来关系

中国人民银行是国家领导管理全国金融事业的中央银行,它是各商业银行的银行。商业银行在日常经营中,与开户人民银行主要存在如下往来关系:

(1)在当地人民银行开立存款户,将业务资金存入人民银行,与人民银行建立收支往来关系;

(2)商业银行上下级行、处之间的业务资金调拨,可通过开户人民银行汇拨;

(3)商业银行与其他商业银行的资金清算,要通过人民银行办理;

(4)商业银行的业务现金,要向人民银行发行库或发行保管库办理存取;

(5)商业银行要按规定向人民银行缴存法定的存款准备金;

(6)商业银行可以在核定额度内向人民银行借入资金;商业银行按规定通过人民银行办理资金拆出拆入业务、再贴现业务;

(7)商业银行可以接受人民银行的委托,办理人民银行的委托贷款业务等。

【模拟实训 8-1-1】

1. 2020年5月20日,模拟银行西城支行填交现金缴款单,向人民银行缴存现金 7 800 000元。人民银行经审核无误后,办理现金入库手续。

2. 2020年5月30日,模拟银行西城支行填制现金支票,向人民银行申请支取现金 7 800 000元。人民银行经审核无误后,办理现金支取手续。

【项目活动2】商业银行缴存财政性存款业务

【活动目标】

1. 了解商业银行缴存财政性存款业务的操作流程与基本要领;

2. 掌握商业银行缴存财政性存款业务的账务处理。

【案例引入】

1. 2020年5月20日，模拟银行西城支行财政性存款各科目余额为900 000元，5月25日初次向人民银行办理缴存款。

2. 模拟银行西城支行2020年5月30日财政性存款各科目余额为1 000 000元，6月5日填制缴存财政性存款划拨凭证向人民银行办理调整缴存款。

3. 模拟银行西城支行2020年6月10日财政性存款各科目余额为850 000元，6月15日填制缴存财政性存款划拨凭证向人民银行办理调整缴存款。

【活动步骤】

财政性存款是财政部门拨付和待缴存财政的各种款项的待用资金。主要包括四种：属国家财政拨款的机关、团体、部队、事业单位款项；代理各种国债的发行与兑付款项；代理国家金库的经收款项、上解和中央国家机关预算经费支出款项等。

按照规定，商业银行必须在每旬的旬末，根据缴存存款科目的余额，按照100%的比率计算应缴存的金额，于旬后五天向当地中央银行办理缴存。

商业银行向中央银行缴存财政性存款业务活动流程如图8-1-8所示。

图8-1-8 商业银行向中央银行缴存财政性存款业务活动流程

一、初次缴存存款的处理

活动步骤1. 商业银行的处理

（1）商业银行定期缴存财政性存款时，需要编制财政性存款科目余额表（以下简称余额表）一式两份，据以填制缴存财政性存款划拨凭证（以下简称划拨凭证）一式四联（第一联贷方凭证、第二联借方凭证，商业银行使用；第三联贷方凭证、第四联借方凭证，人民银行使用），如图8-1-9所示。

（2）办理转账手续（见案例引入1），会计分录如下：

借：存放中央银行款项——财政性存款户　　　　　　　　　　　　900 000
　　贷：存放中央银行款项——备付金存款户　　　　　　　　　　900 000

活动步骤2. 中央银行的处理

（1）中央银行收到商业银行送来的财政性存款科目余额表和缴存财政性存款划拨凭证第三、四联，进行审核，并核实商业银行存款账户余额。

（2）办理转账，会计分录如下：

借：模拟银行存款——西城支行　　　　　　　　　　　　　　　　900 000
　　贷：模拟银行划来财政性存款——西城支行　　　　　　　　　900 000

缴存（或调整）财政性存款 划拨凭证（借方凭证）
一般性存款

2020 年 5 月 25 日

总字第 号
字第 号

缴款银行	名称	模拟银行西城支行	收受银行	名称	中国人民银行 西城支行
	账号	0000000000000001		账号	0000000000000002

存款科类别	月 日余额	缴存比例	应缴存款金额
1. 财政性存款		100%	¥900000.00
2. 一般性存款		%	
3.		%	
4.		%	
5. 应付缴存存款金额合计（1）或（2+3+4）			¥900000.00
6. 已提缴存款余额			
7. 本次应收退回存款差额（6-5）		8. 本次应付补缴存款差额（5-6）	

上列缴存金额或应补缴和应退回的差额，已按规定办理划转。	会计分录：
	科目（借）存放中央银行款项
	对方科目（贷）存放中央银行款项
缴存银行盖章 年 月 日	转账日期 年 月 日
会计 复核	记账

（加盖印章："(06) 转讫 2020.05.25 模拟银行 西城支行"）

图 8-1-9 缴存财政性存款划拨凭证

二、调整缴存款项的处理

活动步骤 1. 商业银行的处理

商业银行在初次缴存财政性存款后，就应按规定时间，根据财政性存款的增减变化，定期办理调整手续。存款增加即调增补缴，存款减少则调减退回。

商业银行在调整缴存财政性存款时，仍应根据有关科目余额填制财政性存款科目余额表，然后填制调整缴存财政性存款划拨凭证一式四联，以划拨凭证第一、二联作转账传票办理转账。

如果是调增补缴存款（见案例引入 2），如图 8-1-10 所示，其会计分录如下：

借：存放中央银行款项——财政性存款户　　　　　　　　　100 000
　　贷：存放中央银行款项——备付金存款户　　　　　　　　　100 000

如为调减财政性存款（见案例引入 3），会计分录则相反，如图 8-1-11 所示。

借：存放中央银行款项——备付金存款户　　　　　　　　　150 000
　　贷：存放中央银行款项——财政性存款户　　　　　　　　　150 000

缴存（或调整）财政性存款 划拨凭证（借方凭证）
一般性存款

2020 年 6 月 5 日

总字第　号
字第　号

缴款银行	名称	模拟银行西城支行	收受银行	名称	中国人民银行　西城支行
	账号	0000000000000001		账号	0000000000000002
存款科类别		月　日余额	缴存比例		应缴存款金额
1. 财政性存款		¥1000000.00	100%		¥1000000.00
2. 一般性存款			%		
3.			%		
4.			%		
5. 应付缴存存款金额合计（1）或（2）+（3）+（4）					¥1000000.00
6. 已提缴存款余额					¥900000.00
7. 本次应收退回存款差额（6－5）			8. 本次应付补缴存款差额（5－6）		¥100000.00
上列缴存金额或应补缴和应退回的差额，已按规定办理划转。			会计分录：科目（借）存放中央银行款项　对方科目（贷）存放中央银行款项		
缴存银行盖章		年　月　日	转账日期		年　月　日
会计		复核		记账	

（06）转讫 2020.06.05 模拟银行 西城支行

图 8－1－10　调增补缴存款

缴存（或调整）财政性存款 划拨凭证（借方凭证）
一般性存款

2020 年 6 月 15 日

总字第　号
字第　号

缴款银行	名称	模拟银行西城支行	收受银行	名称	中国人民银行　西城支行
	账号	0000000000000001		账号	0000000000000002
存款科类别		月　日余额	缴存比例		应缴存款金额
1. 财政性存款		¥850000.00	100%		¥850000.00
2. 一般性存款			%		
3.			%		
4.			%		
5. 应付缴存存款金额合计（1）或（2）+（3）+（4）					¥850000.00
6. 已提缴存款余额					¥1000000.00
7. 本次应收退回存款差额（6－5）¥150000.00			8. 本次应付补缴存款差额（5－6）		
上列缴存金额或应补缴和应退回的差额，已按规定处理划转。			会计分录：科目（借）存放中央银行款项　对方科目（贷）存放中央银行款项		
缴存银行盖章		年　月　日	转账日期		年　月　日
会计		复核		记账	

（06）转讫 2020.06.15 模拟银行 西城支行

图 8－1－11　调减财政性存款

将缴存财政性存款划拨凭证第三、四联，连同财政性存款科目余额表一份一并交给当地中央银行，另一份余额表留存。

活动步骤 2. 中央银行的处理

当地人民银行收到商业银行提交的划拨凭证和缴存存款各科目余额表，应与已缴存财政性存款相核对，无误后，以第三、四联划拨凭证分别代转账贷方、借方传票办理转账。如本次为调增补缴（见案例引入2），其会计分录如下：

借：模拟银行存款——西城支行　　　　　　　　　　　　100 000
　　贷：模拟银行划来财政性存款——西城支行　　　　　　100 000

调减时，会计分录与上面相反。

知识拓展

商业银行财政性存款的缴存规定

1. 商业银行财政性存款缴存的范围

各商业银行吸收的财政性存款、部队存款、机关团体存款、财政发行期票款减应收期票款、财政发行的国库券和各项债券款减已兑付国库券和各项债券款等，都是中国人民银行委托商业银行办理的存款，必须全额划缴中国人民银行。

2. 商业银行财政性存款缴存的比例

财政性存款全部划归中国人民银行，其缴存存款的比例为100%。

3. 商业银行调整缴存存款的时间

（1）各商业银行向中国人民银行缴存存款的时间，除第一次按规定时间缴存以外，城市各分支行（包括县支行及同城所属部、处），每旬调整一次，于旬后五日内办理。

（2）县支行以下处、所，每月调整一次，于月后八日内办理。

（3）如遇调整最后一天为节假日，可以顺延。

4. 商业银行调整缴存款的计算方法

商业银行划缴或调整财政性存款时，应将本旬（月）末各科目余额总数与上期同类各科目旬（月）末余额总数对比，按实际增加或减少数进行调整，计算应缴存金额。实际调整缴存金额以千元为单位，千元以下四舍五入。为了减少调整次数，规定余额增减达到10万元以上时再进行调整，不足10万元的，并入下次调整。

计算公式：

本次应调整数（正数为补缴数，负数为退回数）＝本次应缴存数－已缴存数

本次应缴存数＝现行缴存范围中各种存款科目余额之和×缴存比例

【模拟实训 8-1-2】

模拟银行西城支行2020年7月20日财政性存款各科目的余额共计275万元，上旬调整缴存款后：

（1）若"缴存中央银行财政性存款"科目的余额为260万元，7月25日办理调整。请分别作出模拟银行西城支行和人民银行的会计分录。

(2) 若"缴存中央银行财政性存款"科目的余额为 290 万元，7 月 25 日办理调整。请分别作出模拟银行西城支行和人民银行的会计分录。

【项目活动3】商业银行缴存一般性存款业务

【活动目标】

1. 了解商业银行缴存一般性存款业务的操作流程与基本要领；
2. 掌握商业银行缴存一般性存款业务的账务处理。

【活动步骤】

缴存一般性存款也称缴存法定存款准备金。存款准备金制度是中央银行的三大货币政策工具之一。中央银行通过规定或调整商业银行等金融机构缴存中央银行的存款准备金比率，以此调控商业银行的信用创造能力，间接地控制或调节市场的货币供应量。法定存款准备金由各行按一定比例上缴，一般是各分支行逐级汇总到总行，再由总行统一划缴中央银行。

中央银行每日营业终了，按一般存款余额的一定比例考核法定存款准备金。法定存款准备金迟缴和少缴时，中央银行按日计收的罚息，商业银行通过"营业外支出"科目核算。

商业银行向中央银行缴存一般性存款业务活动流程如图 8-1-12 所示。

图 8-1-12　商业银行向中央银行缴存一般性存款业务活动流程

活动步骤 1. 商业银行基层行的处理

各商业银行基层行（以下简称基层行）于每旬旬末时，填制应缴存存款科目余额表一式两份，计算本次应缴存的金额后，与上旬已缴存的余额相比较，大于已缴存款的，应调减存款；小于已缴存款的，应调增存款。将应缴存存款科目余额表一份留在本行作记账凭证的附件，另一份寄给总行，及时报告各商业银行的总行。

本旬调增法定存款准备金时，由各商业银行基层行填制特种转账借方传票两联，编制联行电划贷方报单，通过本行联行系统办理汇划转账。其会计分录如下：

借：存放系统内款项
　　贷：联行往账
　　　　或存放中央银行款项

调减时，由基层行会计部门填制特种转账贷方传票与特种转账借方传票各一联，办理汇划，以一联特种转账贷方传票作记账凭证，以一联缴存存款科目余额表作附件，办理转账。编制联行电划借方报单，通过本行联行系统办理划付转账。其会计分录如下：

借：联行往账
　　贷：存放系统内款项

活动步骤 2. 商业银行总行的处理

总行收到基层行调增存款的联行报单后，应编制电划贷方补充报单一式三联，以第二联办理转账，或以中央银行的收账通知联办理转账，其会计分录如下：

借：联行来账
　　　　或存放中央银行款项
　　　　贷：系统内存放款项
　　若总行收到基层行调减缴存存款的联行报单，应填制电划借方补充报单一式三联，以第二联办理转账，其会计分录如下：
　　借：系统内存放款项
　　　　贷：联行来账

活动步骤 3. 商业银行总行报送中央银行的处理
　　当商业银行总行本期为调增时，其会计分录如下：
　　借：存放中央银行款项——法定存款准备金
　　　　贷：存放中央银行款项——备付金存款户
　　调减时，会计分录相反。
　　商业银行总行向中央银行缴存一般性存款与缴纳财政性存款的账务处理方式相同，这里不再详述。

活动步骤 4. 发生欠缴业务的核算
　　每日日终、旬后五天内，商业银行未按有关规定比率存入准备金和未及时向人民银行报送有关报表的，人民银行会计部门将填制特种转账借贷方传票，办理罚款的处理手续。
　　人民银行根据商业银行超过缴存的时间，计算欠缴的天数，填制特种转账借贷方传票，收取罚金。其会计分录如下：
　　借：××银行存款
　　　　贷：营业外收入
　　商业银行根据人民银行送来罚款的特种转账借贷方传票，办理转账。其会计分录如下：
　　借：营业外支出——罚款支出
　　　　贷：存放中央银行款项

知识拓展

商业银行一般性存款的缴存规定

1. 缴存的比例
　　中国人民银行在 2020 年 1 月 1 日发布公告，决定于 2020 年 1 月 6 日下调金融机构存款准备金率 0.5 个百分点。从 2020 年 1 月 6 日起，央行存款准备金率下调为大型金融机构 12.50%、中小金融机构 10.50%。历年存款准备金率如表 8-1-1 所示。

2. 调整缴存的时间
　　各商业银行每旬调整一次，于旬后 5 日内办理。

3. 调整缴存款的计算方法
　　各商业银行应按旬根据一般性存款增加（或减少）的实际数额，按规定缴存比例计算调整增加（或减少）的存款准备金。

表 8-1-1 历年存款准备金率

公布时间	生效日期	大型金融机构			中小金融机构		
		调整前	调整后	调整幅度	调整前	调整后	调整幅度
2020年1月1日	2020年1月6日	13.00%	12.50%	-0.50%	11.00%	10.50%	-0.50%
2019年9月6日	2019年9月16日	13.50%	13.00%	-0.50%	11.50%	11.00%	-0.50%
2019年1月4日	2019年1月25日	14.00%	13.50%	-0.50%	12.00%	11.50%	-0.50%
2019年1月4日	2019年1月15日	14.50%	14.00%	-0.50%	12.50%	12.00%	-0.50%
2018年10月7日	2018年10月15日	15.50%	14.50%	-1.00%	13.50%	12.50%	-1.00%
2018年6月24日	2018年7月5日	16.00%	15.50%	-0.50%	14.00%	13.50%	-0.50%
2018年4月17日	2018年4月25日	17.00%	16.00%	-1.00%	15.00%	14.00%	-1.00%
2016年2月28日	2016年3月1日	17.50%	17.00%	-0.50%	15.50%	15.00%	-0.50%
2015年10月23日	2015年10月24日	18.00%	17.50%	-0.50%	16.00%	15.50%	-0.50%
2015年8月25日	2015年9月6日	18.50%	18.00%	-0.50%	16.50%	16.00%	-0.50%
2015年4月19日	2015年4月20日	19.50%	18.50%	-1.00%	17.50%	16.50%	-1.00%
2015年2月4日	2015年2月5日	20.00%	19.50%	-0.50%	18.00%	17.50%	-0.50%
2012年5月12日	2012年5月18日	20.50%	20.00%	-0.50%	18.50%	18.00%	-0.50%
2012年2月18日	2012年2月24日	21.00%	20.50%	-0.50%	19.00%	18.50%	-0.50%
2011年11月30日	2011年12月5日	21.50%	21.00%	-0.50%	19.50%	19.00%	-0.50%
2011年6月14日	2011年6月20日	21.00%	21.50%	0.50%	19.00%	19.50%	0.50%
2011年5月12日	2011年5月18日	20.50%	21.00%	0.50%	18.50%	19.00%	0.50%
2011年4月17日	2011年4月21日	20.00%	20.50%	0.50%	18.00%	18.50%	0.50%
2011年3月18日	2011年3月25日	19.50%	20.00%	0.50%	17.00%	18.00%	1.00%
2011年2月18日	2011年2月24日	19.00%	19.50%	0.50%	16.50%	17.00%	0.50%
2011年1月14日	2011年1月20日	18.50%	19.00%	0.50%	16.50%	16.50%	0.00%
2010年12月10日	2010年12月20日	18.00%	18.50%	0.50%	16.00%	16.50%	0.50%
2010年11月19日	2010年11月29日	17.50%	18.00%	0.50%	15.50%	16.00%	0.50%
2010年11月10日	2010年11月16日	17.00%	17.50%	0.50%	15.00%	15.50%	0.50%
2010年5月2日	2010年5月10日	16.50%	17.00%	0.50%	14.50%	15.00%	0.50%
2010年2月12日	2010年2月25日	16.00%	16.50%	0.50%	14.00%	14.50%	0.50%
2010年1月12日	2010年1月18日	15.50%	16.00%	0.50%	13.50%	14.00%	0.50%

4. 其他规定

（1）现行制度规定，存款准备金由各金融机构法人统一向当地人民银行缴存。

（2）人民银行对金融机构法人的存款准备金，于每日日终考核，日间只控制其存款账户的透支行为。

（3）人民银行对金融机构分支机构的存款，不考核存款准备金，只控制其存款账户的透支行为。

（4）金融机构的法人存款账户日终、旬后未按规定比率存入准备金和金融机构未及时向人民银行报送有关报表时，人民银行按有关规定予以处罚。

【项目活动4】再贷款业务

【活动目标】

1. 了解商业银行再贷款业务操作流程与基本要领；
2. 掌握商业银行再贷款业务的账务处理。

【案例引入】

1. 2020年4月3日模拟银行西城支行向人民银行申请季节性贷款 2 400 000 元，期限为1个月，经人民银行审查同意办理，年利率为 **2.50%**。

2. 2020年5月3日模拟银行西城支行向人民银行提交转账支票，归还4月3日申请并于本日到期的再贷款 2 400 000 元，年利率为 **2.50%**。

【活动步骤】

商业银行向中央银行再贷款业务活动流程如图8—1—13所示。

图8—1—13　商业银行向中央银行再贷款业务活动流程

活动步骤1. 再贷款发放的处理

商业银行向中央银行申请借款时，首先要提交借款申请书，经中央银行计划部门审核批准后办理借款手续。借款时，填写一式五联借款凭证，加盖印鉴后，提交中央银行。中央银行审批并发放贷款。

中央银行的会计分录如下：

借：模拟银行贷款——西城支行　　　　　　　　　　　　　　　2 400 000
　　贷：模拟银行准备金存款——西城支行　　　　　　　　　　　2 400 000

商业银行取得贷款后，以中央银行退回的第三联借款凭证代转账借方传票，并另编制转账贷方传票，办理转账。其会计分录如下：

借：存放中央银行款项　　　　　　　　　　　　　　　　　　　2 400 000
　　贷：向中央银行借款　　　　　　　　　　　　　　　　　　　2 400 000

活动步骤2. 再贷款收回的处理

商业银行在贷款到期时，应主动填制一式四联还款凭证，加盖预留印鉴后提交中央银行，办理贷款归还手续。

中央银行的会计分录如下：

借：模拟银行准备金存款——西城支行　　　　　　　　　　　　2 405 000
　　贷：模拟银行贷款——西城支行　　　　　　　　　　　　　　2 400 000

利息收入——金融机构利息收入　　　　　　　　　　　5 000

借款的商业银行收到中央银行退回的还款凭证第四联，代中央银行存款账户的转账贷方传票，同时另外编制转账借方传票，办理转账。

商业银行归还贷款时的会计分录如下：

借：向中央银行借款　　　　　　　　　　　　　　2 400 000
　　金融企业往来支出——中央银行往来支出　　　　　　5 000
　　贷：存放中央银行款项　　　　　　　　　　　　　2 405 000

知识拓展

再贷款业务的类型

中央银行对商业银行的再贷款业务按时间不同可分为年度性贷款、季节性贷款和日拆性贷款。由商业银行总行集中向中央银行借款，分支行不得向中央银行借款。

年度性贷款是中央银行用于解决商业银行因经济合理增长引起的年度性资金不足而发放给商业银行供其年度周转时使用的贷款。年度性贷款期限为1年。

季节性贷款又称临时性贷款，是主要用于解决商业银行在信贷资金运营过程中由于先支后收、存款季节性下降、贷款季节性上升等客观原因引起的资金临时性短缺的贷款。对由于同业拆借资金引起的信贷资金不足，中央银行也可发放季节性贷款。该类贷款期限一般为2个月，最长不超过4个月。

日拆性贷款是主要用于解决商业银行因未达汇划款项而发生的临时性资金头寸不足的贷款。该类贷款期限一般为7～10天，最长不超过20天。

近年来，随着我国商业银行市场化程度的提高和中央银行宏观调控机制的日益完善，中央银行对商业银行的再贷款大幅减少，目前主要提供日拆性贷款和季节性再贷款。

商业银行向中央银行申请年度性贷款、季节性贷款、日拆性贷款时都通过"向中央银行借款"科目核算，在此科目下，设"年度性借款户""季节性借款户"和"日拆性借款户"科目进行明细核算，同时，将贷款资金转入中央银行存款户内使用。

【模拟实训8-1-3】

1. 模拟银行西城支行2020年6月12日向中央银行申请日拆性贷款3 000 000元，期限为10天，经中央银行审查，同意办理，年利率为2.50%。

2. 2020年6月22日，模拟银行西城支行向中央银行提交转账支票，归还6月12日申请并于本日到期的再贷款3 000 000元。

【项目活动5】再贴现业务

【活动目标】

1. 了解商业银行再贴现业务的操作流程与基本要领；
2. 掌握商业银行再贴现业务的账务处理。

【案例引入】

模拟银行西城支行于 2020 年 2 月 4 日持已贴现尚未到期的面额为 500 000 元的银行承兑汇票向中央银行申请再贴现，汇票到期日为 5 月 15 日，再贴现率为 2.25%。

【活动步骤】

再贴现是中央银行对商业银行发放贷款的另外一种形式，是商业银行因办理商业汇票的贴现业务而引起资金占压，造成资金周转短缺，用已贴现但尚未到期的商业汇票向中央银行转让的一种融资行为。再贴现的金额应以再贴现的票据金额为准，按贴现票据的票面金额扣除再贴现利息计算实付再贴现金额，期限不超过 6 个月。

商业银行向中央银行再贴现业务的活动流程如图 8-1-14 所示。

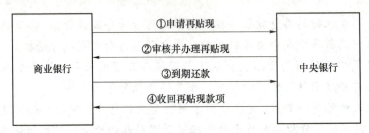

图 8-1-14　商业银行向中央银行再贴现业务的活动流程

活动步骤 1. 商业银行申请再贴现的处理

商业银行将未到期的商业汇票向中央银行办理再贴现时，应填写一式五联的再贴现凭证，与商业承兑汇票或银行承兑汇票一并提交中央银行。

活动步骤 2. 中央银行受理再贴现的处理

中央银行受理再贴现票据时，经审核同意，签署意见后，按规定的再贴现率计算出再贴现利息和实付再贴现金额。其计算公式如下：

再贴现利息 = 汇票金额 × 再贴现天数 × 日贴现率 =
500 000 × 100 × 2.25% ÷ 360 = 3 125（元）

实付再贴现金额 = 汇票金额 − 再贴现利息 = 500 000 − 3 125 = 496 875（元）

并以第一、二、三联再贴现凭证办理转账，其会计分录如下：

借：再贴现——模拟银行西城支行　　　　　　　　　　　　　　500 000
　　贷：模拟银行存款——西城支行　　　　　　　　　　　　　496 875
　　　　利息收入——再贴现利息收入户　　　　　　　　　　　　3 125

转账后，在再贴现凭证第四联加盖转讫章，交给商业银行作收账通知。将第五联到期卡按到期日顺序排列，用专夹保管。由中央银行会计部门定期核对余额合计数，并与再贴现科目的余额核对相符。

活动步骤 3. 商业银行收到再贴现款的处理

商业银行收到中央银行退回的第四联再贴现凭证，据以编制特种转账借方、贷方传票，以第四联再贴现凭证作附件，办理转账，其会计分录如下：

借：存放中央银行款项　　　　　　　　　　　　　　　　　　496 875
　　　　金融企业往来支出——西城支行　　　　　　　　　　　　3 125
　　　　贷：向中央银行借款——再贴现　　　　　　　　　　　　　500 000

活动步骤 4. 再贴现到期的处理

再贴现票据到期时，如果属于买断方式的，由中央银行作为收款人办理收款；如果属于商业银行回购方式的，应由原再贴现申请银行购回票据，由商业银行负责收回票款。

再贴现汇票到期时，由中央银行作为持票人填制委托收款凭证，连同再贴现票据向付款人办理收款。在收到款项划回时，其会计分录如下：

　　借：资金清算往来（或其他有关账户）　　　　　　　　　　500 000
　　　　贷：再贴现——模拟银行西城支行　　　　　　　　　　　500 000

知识拓展

我国再贴现业务的发展历程

我国的票据业务起步于 20 世纪 80 年代初。

1986 年，针对当时经济运行中企业之间严重的货款拖欠问题，中国人民银行下发了《中国人民银行再贴现试行办法》，决定在北京、上海等十个城市对专业银行试办再贴现业务。

1994 年下半年，为解决一些重点行业的企业货款拖欠、资金周转困难和部分农副产品调销不畅的状况，中国人民银行对"五行业、四品种"（煤炭、电力、冶金、化工、铁道和棉花、生猪、食糖、烟叶）领域专门安排 100 亿元再贴现限额，推动上述领域商业汇票业务的发展。再贴现作为选择性货币政策工具为支持国家重点行业和农业生产开始发挥作用。

1995 年年末，中国人民银行规范再贴现业务操作，开始把再贴现作为货币政策工具体系的组成部分，并注重通过再贴现传递货币政策信号。中国人民银行初步建立了较为完整的再贴现操作体系，并根据金融宏观调控和结构调整的需要，不定期公布再贴现优先支持的行业、企业和产品目录。

1998 年以来，为适应金融宏观调控由直接调控转向间接调控，中国人民银行改革再贴现、贴现利率生成机制，使再贴现利率成为中国人民银行独立的基准利率，为再贴现利率发挥传导货币政策的信号作用创造了条件。为适应金融体系多元化和信贷结构调整的需要，中国人民银行扩大了再贴现的对象和范围，把再贴现作为缓解部分中小金融机构短期资金流动性不足的政策措施，提出对资信情况良好的企业签发的商业承兑汇票可以办理再贴现。

2008 年以来，为有效发挥再贴现促进结构调整、引导资金流向的作用，中国人民银行进一步完善再贴现管理。如适当扩大再贴现的对象和机构范围，重点支持涉农、小微、绿色、民营企业贴现票据优先办理再贴现。

2017 年，在纸票时代向电票时代过渡的背景下，根据中国人民银行的布置，上海票据交易所开发了再贴现业务系统，该系统同年上线运行，一个高效的电子化再贴现业务系统基本建成。

【模拟实训 8-1-4】

2020 年 5 月 21 日，模拟银行西城支行持一份已办理贴现的银行承兑汇票向人民银行申请再贴现。该汇票金额为 100 000 元，5 月 15 日出票，10 月 15 日到期，经异地某农行承兑。

人民银行经审查同意,当天办理贴现手续,再贴现率为年利率 2.25%。要求:计算再贴现利息和实付贴现金额,并分别作出人民银行和模拟银行西城支行有关的会计分录。

任务二 商业银行之间往来业务处理

任务描述

1. 熟悉商业银行之间往来业务的基本规定;
2. 熟悉商业银行之间往来业务的凭证格式和具体的填写要求;
3. 掌握商业银行同城票据交换与资金清算、异地跨系统转汇、同业拆借、转贴现等有关业务活动的操作流程及账务处理方式。

知识准备

商业银行之间往来也叫同业往来,是指商业银行之间由于办理跨系统结算、相互拆借等业务所引起的资金账务往来。由于各单位在不同的商业银行开户,相互之间的货币结算构成商业银行往来的主要内容。同时,各商业银行之间的同业拆借、同业存款、跨系统汇划款项等也构成商业银行往来的重要内容。

【项目活动1】同城票据交换与资金清算业务

【活动目标】

1. 了解商业银行同城票据交换与资金清算业务的操作流程与基本要领;
2. 掌握商业银行同城票据交换与资金清算业务的账务处理。

【案例引入】

2020 年 5 月 22 日,模拟银行西城支行(行号 00001)票据交换情况如下:提出支票 12 张(合计金额 330 000 元)、进账单 10 张(合计金额 220 000 元);提入支票 8 张(合计金额 300 000 元)、进账单 15 张(合计金额 420 000 元)。

【活动步骤】

商业银行向中央银行再贴现业务的活动流程如图 8-2-1 所示。

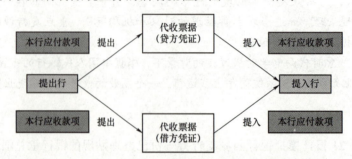

图 8-2-1 商业银行向中央银行再贴现业务的活动流程

活动步骤 1. 提出行的处理

1. 严格统一交换票据和凭证格式，用打码机处理提出交换票据和凭证

（1）特制统一的提出交换票据和凭证。

由于这些票据和凭证是签发人手写的，因此须经打码机处理后才能提出交换。

（2）打码机在每张票据和凭证末端，用磁性油墨打印一行数码。

这行数码根据票据和凭证填写的有关要素打印，其中包括票据号码、交换行号、单位账号、借（贷）方代码及金额五项内容（前三项内容在支票发售时已打上），以供计算机输入打制提出交换的逐笔清单。为了便于分批处理提出交换票据（凭证），在每批（不超过 100 张）打码机处理后，另打制一张"批控卡"以控制分批金额。

2. 填制同城票据提出报告单，连同票据和凭证提出交换

提出行根据"批控卡"的借方（贷方）总额填制同城票据提出报告单（见表 8-2-1），结计合计总数，并与打码机的总数核对相符，连同本场交换提出的全部票据和贷记凭证以及逐笔清单，一并装袋送票据交换所。

表 8-2-1　同城票据提出报告单

提出行名：模拟银行西城支行　　　　2020 年 5 月 22 日　　　　　　　　第 1 场

交换号	笔数	代收金额	笔数	代付金额
00001	10	220 000	12	330 000
合计	10	220 000	12	330 000
总计	10	220 000	12	330 000

（1）当提出行提出借方凭证时，其会计分录如下：

借：清算资金往来——同城票据清算　　　　　　　　　　　　　　330 000
　　贷：其他应付款——托收票据　　　　　　　　　　　　　　　　　　330 000

如果已过退票时间未发生退票，则其会计分录如下：

借：其他应付款——托收票据　　　　　　　　　　　　　　　　　330 000
　　贷：吸收存款——活期存款——收款人户　　　　　　　　　　　　　330 000

如果发生退票，其会计分录如下：

借：其他应付款——托收票据　　　　　　　　　　　　　　　　　330 000
　　贷：清算资金往来——同城票据清算　　　　　　　　　　　　　　　330 000

（2）当提出行提出贷方票据时，其会计分录如下：

借：吸收存款——活期存款——付款人户　　　　　　　　　　　　220 000
　　贷：清算资金往来——同城票据清算　　　　　　　　　　　　　　　220 000

如果发生退票，则作相反的会计分录。

活动步骤 2. 票据交换所的处理

1. 票据交换所清分、打印及提回交换凭证

交换场工作人员在柜面与提出交换行的人员对送达的票据、凭证办理交接手续，按规定必须在每场交换规定时间前送达办妥。然后将交换票据、凭证送交机房，由工作人员陆续输入计算机,自动按提回行进行清分、读数,打出明细清单,直至最后把提回票据和凭证放进各提回行的箱夹,整个交换工作才算完成。

2. 办理转账

票据交换所根据提出、提回票据、凭证的借贷方总金额轧计,打制同城票据交换差资金额报告单,如表8-2-2所示,送中央银行营业部门办理转账。

(1)本次交换为应收差额,填制中央银行存款账户送款单,其会计分录如下:

借:存放中央银行款项——备付金存款户
贷:清算资金往来——同城票据清算

(2)本次交换为应付差额,填制中央银行转账支票,其会计分录如下:

借:清算资金往来——同城票据清算
贷:存放中央银行款项——备付金存款

(3)中央银行根据参加票据交换各行应收应付差额情况,进行转账,其会计分录如下:

借:××银行准备金存款——应付差额行
贷:××银行准备金存款——应收差额行

根据案例,可填制下列同城票据交换差资金额报告单。

表8-2-2 同城票据交换差资金额报告单

交换号码00001			2020年5月22日		
摘要	张数	(贷)同城票据清算	张数		(借)同城票据清算
提出	收单	10	220 000	付单	12	330 000
提回	付单	8	300 000	收单	15	420 000
总金额			520 000			750 000
	应收差额(借)同城票据清算			应付差额(贷)同城票据清算		
总额	230 000					

应收金额合计 = 330 000 + 420 000 = 750 000(元)
应付金额合计 = 220 000 + 300 000 = 520 000(元)
应收差额 = 750 000 - 520 000 = 230 000(元)

如模拟银行西城支行的应付票据差额小于应收票据的差额,即轧差后为应收差额,其会计分录如下:

借:存放中央银行款项——备付金存款户　　　　　　　　　　230 000
　　贷:清算资金往来——同城票据清算　　　　　　　　　　　230 000

如果为应付差额,则会计分录相反。

活动步骤3. 提入行的处理

提入行将票据和凭证处理入账。

提入行提回的票据和凭证,通过终端机输入,记入各单位账户,有关票据的审核、验印手续,按转账支付核算办理。

这批票据和凭证的输入总金额,应与提回清单的总金额相符,如有差异,应逐一查对处理。

（1）当提入行提入借方凭证，经审核无误后，进行会计处理，其会计分录如下：

借：吸收存款——活期存款——付款人户　　　　　　　　　300 000
　　贷：清算资金往来——同城票据清算　　　　　　　　　　300 000

如果因误提他行票据等原因不能入账的，其会计分录如下：

借：其他应收款　　　　　　　　　　　　　　　　　　　　300 000
　　贷：清算资金往来　　　　　　　　　　　　　　　　　　300 000

当再提出交换时，其会计分录如下：

借：清算资金往来　　　　　　　　　　　　　　　　　　　300 000
　　贷：其他应收款　　　　　　　　　　　　　　　　　　　300 000

（2）若提入贷方凭证时，经审核无误后，办理转账，其会计分录如下：

借：清算资金往来——同城票据清算　　　　　　　　　　　420 000
　　贷：吸收存款——活期存款——收款人户　　　　　　　　420 000

因误提他行票据等原因不能入账的，其会计分录如下：

借：清算资金往来　　　　　　　　　　　　　　　　　　　420 000
　　贷：其他应付款　　　　　　　　　　　　　　　　　　　420 000

退票或再提出时，会计分录如下：

借：其他应付款　　　　　　　　　　　　　　　　　　　　420 000
　　贷：清算资金往来　　　　　　　　　　　　　　　　　　420 000

知识拓展

中国第一家银行票据交换所

票据交换所刚开始时由银行间共同协议设置，随着中央银行制度的建立和发展，现已成为中央银行领导下的一个票据清算机构。

世界上最早的票据交换所是 1773 年成立于当时票据业务最发达的英国伦敦。纽约于 1853 年、巴黎于 1872 年、大阪于 1878 年、柏林于 1887 年也先后成立票据交换所。

中国最早的票据交换所是在上海出现的。清朝末年，上海旧式的钱庄相当兴盛，钱庄之间代收的票据，采取相互派专人携带汇划账簿到对方钱庄，使用现银清算差额的办法，很不方便。到了 1890 年，上海钱业工会成立了汇划总会，改为使用"公单"，通过汇划总会以"公单"交换和转账结算来清算差额。这是中国早期的票据交换形式，也起到了票据清算中心的作用。中华民国初期，华商银行增设渐多，但无自己的清算机构，其同业间票据收付，是委托钱庄通过汇划总会办理的。之后，上海银行业务日益发达，票据流通逐渐增多，通过钱庄清算，不但资金调度不及时，而且要担负风险，万一该钱庄倒闭，势必受累。为此，上海银行工会委托银行业联合准备委员会，参照美国票据交换所先例，筹办上海银行业自己的票据清算机构，其间克服了当时钱庄与外商银行的种种阻挠和反对，最终于 1933 年 1 月 10 日，成立了中国第一家新型的票据交换所——上海票据交换所，如图 8-2-2 所示。

图 8-2-2 上海票据交换所内景

【模拟实训 8-2-1】

2020 年 5 月 15 日,中国建设银行重庆某支行票据交换清算总数如表 8-2-3 所示。

表 8-2-3 中国建设银行重庆某支行票据交换清算总数

交换号码 00001					2020 年 5 月 15 日	
摘要	张数		(贷)同城票据清算	张数		(借)同城票据清算
提出	收单	10	654 000	付单	15	1 360 000
提回	付单	13	1 677 000	收单	6	686 000
总金额			2 331 000			2 046 000
	应收差额(借)同城票据清算			应付差额(贷)同城票据清算		
总额				285 000		

要求:请根据上述资料作出各交换行清算资金时的会计分录。

【项目活动 2】异地跨系统转汇的核算业务

【活动目标】

1. 了解商业银行异地跨系统转汇业务的操作流程与基本要领;
2. 掌握商业银行异地跨系统转汇业务的账务处理。

【活动步骤】

商业银行异地跨系统转汇,是指由于客户办理异地结算业务而引起的各商业银行之间相互汇划款项的业务。

汇划款项在10万元以上的，通过中央银行清算资金转汇核算；

汇划款项在10万元以下的，通过跨系统商业银行转汇核算。

这里主要介绍跨系统商业银行转汇的方法。异地跨系统转汇，根据各地商业银行机构的设置情况，可以有以下几种处理方法：

1."先横后直"

汇出行和汇入行所在地均为双设机构地区。

2."先直后横"

汇出行所在地为单设机构地区，汇入行所在地为双设机构地区。

3."先直后横再直"

汇出行、汇入行所在地均为单设机构地区。

一、"先横后直"的转汇方式

汇出行为双设机构地区的，跨系统转汇采取"先横后直"的转汇方式。其程序如图8-2-3所示。

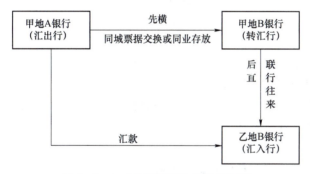

图8-2-3 "先横后直"的转汇程序

活动步骤1. 汇出行的处理

汇出行将客户提交的汇款凭证，通过同城票据交换提交同城跨系统转汇行办理汇款。其会计分录如下：

借：吸收存款——活期存款——汇款人户
　　贷：同业存放（或存放中央银行款项）

活动步骤2. 转汇行的处理

转汇行通过本系统联行将款项划往异地汇入行。其会计分录如下：

借：同业存放（或存放中央银行款项）
　　贷：清算资金往来

活动步骤3. 汇入行的处理

汇入行收到本系统划来的联行报单及有关结算凭证，为收款人进账。其会计分录如下：

借：清算资金往来
　　贷：吸收存款——活期存款——收款人户

二、"先直后横"的转汇方式

汇出行为单设机构地区,汇入行所在地为双设机构的,跨系统转汇采取"先直后横"的转汇方式。其程序如图8-2-4所示。

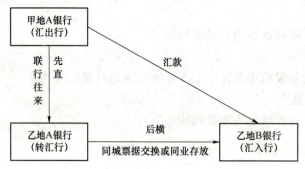

图8-2-4 "先直后横"的转汇程序

活动步骤1. 汇出行的处理

汇出行根据客户提交的汇款凭证填制联行报单,将款项划转异地本系统的转汇行,其会计分录如下:

借:吸收存款——活期存款——汇款人户
　　贷:清算资金往来

活动步骤2. 转汇行的处理

转汇行收到本系统汇出行划来的联行报单及结算凭证,经审核无误后,通过同城票据交换转跨系统汇入。其会计分录如下:

借:清算资金往来
　　贷:同业存放(或存放中央银行款项)

活动步骤3. 汇入行的处理

汇入行收到转汇行划转的款项,为收款人进账。其会计分录如下:

借:同业存放(或存放中央银行款项)
　　贷:吸收存款——活期存款——收款人户

三、"先直后横再直"的转汇方式

汇出行与汇入行均为单设机构地区的,跨系统转汇采用"先直后横再直"的转划方式。其程序如图8-2-5所示。

活动步骤1. 汇出行的处理

汇出行根据客户提交的汇款凭证填制联行报单,就近划转第三地的系统内银行,办理转汇,其会计分录如下:

借:吸收存款——活期存款——汇款人户
　　贷:清算资金往来

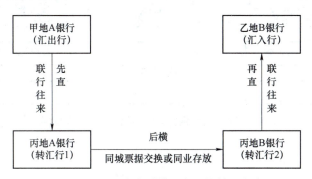

图 8-2-5 "先直后横再直"的转汇程序

活动步骤 2. 汇出行系统内转汇行的处理

系统内转汇行（丙地转汇行 1）收到汇出行的有关单证，经审核无误后，向跨系统银行办理转汇，其会计分录如下：

借：清算资金往来
　　贷：同业存放（或存放中央银行款项）

活动步骤 3. 汇入行系统内转汇行的处理

汇入行系统内转汇行（丙地转汇行 2）收到跨系统银行的有关单证后，通过系统内联行划转汇入行。其会计分录如下：

借：同业存放（或存放中央银行款项）
　　贷：清算资金往来

活动步骤 4. 汇入行的处理

汇入行收到系统内转汇行划转的款项，为收款人进账。其会计分录如下：

借：清算资金往来
　　贷：吸收存款——活期存款——收款人户

【项目活动 3】同业拆借业务

【活动目标】

1. 了解商业银行同业拆借业务的操作流程与基本要领；
2. 掌握商业银行同业拆借业务的账务处理。

【案例引入】

1. 模拟银行西城支行因季节性资金需要于 2020 年 6 月 7 日从同城工商银行拆入资金 1 000 000 元，经中国人民银行批准，确定拆借期限为 15 天，利率为 3.5%。
2. 模拟银行西城支行于 2020 年 6 月 22 日归还拆入资金本息。

【活动步骤】

商业银行同业拆借业务的活动流程如图 8-2-6 所示。

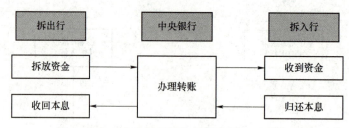

图 8-2-6 商业银行同业拆借业务的活动流程

【活动步骤】

一、同业资金拆借的处理

活动步骤 1. 拆出行拆放资金

拆出行会计部门根据资金计划部门签发的资金调拨单和拆借合同，签发中央银行转账支票并填制进账单，经业务主管签字和授权后，办理资金拆放手续。会计分录如下：

借：拆出资金——拆入行户　　　　　　　　　　　　　　1 000 000
　　贷：存放中央银行款项　　　　　　　　　　　　　　　　1 000 000

活动步骤 2. 中央银行办理转账

中央银行收到拆入行送存的支票及进账单后，经审核无误，办理款项划转。其会计分录如下：

借：××银行存款——拆出行户　　　　　　　　　　　　1 000 000
　　贷：××银行存款——拆入行户　　　　　　　　　　　　1 000 000

活动步骤 3. 拆入行收到资金

拆入行会计部门接到收账通知，按实际收到的金额，办理转账。会计分录如下：

借：存放中央银行款项　　　　　　　　　　　　　　　　1 000 000
　　贷：拆入资金——拆出行户　　　　　　　　　　　　　　1 000 000

二、同业资金到期归还的处理

活动步骤 1. 拆入行的处理

拆借资金到期后，拆入行应将本息一并签发准备金存款账户的转账支票提交开户的中央银行，办理资金划转。其会计分录如下：

借：拆入资金——拆出行户　　　　　　　　　　　　　　1 000 000
　　金融企业往来支出——拆借利息支出户　　　　　　　　1 458.33
　　贷：存放中央银行款项　　　　　　　　　　　　　　　1 001 458.33

活动步骤 2. 中央银行的处理

中央银行收到拆入行提交的支票后，经审核无误，将本息转入拆出行准备金存款账户。其会计分录如下：

借：××银行存款——拆入行户　　　　　　　　　　　　1 001 458.33
　　贷：××银行存款——拆出行户　　　　　　　　　　　　1 001 458.33

活动步骤 3. 拆出行的处理

拆出行接到收账通知后，办理转账。其会计分录如下：

借：存放中央银行款项　　　　　　　　　　　　　　　　　1 001 458.33
　　贷：金融企业往来收入——拆借利息收入户　　　　　　　　1 458.33
　　　　拆出资金——拆入行户　　　　　　　　　　　　　1 000 000

知识拓展

银行间同业拆借与利率

银行间同业拆借，是金融机构（主要为银行业）之间开展的一种短期性、临时性的相互资金调剂业务，主要通过中国人民银行设立的"全国银行间同业拆借中心"进行交易。

银行间同业拆借主要期限有日拆、周拆（7 天）、2 周、1 个月、3 个月、6 个月、9 个月、1 年共 8 种。

同业拆借利率，一般由双方直接协商确定，也可以由合法中介机构公开竞价撮合。

我国的同业拆借利率名称为 LIBOR，即上海银行间拆借利率的英文简称。

银行同业拆借利率（LIBOR）有两个利率，即拆进利率和拆出利率，拆进利率表示银行愿意借款的利率，拆出利率表示银行愿意贷款的利率。一家银行的拆进（借款）实际上也是另一家银行的拆出（贷款）。同一家银行的拆进利率和拆出利率的利差就是银行的收益。

【模拟实训 8-2-2】

甲地农业银行需向同城工商银行拆借资金 50 万元，经中国人民银行批准，同意办理拆借手续，利率为 3%，期限为 1 个月。

要求：分别作出甲地农业银行、工商银行的会计分录。

【项目活动 4】转贴现业务

【活动目标】

1. 了解商业银行转贴现业务的操作流程与基本要领；
2. 掌握商业银行转贴现业务的账务处理。

【案例引入】

模拟银行西城支行 2020 年 6 月 5 日持未到期的银行承兑汇票向同城建设银行申请转贴现，汇票面额 2 000 000 元，汇票于 2020 年 6 月 20 日到期，共 14 天，建设银行经办人员经审查同意办理，转贴现利率为 6.5%。

【活动步骤】

转贴现是指商业银行持已贴现、未到期的商业汇票向其他商业银行融通资金的行为。

转贴现利息＝转贴现金额×转贴现天数×转贴现率

转贴现净额＝转贴现金额－转贴现利息

商业银行转贴现业务的活动流程如图8-2-7所示。

图8-2-7 商业银行转贴现业务的活动流程

活动步骤1. 转贴现申请行的处理

转贴现申请行持未到期的商业汇票，根据汇票填制一式五联转贴现凭证，在第一联上签章后，连同汇票一并送交转贴现银行信贷部门。

活动步骤2. 转贴现行的处理

转贴现行会计部门接到信贷部门转来审批同意的转贴现凭证和作为背书转让的商业汇票，经审查确认无误后，比照一般贴现手续办理。其会计分录如下：

借：贴现——银行承兑汇票转贴现户　　　　　　　　　　　　　　2 000 000
　　贷：存放中央银行款项　　　　　　　　　　　　　　　　　　1 994 944.44
　　　　金融企业往来收入——转贴现利息收入户　　　　　　　　　　5 055.56

活动步骤3. 转贴现申请行收到转贴现款的处理

转贴现申请行收到转贴现行交来的转贴现收账通知后，应填制两借一贷的特种转账凭证，将收账通知作为存放中央银行款项借方传票的附件，办理转账。其会计分录如下：

借：存放中央银行款项　　　　　　　　　　　　　　　　　　　1 994 944.44
　　金融企业往来支出——转贴现利息支出户　　　　　　　　　　　　5 055.56
　　贷：贴现——银行承兑汇票户　　　　　　　　　　　　　　　　2 000 000

活动步骤4. 转贴现到期时的账务处理

转贴现票据到期时，转贴现行作为持票人向付款人办理收款，可比照贴现到期收回贴现票款处理。在款项划回时，其会计分录如下：

借：清算资金往来（或其他有关科目）　　　　　　　　　　　　　　2 000 000
　　贷：贴现——汇票转贴现户　　　　　　　　　　　　　　　　　2 000 000

知识拓展

票据贴现、转贴现与再贴现的区别

1. 票据贴现

票据贴现是指收款人或持票人将未到期的银行承兑汇票或商业承兑汇票向银行申请贴现，银行按票面金额扣除贴现利息后将余款支付给收款人的一项银行授信业务。票据一经贴现，便归贴现银行所有，贴现银行到期可凭票据直接向承兑人收取票款。

2. 票据转贴现

票据转贴现是指金融机构为了取得资金，将未到期的已贴现商业汇票再以贴现方式向另一金融机构转让的票据行为，是金融机构间融通资金的一种方式。

3. 票据再贴现

票据再贴现是指金融机构为了取得资金，将未到期的已贴现商业汇票再以贴现方式向中国人民银行转让的票据行为，是中央银行的一种货币政策工具。

三种业务的参与主体分别如下：

贴现是银行对客户；

转贴现是银行对银行、贴现公司或其他愿意垫付资金的人，请求转贴现的人是原贴现人；

再贴现则是银行对央行。转贴现是一种资金融通方式，而再贴现则是国家宏观调控金融的一种重要手段。

【模拟实训 8-2-3】

模拟银行西城支行 2020 年 3 月 5 日持未到期的银行承兑汇票向同城建设银行申请转贴现，汇票面额 500 万元，转贴现时间为 30 天，经建设银行审查同意办理，转贴现利率为 5.75%。

要求：分别作出申请行、转贴现行的会计分录。

项目九

银行损益业务处理

知识目标

1. 掌握收入的性质,按照确认条件,合理地确认收入;
2. 掌握成本和费用的处理,掌握商业银行利润的处理。

职业能力目标

1. 能够根据《企业会计准则》准确地进行收入核算;
2. 能运用相关知识进行商业银行成本和费用的处理;
3. 能理论结合实际,为商业银行具体的工作岗位打下理论基础。

素质目标

1. 具备爱岗敬业、诚实守信、遵纪守法、坚持准则、廉洁自律、客观公正、强化服务的职业道德和社会责任感;
2. 具有严谨、细致、规范、认真、诚信、踏实的职业态度;
3. 具备执行能力、团队协作能力、沟通能力和创新精神。

知识结构导图

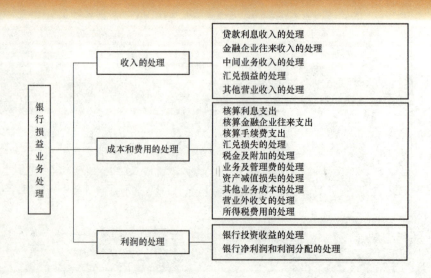

任务一　收入的处理

任务描述

掌握商业银行收入的性质，按照确认条件，合理地确认收入。

知识准备

一、收入的主要内容

收入是指商业银行在其业务经营中取得的收入。具体包括贷款利息收入、金融企业往来利息收入、系统内往来收入、中间业务收入、证券买卖收入、外汇买卖收入、其他营业收入。

二、收入的确认原则

（一）收入的确认原则

收入的确认应坚持权责发生制的会计原则。各项业务合同签订以后，在规定的计算期内，按应计收入的数额确认营业收入；或在已经提供劳务，同时收讫价款或取得收取价款权利的凭证时确认营业收入。

（二）收入的确认条件

银行应当根据收入的性质，按照收入确认的条件，合理地确认和计量各项收入。银行提供金融产品服务取得的收入，应当在以下条件均能满足时予以确认：

1. 与交易相关的经济利益能够流入企业

经济利益是指直接或间接流入企业的现金或现金等价物。如商业银行向企业借出资金，形成贷款，该笔贷款的利息收入就是与该项交易相关的经济利益。

2. 收入的金额能够可靠地计量

能够可靠地计量金额，是商业银行确定收入的基本前提。如金融企业发放的贷款，应按期计提利息并确认收入。发放贷款到期 90 天后尚未收回的，其应计利息停止计入当期利息收入，纳入表外核算；已计提的贷款应收利息，在贷款到期 90 天后仍未收回的，或在应收利息逾期 90 天后仍未收到的，冲减原已计入损益的利息收入，转作表外核算。手续费收入，应当在向客户提供相关服务时确认。利息收入、金融企业往来收入等，应按让渡资金使用权的时间和适用利率计算确定。

三、收入的概念

正确地理解收入的概念是做好收入核算的重要前提。在理解收入的概念时，要注意以下几点：

（一）日常活动的含义

日常活动是指商业银行为完成其经营目标而从事的所有活动，以及与之相关的其他活动。如商业银行提供贷款服务、办理支付结算等。

（二）收入、收益和利得的关系

1. 收益和利得与收入密切相关

收益是指会计期间经济利益的增加，表现为能导致所有者权益增加的资产流入、资产增值或负债减少。能导致所有者权益增加是收益的重要特征。但要注意的是，能导致所有者权益增加并不说明它就一定是收益。投资者投入也能导致银行所有者权益增加，但它不是收益。

收益的形成可能源于商业银行的日常活动，也可能源于日常活动以外的活动。由银行日常活动形成的收益，即为收入；而源于日常活动以外的活动所形成的收益，通常称为利得。

2. 在对收入、利得两者作出区分时，应注意的问题

（1）利得是商业银行边缘性或偶发性交易或事项的结果，比如，罚款净收入等。

（2）利得是不经过经营过程就能取得或不曾期望获得的收益。比如银行因其他企业违约收取的违约金、资产价值的变动等。

（3）利得在利润表中通常以净额反映。

通过"营业外收入"科目核算的固定资产盘盈、处置固定资产净收益、非货币性交易收益、出售无形资产收益、罚款净收入等，属于利得的范畴；通过"补贴收入"科目核算的按国家规定的补助定额计算并按期给予的定额补贴，也属于利得的范畴。

（三）利息收入

利息收入是银行办理各种贷款、票据贴现而取得的利息，它在银行营业收入中占有较大的比重，在银行财务成果中也占有重要的地位。在核算时，必须设置"利息收入"科目进行核算。

应收利息是指应列为当期损益，而未实际收到的利息。银行计算应收利息是根据权责发生制的原则进行的，凡属银行本期应收取的利息，应确认收入的实现，并按季度计提应收利息，计入当期损益。

计提应收利息时，应按照当季报表填制转账借方传票、贷方传票各一联，并办理转账，会计分录如下：

借：应收利息——××户
　　贷：利息收入

上述应收利息实际收回时，编制会计分录如下：

借：吸收存款——活期存款——××户
　　贷：应收利息——××户

【项目活动1】贷款利息收入的处理

【活动目标】

掌握银行贷款利息收入的活动步骤与处理程序。

【案例引入】

模拟银行西城支行2020年6月发生下列业务：

6月20日共结计鸿宇股份有限公司（6300800600179856009）贷款利息38 700元（其中8 400元单位无款归还），应收利息复利3 891元（单位无款归还）（模拟银行西城支行贷款及应收利息逾期未超过90天）。

【活动步骤】

活动步骤1：填制催收通知书
填制催收通知书，确定应收利息。

活动步骤2：入账

借：吸收存款——活期存款——鸿宇股份有限公司	30 300
贷：利息收入	30 300
借：应收利息	8 400
贷：利息收入	8 400
借：应收利息	3 891
贷：利息收入	3 891

【模拟实训9-1-1】

模拟银行西城支行2020年6月发生下列会计业务：

6月20日共结计贷款本金利息89 400元（其中3 400元单位无款归还），应收利息复利2 542元（单位无款归还）（模拟银行西城支行贷款及应收利息逾期未超过90天）。

要求：请以银行经办人员的身份办理银行利息计提业务。

【项目活动2】金融企业往来收入的处理

【活动目标】

掌握金融企业往来收入的活动步骤与处理程序。

【案例引入】

2020年7月10日收到中国人民银行划来的本季度模拟银行西城支行存入中央银行备付金存款利息收入10 000元。

【活动步骤】

金融企业往来收入是指商业银行与其他金融企业发生业务往来而形成的利息收入，即在同一银行系统内部的联行之间以及与中央银行或其他金融机构之间的资金往来所发生的利息收入、存贷款利差补贴收入等。与利息收入相比，金融企业往来收入一般数额较大，利率较低。它在营业收入中占较大份额，应设置"金融企业往来收入"科目予以反映，并按往来单位设明细账。

商业银行于本期实际收到金融企业往来收入，则应将收到的利息记入"金融企业往来收入"科目的贷方，同时按利息来源渠道，借记有关科目。

借：存放中央银行款项　　　　　　　　　　　　　　　　　　　10 000
　　贷：金融企业往来收入　　　　　　　　　　　　　　　　　　　10 000

【项目活动 3】中间业务收入的处理

【活动目标】

掌握银行中间业务收入的活动步骤与处理程序。

【案例引入】

模拟银行西城支行 2020 年 8 月 20 日从鸿宇股份有限公司收到承兑手续费 800 元，并按约定取得佣金收入 400 元。根据收到的利息清单、手续费收入入账。

【活动步骤】

中间业务收入是指银行在办理结算、咨询、担保、代保管等提供金融服务时向客户收取的营业外支出所取得的收入。应当在向客户提供相关服务时确认收入，对于其核算，银行应设置"中间业务收入"账户，并按其种类分设明细账。

借：吸收存款——活期存款——鸿宇股份有限公司　　　　　　　1 200
　　贷：手续费及佣金收入　　　　　　　　　　　　　　　　　　　1 200

【项目活动 4】汇兑损益的处理

【活动目标】

掌握银行汇兑损益的活动步骤与处理程序。

【活动步骤】

汇兑损益是银行进行外汇买卖和外币兑换等业务而产生的损益。银行的外汇买卖及兑换通过"汇兑损益"科目进行核算，同时按外汇买卖外币种分设明细账。其买卖及兑换业务发生时，兑入的货币，借记有关科目，贷记本科目；同时兑出的货币借记本科目，贷记有关科目。期末按外汇买卖细目余额确认损益，如果"外汇买卖"科目人民币金额在贷方，则表明是汇兑收益。

确认汇兑收益时，会计分录如下：
借：货币兑换
　　贷：汇兑损益——××币种

【项目活动 5】其他营业收入的处理

【活动目标】

掌握银行汇兑损益的活动步骤与处理程序。

【案例引入】

模拟银行西城支行 2020 年 8 月 24 日收到提供咨询服务收入现金 8 000 元。

【活动步骤】

其他营业收入是指银行除经营存款、贷款、中间业务、投资、外汇买卖、结售、代理业务以及金融企业往来以外的其他营业性收入，主要包括咨询服务收入、无形资产转让收入等。银行应设置"其他营业收入"科目进行核算，并按其种类设置明细账。

会计分录如下：

借：库存现金　　　　　　　　　　　　　　　　　　　　　　8 000
　　贷：其他业务收入　　　　　　　　　　　　　　　　　　　　8 000

任务二　成本和费用的处理

任务描述

理解成本、费用的含义，办理成本、费用支出的相关核算业务。

知识准备

一、银行的成本与费用

1. 银行的成本

银行的成本是指在业务经营过程中发生的与业务经营有关的支出，包括利息支出、金融企业往来支出、手续费及佣金支出、汇兑损失等。

2. 银行的费用

银行的费用主要指营业费用，是指银行在业务经营与管理工作中发生的各项费用，包括税金及附加、业务及管理费用、资产减值损失、其他业务成本等。

成本与费用都代表了银行资源的耗费，是银行为了获取收入而发生的各种支出。商业银行在从事业务经营活动中，不仅因吸收存款而支付利息，而且需支付管理人员的工资等其他支出，并耗费一定的物品，所有这些耗费的费用都以货币价值形式表现出来，这就构成了银行的成本和费用。

只有与业务经营活动有关的各项支出才能计入成本，同时计入成本的各项开支必须符合财务制度规定的成本开支范围和标准。与业务经营活动无关的支出不能计入成本。

二、核算成本费用时应注意的问题

1. 商业银行应该严格区分收益性支出和资本性支出的范围

不得在收益性支出项目列支资本性支出的内容。

2. 商业银行在进行成本核算时，需对以下项目按季根据权责发生制原则确认支出

（1）各项存款（含转贷款资金）、向中央银行借款、同业存放款项、拆入款项、发行债券资金、卖出回购债券的利息支出；

（2）呆账准备金、税金及附加、职工福利费、职工教育经费、工会经费、固定资产折旧等。

3. 各项财务收支核算内容不得混淆

（1）对需要按比例控制的支出必须按规定比例和批准的预算严格控制。

（2）对需要计提的支出必须按规定比例和期限足额提取。

（3）对费用开支等有关指标控制的支出项目，必须严格控制在上级行下达指标之内。

（4）各级行发生实行授权管理的财务收支事项，必须事前报经有权审批行批准，严禁未经批准或者超过批准金额对外捐赠和列支营业外支出项目等。

【项目活动1】核算利息支出

【活动目标】

掌握核算利息支出的活动步骤与处理程序。

【案例引入】

模拟银行西城支行2020年年末根据单位定期存款和定期储蓄存款月平均余额，按利率档次计提利息460 000元。

【活动步骤】

商业银行的成本是指在业务经营过程中发生的与业务经营有关的支出，在核算过程中应注意区分各项支出的内容及账务处理。

利息支出是指银行向社会、个人、其他企事业单位，以负债形式筹集各类资金。

金融企业往来支出是指商业银行与中央银行、商业银行系统内联行往来、同业往来之间因资金往来而发生的利息支出。

手续费支出是指银行支付给其他受托单位代办业务的费用，如代办储蓄手续费、其他银行代办业务手续费等。

活动步骤1. 核算利息支出

按国家规定支付的利息，核算时应设置"利息支出"会计科目，并按负债的种类设置明细账户。

按照权责发生制原则，属于本期的利息支出，虽然款项尚未付出，但仍应作本期费用处理。本期发生的存款利息，要在下期付出，则本期预提应付利息时，填制借、贷方凭证办理转账，会计分录如下：

借：利息支出——××利息支出户
　　贷：应付利息——应付××利息户

活动步骤2. 计提利息

会计分录如下：

借：利息支出——定期存款利息支出户　　　　　　　　　　　　460 000
　　贷：应付利息——应付定期存款利息户　　　　　　　　　　460 000

活动步骤 3. 实际支付利息的处理

实际支付利息时填制会计凭证，会计分录如下：

借：应付利息——应付定期存款利息户　　　　　　　　　　　460 000
　　贷：吸收存款　　　　　　　　　　　　　　　　　　　　460 000

【项目活动 2】核算金融企业往来支出

【活动目标】

掌握金融企业往来支出的活动步骤与处理程序。

【案例引入】

模拟银行西城支行向中央银行借款 100 万，二季度结息日次日（2020 年 6 月 21 日），收到借款利息通知回单，借款利息 50 000 元已扣，模拟银行西城支行工作人员按规定办理。

【活动步骤】

金融企业往来支出是指商业银行与中央银行、商业银行系统内联行往来、同业往来之间因资金往来而发生的利息支出。

活动步骤 1. 审核利息通知回单，确认应付利息支出

1. 金融企业往来应付利息的核算

金融企业往来支出可按实际情况进行预提，预提时的会计分录如下：

借：金融企业往来支出——××利息支出户
　　贷：应付利息——应付××利息户

2. 实际发生金融企业往来利息支付的核算

（1）本期发生本期支付利息的处理，即该笔业务是本期发生的，利息也是本期支付的，则银行应作会计分录如下：

借：金融企业往来支出
　　贷：存放中央银行款项（或其他有关科目）

（2）上期发生本期支付利息的核算，即该笔业务利息是上期发生的，但实际支付的利息是在本期办理的，则银行应作会计分录如下：

借：应付利息
　　贷：存放中央银行款项（或其他有关科目）

3. 期末结转金融企业往来支出的核算

期末银行应将"金融企业往来支出"科目的借方余额结转到"本年利润"科目中，结转时的会计分录如下：

借：本年利润
　　贷：金融企业往来支出

活动步骤 2. 根据利息清单入账

会计分录如下：

借：金融企业往来支出——与中央银行往来支出　　50 000
　　贷：存放中央银行准备金　　　　　　　　　　　　　　50 000

【项目活动 3】核算手续费支出

【活动目标】

掌握核算手续费支出的活动步骤与处理程序。

【案例引入】

模拟银行西城支行 2020 年 7 月 10 日支付给东城支行 50 000 元代办业务手续费。

【活动步骤】

手续费支出是银行支付给其他受托单位代办业务的费用，如代办储蓄手续费、其他银行代办业务手续费等。

活动步骤 1. 发生手续费支出的核算

手续费支出一般有现金和转账两种方式，支付时填制借、贷方凭证办理转账，会计分录如下：

借：手续费及佣金支出　　　　　　　　　　　　　　50 000
　　贷：库存现金（或活期存款等科目）　　　　　　　　　50 000

活动步骤 2. 期末结转手续费支出的核算

期末应将"手续费及佣金支出"科目的借方余额结转到"本年利润"科目中，填制借、贷方凭证办理转账，结转后"手续费及佣金支出"科目无余额，会计分录如下：

借：本年利润　　　　　　　　　　　　　　　　　　50 000
　　贷：手续费及佣金支出　　　　　　　　　　　　　　　50 000

【项目活动 4】汇兑损失的处理

【活动目标】

掌握办理汇兑损失的活动步骤与处理程序。

【案例引入】

模拟银行西城支行 2020 年 10 月 10 日发生汇兑损失 10 000 元。

【活动步骤】

汇兑损失是指银行在经营外汇买卖和外币兑换业务中由于汇率变动而产生的汇兑损失。

会计分录如下：

借：汇兑损益 10 000
　　贷：货币兑换 10 000

【项目活动 5】税金及附加的处理

【活动目标】

掌握办理激励税金及附加的活动步骤与处理程序。

【案例引入】

模拟银行西城支行 2020 年 5 月应缴城市维护建设税 50 000 元，教育费附加 30 000 元，已经实际办理缴纳。

【活动步骤】

根据《中华人民共和国税法》的规定，商业银行应向国家税务机关缴纳由经营收入负担的各种税费，包括城市维护建设税、教育费附加等。

活动步骤 1. 计算缴纳税费

计算缴纳税费时的会计分录如下：

借：税金及附加 80 000
　　贷：应交税费——城市维护建设税 50 000
　　　　　　　　——教育费附加等 30 000

活动步骤 2. 实际办理缴纳税费

实际办理缴纳税费时的会计分录如下：

借：应交税费——城市维护建设税 50 000
　　　　　　——教育费附加等 30 000
　　贷：存放中央银行款项——备付金存款户 80 000

【项目活动 6】业务及管理费的处理

【活动目标】

熟悉办理缴纳业务及管理费的活动步骤与处理程序。

【案例引入】

2020 年 11 月 23 日，模拟银行西城支行应缴业务招待费 1 000 元，已经实际办理缴纳。

【活动步骤】

业务及管理费是一种期间费用，主要包括固定资产折旧费、业务宣传费、业务招待费、电子设备运转费、安全防卫费、企业财产保险费、邮电费、职工福利费等。

其会计分录如下：
借：业务及管理费　　　　　　　　　　　　　　　　　　　　　1 000
　　贷：业务招待费　　　　　　　　　　　　　　　　　　　　　　　1 000

【项目活动 7】资产减值损失的处理

【活动目标】

熟悉计提资产减值损失的活动步骤与处理程序。

【案例引入】

2020 年 11 月 26 日，模拟银行西城支行计提坏账准备 20 000 元。

【活动步骤】

资产减值损失是指银行在经营过程中所计提的各项风险资产的减值准备，包括贷款损失准备、坏账准备、持有至到期投资减值准备、可供出售金融资产减值准备、固定资产减值准备、无形资产减值准备等。

计提资产减值损失时的会计分录如下：
借：资产减值损失　　　　　　　　　　　　　　　　　　　　　20 000
　　贷：坏账准备　　　　　　　　　　　　　　　　　　　　　　　20 000

知识拓展

2020 年披露的 A 股上市银行首份一季度报告显示，平安银行业绩创近年新高，但受外部经济环境波动、消费需求收缩、复工复产节奏放缓等不利因素影响，个贷及零售业务不良资产有所抬升，平安银行增强了清收并加大了不良资产处置核销力度，今年一季度信用减值损失 155.13 亿元，同比增长 20.4%，引发市场关注。

中国货币网显示，正在 A 股排队的江苏昆山农商行披露的一季度报告显示，受到信用减值损失大幅提升的影响，该行营业利润下滑。

昆山农商银行减值损失达到 4.6 亿元，较去年同期增加 2.63 亿元，同比增长 133.5%；营业利润 3.34 亿元，同比减少 21.04%。

【项目活动 8】其他业务成本的处理

【活动目标】

熟悉办理其他业务成本的活动步骤与处理程序。

【案例引入】

2020 年 5 月 10 日，模拟银行西城支行出租无形资产的摊销额为 9 000 元。

【活动步骤】

其他业务成本是指商业银行发生的除主营业务以外的其他经营活动所发生的支出,包括出租固定资产的折旧额、出租无形资产的摊销额等。

其他业务成本发生时按实际发生额入账,其会计分录如下:

借:其他业务成本　　　　　　　　　　　　　　　　　　9 000
　　贷:累计折旧　　　　　　　　　　　　　　　　　　　　9 000

【项目活动9】营业外收支的处理

【活动目标】

掌握核算商业银行营业外收支的活动步骤与处理程序。

【案例引入】

模拟银行西城支行2020年4月固定资产盘盈30 000元,赔偿金、违约金罚款支出5 000元。

【活动步骤】

活动步骤1. 核算营业外收入

营业外收入是指商业银行取得的与所经营的业务无直接关系的各项业务收入,具体内容包括以下几项:

(1) 固定资产盘盈;
(2) 固定资产清理净收益;
(3) 罚款收入;
(4) 出纳长短款及结算长款收入;
(5) 上报有权审批行批准后清理睡眠户所得的收入;
(6) 商业银行因占有抵债资产形成溢价而获得的收入;
(7) 收到返还的教育附加费;
(8) 其他营业外收入。

发生营业外收入时,其会计分录如下:

借:待处理财产损溢——待处理固定资产损溢　　　　　30 000
　　贷:营业外收入　　　　　　　　　　　　　　　　　　30 000

活动步骤2. 核算营业外支出

营业外支出是指商业银行发生的与所经营的业务无直接关系的各项支出。主要包括以下几项:

(1) 固定资产盘亏;
(2) 固定资产清理净损失;
(3) 赔偿金违约金罚款支出;
(4) 债务重组损失;
(5) 非常损失等。

发生营业外支出时，其会计分录如下：
借：营业外支出　　　　　　　　　　　　　　　　　　　　　　　　5 000
　　贷：银行存款　　　　　　　　　　　　　　　　　　　　　　　　5 000

【项目活动 10】所得税费用的处理

【活动目标】

掌握核算商业银行所得税费用的活动步骤与处理程序。

【案例引入】

模拟银行西城支行 2020 年 6 月应缴纳所得税 50 000 元。

【活动步骤】

所得税费用是指商业银行年度内确认的应从当期利润总额中扣除的所得税。
其会计分录如下：
借：所得税费用　　　　　　　　　　　　　　　　　　　　　　　　50 000
　　贷：应交税费——应交所得税　　　　　　　　　　　　　　　　　50 000

任务三　利润的处理

任务目标

1. 掌握投资收益、税金的计算及上缴业务；
2. 掌握营业外收支、利润的计算及结转业务。

知识准备

一、利润的定义

利润是指银行在一定会计期间的经营成果，包括营业利润、利润总额和净利润。其中，营业利润是指营业收入减去营业成本和营业费用加上投资净收益后的净额。利润总额是指营业利润减去税金及附加，加上营业外收入，减去营业外支出后的金额。净利润是指扣除资产损失后利润总额减去所得税后的金额。

二、利润的构成

商业银行的利润主要由营业利润、利润总额和净利润组成。

（一）营业利润

营业利润＝营业收入－营业成本－税金及附加－销售费用－管理费用－财务费用－
　　　　　资产减值损失＋公允价值变动收益（－公允价值变动损失）＋
　　　　　投资收益（－投资损失）

营业收入是指银行经营业务所取得的各项收入的总额,包括主营业务收入和其他业务收入。

营业成本是指银行经营业务所发生的实际成本总额,包括主营业务成本和其他业务成本。

资产减值损失是指银行计提各项资产减值准备所形成的损失。

公允价值变动收益(或损失)是指银行交易性金融资产等公允价值变动形成的应计入当期损益的利得(或损失)。

投资收益(或损失)是指银行以各种方式对外投资所取得的收益(或发生的损失)。

(二)利润总额

$$利润总额=营业利润+营业外收入-营业外支出$$

营业外收入是指银行发生的与其日常活动无直接关系的各项利得。

营业外支出是指银行发生的与其日常活动无直接关系的各项损失。

(三)净利润

$$净利润=利润总额-所得税费用$$
$$营业利润=营业收入-营业支出$$
$$营业收入=利息收入+手续费及佣金收入+投资净收益+$$
$$公允价值变动净收益+汇兑净收益+其他业务收入$$
$$营业支出=利息支出+手续费及佣金支出+税金及附加+$$
$$业务及管理费+资产减值损失+其他业务成本$$

【项目活动1】银行投资收益的处理

【活动目标】

掌握处理银行投资收益的活动步骤与内容。

【活动步骤】

一、取得短期债券投资收益的处理

活动步骤1. 到期兑付或提前处置短期债券投资

到期兑付或提前处置短期债券投资时,按实际取得的价款与短期债券投资账面余额的差额确认为投资损益;如果在处置时已计入应收项目的利息尚未收回,应按扣除该部分利息后的金额确认为投资损益。

取得投资收益时,根据有关原始凭证填制借、贷方记账凭证办理转账,会计分录如下:

借:存放中央银行款项(或其他有关科目)
  贷:短期债券投资——××户
    应收利息
    投资收益

活动步骤2. 处理投资损失

发生投资损失时,根据有关原始凭证填制借、贷方记账凭证办理转账,会计分录如下:

借：存放中央银行款项（或其他有关科目）
　　贷：短期债券投资——××户

二、取得长期债券投资收益的处理

规定计提投资收益时，对于分期付息到期还本的债券，在"应收债券利息"科目核算；对于到期还本付息的债券，在"长期投资债券应计利息"科目核算。

活动步骤1. 处理按面值取得的长期债券投资

按面值取得的长期债券投资，在债券持有期间按期计提投资收益，根据计提金额填制借、贷方记账凭证办理转账，会计分录如下：

借：长期债券投资——应计利息
　　贷：投资收益

活动步骤2. 处理按溢价取得的长期债券投资

按溢价取得的长期债券投资，在债券持有期间按期计提投资收益并摊销溢价，根据计提金额填制借、贷方记账凭证办理转账，会计分录如下：

借：长期债券投资——应计利息
　　贷：长期债券投资——溢折价
　　　　投资收益

活动步骤3. 处理按折价取得的长期债券投资

按折价取得的长期债券投资，在债券持有期间按期计提投资收益并摊销折价，根据计提金额填制借、贷方记账凭证办理转账，会计分录如下：

借：长期债券投资——应计利息
　　贷：投资收益

活动步骤4. 到期兑付或提前处置长期债券投资

到期兑付或提前处置长期债券投资时，按实际取得的价款扣除其账面余额及已计入应收项目的利息后的差额，确认为当期损益。发生投资收益时，根据计提金额填制借、贷方记账凭证办理转账，会计分录如下：

借：存放中央银行款项（或其他有关科目）
　　贷：长期债券投资——面值
　　　　长期债券投资——应计利息
　　　　投资收益

活动步骤5. 处理投资损失

发生投资损失时，根据计提金额填制借、贷方记账凭证办理转账，会计分录如下：

借：存放中央银行款项（或其他有关科目）
　　投资收益
　　贷：长期债券投资——面值
　　　　　　　　　　——应计利息

三、核算股权投资收益

活动步骤 1. 确认或收到股权投资收益

确认或收到股权投资收益时，填制借、贷方记账凭证办理转账，会计分录如下：

借：存放中央银行款项
　　应收股利——××被投资单位户（或其他有关科目）
　　贷：投资收益

活动步骤 2. 处置股权投资

处置股权投资时，填制借、贷方记账凭证办理转账，会计分录如下：

借：存放中央银行款项
　　应收股利——××被投资单位户（或其他有关科目）
　　投资收益——××户（若为损失）
　　贷：股权投资——××户
　　　　投资收益——××户（若为收益）

【项目活动 2】银行净利润和利润分配的处理

【活动目标】

掌握银行损益结转、净利润和利润分配核算的处理程序。

【活动步骤】

一、核算损益结转

每个会计年度终了，银行都要结转利润，将各损益类账户余额全部结转到"本年利润"账户中去，"本年利润"科目如为贷方余额，即为本期利润总额。"本年利润"科目如为借方余额，则为本期亏损总额。编制会计分录如下：

借：利息收入
　　手续费及佣金收入
　　金融企业往来收入
　　汇兑损益
　　投资收益
　　其他业务收入
　　营业外收入等
　　贷：本年利润
借：本年利润
　　贷：利息支出
　　　　手续费及佣金支出
　　　　金融企业往来支出
　　　　营业外支出

税金及附加
其他业务成本
营业外支出等

二、核算本年利润结转

年度终了时，将"本年利润"科目结平，转到"利润分配——未分配利润"科目。
（1）营利时，会计分录如下：
借：本年利润
　　贷：利润分配——未分配利润
（2）亏损时，会计分录如下：
借：利润分配——未分配利润
　　贷：本年利润

三、核算分配利润

银行董事会或类似机构决议提请股东大会或类似机构批准的年度利润分配方案，在股东大会或类似机构召开会议前，应当将其列入报告年度的利润分配表。股东大会或类似机构批准的利润分配方案，与董事会或类似机构提请批准的报告年度利润分配方案不一致时，其差额应当调整报告年度会计报表有关项目的年初数。

1. 可供分配的利润及其分配

银行当期实现的净利润，加上年初未分配利润（或减去年初未弥补亏损）和其他转入后的余额，为可供分配的利润，并作下列分配：

（1）提取法定盈余公积，提取比例一般为当年实现净利润的10%，但以前年度累计的法定盈余公积达到注册资本的50%时，可以不再提取。

（2）提取法定公益金，提取比例一般为当年实现净利润的5%～10%。

从事存贷款业务的金融企业，按规定提取的一般准备金也应作为利润分配处理。

2. 可供投资者分配的利润及其分配

可供分配的利润减去提取的法定盈余公积、法定公益金等后，为可供投资者分配的利润。可供投资者分配的利润，按下列顺序分配：

（1）应付优先股股利，是指银行按照利润分配方案分配给优先股股东的现金股利。

（2）提取任意盈余公积，是指银行按规定提取的任意盈余公积。

（3）应付普通股股利，是指银行按照利润分配方案分配给普通股股东的现金股利。银行分配给投资者的利润，也在本项目核算。

（4）转作资本（或股本）的普通股股利，是指银行按照利润分配方案以分派股票股利的形式转作的资本（或股本）。银行以利润转增的资本，也在本项目核算。

3. 未分配利润

可供投资者分配的利润经过上述分配后剩余的利润，为未分配利润（或未弥补亏损）。未分配利润可留待以后年度进行分配。银行如发生亏损，可以按规定由以后年度利润进行弥补。

4. 利润分配的核算

金融企业未分配的利润（或未弥补的亏损）应当在资产负债表的所有者权益项目中单独反映。

知识拓展

2020年全球经济萎靡，商业银行的利润增长也相应下滑。这种现象突出地说明：实体经济是商业银行发展的本源和依托，是银行业务拓展和盈利增长的来源和基石。社会主义市场经济体制下的商业银行，是自负盈亏的企业，而实现以利润最大化为主要目标的市场化经营，是改革开放多年和当前以及今后银行业改革的方向。努力增加利润不仅是银行自身生存发展的需要，更是市场这种"看不见的手"有效配置社会资源的必然要求，是经济实现市场化的必要条件。

银行业的盈利能力与其他企业和行业总体上是相当的。银行资产和资本规模庞大，利润总量在各个行业中属于比较高的。因此，对银行而言，更重要的是立足于实体经济本源，从经济转型升级中寻求新机遇和培育新的增长点，实现可持续的、包容式的业绩增长。

【模拟实训9-3-1】

模拟银行重庆支行2020年8月发生下列业务：

1. 2020年8月20日共结计恒业股份有限公司（6300800600123433332）贷款利息40 000元（其中5 000元单位无款归还），应收利息复利2 000元（单位无款归还）（模拟银行重庆支行贷款及应收利息逾期未超过90天）。

2. 2020的8月25日，模拟银行重庆支行收到中国人民银行划来的本季度模拟银行西城支行存入中央银行备付金存款利息收入20 000元。

3. 模拟银行重庆支行2020年8月26日从恒业股份有限公司收到承兑手续费10 000元，并按规定从利息分得手续费500元。根据收到的利息清单、手续费收入办理入账。

4. 模拟银行重庆支行发生汇兑损失50 000元。

5. 模拟银行重庆支行2020年8月应缴城市维护建设税70 000元，教育费附加43 000元，并已经实际办理缴纳。

项目十

年度决算业务处理

知识目标

1. 掌握银行会计年度的划分和年度决算的工作；
2. 了解年度决算日的工作处理；
3. 了解年度决算日后的工作处理；
4. 熟悉财务报告及编制说明。

职业能力目标

1. 能够按照相关制度规定进行年度决算工作的处理；
2. 能够掌握财务报告的内容并正确编制财务报告。

素质目标

1. 具备爱岗敬业、诚实守信、遵纪守法、坚持准则、廉洁自律、客观公正、强化服务的职业道德和社会责任感；
2. 具有严谨、细致、规范、认真、诚信、踏实的职业态度；
3. 具备执行能力、团队协作能力、沟通能力和创新精神；
4. 具备热爱工作、追求极致的工匠精神。

知识结构导图

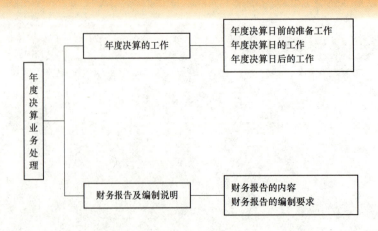

任务一 年度决算的工作

任务描述

掌握银行会计年度的划分,通过模拟银行西城支行的年度决算工作,了解年度决算工作的三个阶段:年度决算日前的准备工作、年度决算日的工作和年度决算日后的工作,以及这三个阶段工作的具体内容。

知识准备

一、年度决算的定义

年度决算,也叫年终决算,是指根据会计资料对会计年度内的业务活动和财务收支情况进行综合总结。它是全面总结金融机构业务、财务活动和考核企业经营成果的一项综合性工作。

二、年度决算的意义

年度决算可以综合反映财务状况、经营成果和现金流量情况,有利于总结经验,改善银行经营管理,并为国家宏观经济调控提供信息。根据《中华人民共和国会计法》,我国金融机构的会计年度自公历1月1日起至12月31日止,每年的12月31日为年度决算日,如遇该日为节假日,仍作为决算日。

年度决算工作分为三个阶段:年度决算日前的准备工作、年度决算日的工作和年度决算日后的工作。

【项目活动1】年度决算日前的准备工作

【活动目标】

掌握银行会计年度的划分并了解年度决算日前的准备工作。

【案例引入】

2020年10月1日,模拟银行西城支行召开年度决算筹备会。

【活动步骤】

年度决算日前的准备工作流程如图10-1-1所示。

图10-1-1 年度决算日前的准备工作流程

一般从每年的第四季度开始，银行开始进行年度决算日前的准备工作。总行及时下发办理当年决算工作的通知，明确提出当年决赛中应注意的事项和相应的处理原则与要求，以便各基层行处有统一的执行标准。各管辖分行则根据总行的要求，结合辖内具体情况，提出年度决算的具体要求和补充办法，组织和监督辖内各行处正确、及时办理年度决算。各基层行处除了按照总行和分行的要求布置办理外，一般还应做好资金清理、盘点财产、核对账务、核查损益、试算平衡等各项准备工作。

活动步骤 1. 清理核实资金与账户

（1）清理临时性账户和过渡性账户。

银行过渡性资金是银行在经营业务过程中发生的临时性、过渡性的资金，即暂收款项、暂付款项及待摊费用。这部分资金，也是银行的内部资金。对银行过渡性资金的管理，要着重控制好审核列账和督促清理这两个环节。对非业务性的资金占用，未经有关主管审批，不得列账。对已列账的各项过渡性资金占用，会计主管人员则应经常检查督促处理转销，以防止长期占用和积压，加速银行内部资金的周转。对待摊费用，应严格控制在规定的范围内，不得假借预提、摊销名义，任意增加待摊费用，或假借待摊名义虚减成本。

（2）清理存款资金。

清理各类银行存款资金，特别是不动户存款资金。根据《人民币银行结算账户管理办法》第 56 条规定：银行对一年未发生收付活动且未欠银行债务的单位银行结算账户，应通知单位自发出通知之日起 30 日内办理销户手续。逾期视同自愿销户，划转款项列入久悬未取专户管理。第 62 条规定：银行应对已开立的单位银行结算账户实行年检制度，检查开立的银行结算账户的合规性，核实开户资料的真实性；对不符合本办法开立的单位银行结算账户，应予撤销。

（3）清理到期贷款和逾期贷款。

对银行已贷出的各类款项进行全面清查，保证账实相符。对于逾期贷款，需加紧催收。对不能催收回的贷款，需按照银行规定进行呆滞、呆账的划分和处理。呆滞贷款，是指按财政部有关规定，逾期（含展期后到期）超过规定年限以上仍未归还的贷款，或虽未逾期或逾期不满规定年限，但生产经营已终止，项目已停建的贷款（不含呆账贷款）。呆账贷款是指**逾期（含展期）3 年以上（含 3 年）**，作为催收贷款管理、按规定条件确认为呆账损失、尚未批准、准备核销的贷款。

（4）清理结算资金。

对联行往来未达账进行清查，包括联行往账、联行来账、已核对联行来账和科目余额，需及时查明原因，积极催办清理，对各项超过正常周期的结算款项限期收回。

（5）清理待处理资金。

包括应收款、应付款、待处理应收应付款项，要按照账户逐个清查，保证银行的其他应收款不出现垫款情况。

活动步骤 2. 清理盘点资产

资产的清查，一般采用实地盘点的方法，包括固定资产、低值易耗品和库存现金等，将固定资产明细账的记录情况与固定资产实物一一核对，包括明细账上所列固定资产的类别、名称、编号等，在清查中发现固定资产盘盈或毁损，还要查明该项固定资产的原值、已提折旧额等；如发现固定资产盘盈，要对其估价，以确定盘盈固定资产的重置价值、估计折旧等，据以编制固定资产盘亏、盘盈报告单。有些器具、物品不列入资产科目，如受托代保管物品、经营租赁方式租入的资产等，这些资产在账外备查登记簿中反映。

活动步骤 3. 核对处理账务

（1）全面检查会计科目的运用情况。

会计科目应严格按照规定的代号和核算内容使用。总行专用科目及账户，未经授权，分支行不得使用；已停用的会计科目，不得再有发生额；已撤销的会计科目，在下一个会计年度开始时删除该科目。会计科目修改变更，在年度中间时，编制会计凭证通过分录结转；在年度终了时，采用新旧科目对照表方式办理结转。

（2）全面核对内外账务。

内部账务核对包括销账式账页记载的账户、贷款卡片与各贷款科目分户账核对，再贴现卡片票面金额与表外科目核对，计息账户的累计积数按结息期与账户计息积数核对，各卡片账与该科目总账或有关登记簿核对。

外部账务核对，向开户单位发送余额对账单，由开户单位填列余额和未达账项，并加盖预留印鉴后返回，对账回单中如有未达账项，应及时查明原因。开户单位的对账回单，经核对无误后，应按科目、账号顺序排列，装订保管，以备查考。必要时，可与开户单位进行面对面对账。

账务核对完毕后，经办人员应在有关账、簿、卡、表、对账单上签章证明；核对不符的，应立即查明原因，并予以更正或说明。

（3）清理联行账务。

包括各项与中国人民银行之间的各类账务的核对，如存款和贷款等；与其他银行之间的同业往来业务及账户余额核对等。

活动步骤 4. 核查各项损益

（1）核查各项费用。

核查商业银行在业务经营及管理工作中发生的各项费用，如固定资产折旧、印刷费、差旅费、无形资产摊销、广告费、银行结算费、准备金、业务管理费等，核查是否有不合理开支和超支，对不符合规定的费用，应及时纠正。

（2）核查各项收入。

利息收入是业务收入的主要部分，决算时，对于利息收入应进行复查，核查利率使用、积数计算、利息计算是否正确。认真清收金融企业往来利息收入，对同业存放和拆出资金，要按有关规定及时收回利息，对拆解资金拖欠的利息，年终必须全面清理收回。

活动步骤 5. 开展试算平衡工作

在资金、财产、账务和损益核查的基础上，为了检查日常账务的正确性，保证年度决算工作的正常进行，银行应在每年 11 月编制试算平衡表，开展试算平衡工作。如有差错，可以及时发现，采取措施，从而减轻决算日工作的压力，并奠定正确编制年度决算表的基础。

【项目活动 2】年度决算日的工作

【活动目标】

了解银行年度决算日（以下简称决算日）的工作内容。

【案例引入】

2020 年 12 月 31 日，模拟银行西城支行进行年度决算。

【活动步骤】

年度决算日的工作流程如图 10-1-2 所示。

图 10-1-2　年度决算日的工作流程

活动步骤 1. 处理并轧平当日账务

决算日当天，完成当日正常业务的处理，同时加强账务的管理，特别是联行往来、内部资金往来和金融机构往来，所有往来交易和凭证必须当日到账。对票据交换需加强复核，当日必须处理完毕。如果有退票情况发生，应严格按照规定通知提出行，说明退票原因，及时在当日完成处理。决算日营业终了，轧平当天账务，并核对各个科目的总账、各科目分户账余额和各往来款项，保证账务准确无误。

活动步骤 2. 检查库存现金与其他资产

决算日当天，需由行长、会计主管和相关柜员，一同对网点的库存现金、贵金属、外币、代保管有价物品、重要空白凭证和其他有价单证进行实地盘点核查。对照相应账簿，以保证各项资产的实存数与账面结存数保持一致。

活动步骤 3. 调整期末账项

决算日当天，需要将黄金、外汇等账户的期末余额，按照当日牌价、汇率进行调整，并将其差额转入有关损益账户。

活动步骤 4. 结转损益

办理损益结转，将各项财务收支账户余额分别转入"本年利润"科目，结出当年纯损或纯益。"损益类"科目期末无余额，"本年利润"科目的余额在贷方表示盈利，反之亏损。年度终了结转利润后，应将全部实现的利润或亏损转入"利润分配"科目和"未分配利润"账户中。结转后，"本年利润"科目无余额，次年将实现的利润进行逐级上划。

活动步骤 5. 新旧账务结转

除卡片账不办理结转外，总账、分户账和登记簿均需要结转并更换新账页。总账每年更换一次，结转总账时，有的科目要合并后结转，有的科目要轧抵后结转，有的科目要转入另一科目，因此要求总账的结转一律通过会计科目结转对照表办理。会计科目结转对照表分左右两方：左方填旧年度会计科目及余额，右方填新年度会计科目及余额，新旧年度借贷方余额合计应分别相等。根据该表登记新年度总账，登账日为每年 1 月 1 日。"摘要"栏填写"上年结转"字样。另外注意：对逐笔记入、逐笔销账的丁种账页，应逐笔结转。

【项目活动 3】年度决算日后的工作

【活动目标】

了解银行年度决算日后的工作内容。

【案例引入】

2021 年 1 月 1 日,模拟银行西城支行开始进行年度决算日后的工作。

【活动步骤】

年度决算日后的工作流程如图 10-1-3 所示。

图 10-1-3　年度决算日后的工作流程

活动步骤 1. 整理装订档案

决算日后,对于上一年度各个科目的分户账账页、凭证和会计报表,要按照档案管理规定进行整理,并装订成册入库进行保管。

活动步骤 2. 上划损益

下级行应将当年实现的损益于次日按规定上划管辖行。

损益的会计分录如下:

(1) 各行上划利润的会计分录如下:

借:利润分配——未分配利润
　　贷:辖内往来或系统上划款项

(2) 管辖行收到辖属行上划利润的会计分录如下:

借:辖内往来或系统内存放
　　贷:利润分配——未分配利润
　　　　管辖行上划和收到亏损的会计分录则相反。

活动步骤 3. 报表编制、审核汇总

决算日工作完成后,各网点、支行应在年度决算日后,办理年度账务结转,并编制年终决算报表,对全年业务状况、经营成果等进行分析,编写决算说明书,连同决算报表报上级行汇总。管辖行则要认真对辖属行上报的报表进行审查,审查汇总无误以后,总行再按照信息披露要求对外发布报表信息。

任务二　财务报告及编制说明

任务描述

学习银行财务报告的主要内容、会计报表的主要内容和编制要求,并了解财务报告的编制步骤和要点，能够从财务报告的内容分析出银行的经营状况。

知识准备

一、财务报告的定义

会计报告即财务会计报告，简称财务报告，是指企业对外提供的反映企业某一特定日期财务状况和某一会计期间经营成果、现金流量的文件。它以账簿记录为依据，采用表格和文字形式，把会计所形成的财务信息传递给信息使用者的手段。

二、财务报告的作用

银行的财务报告，是银行向有关各方面及国家有关部门提供财务状况和经营成果的书面文件，是会计核算的结果，是银行经营活动的总结。编制财务报告，是银行会计工作的一项重要内容，对于提高会计信息的效用、加强银行经营管理和国民紧急管理都具有重要意义。

【项目活动1】财务报告的内容

【活动目标】

掌握银行财务报告的主要内容和会计报表的组成内容。

【案例引入】

2021年1月1日，模拟银行西城支行向上级行提交会计报告。

【活动步骤】

活动步骤1. 了解财务报告的基础知识

银行的财务会计报告分为年度、半年度、季度和月度财务会计报告，是反映会计期间业务活动、财务状况和经营成果的书面文件。月度和季度财务会计报告是指月度或季度终了提供的财务会计报告；半年度财务会计报告是指每个会计年度的前6个月结束后对外提供的财务会计报告；年度财务会计报告是指在年度终了后对外提供的财务会计报告。其中，月报要求简明扼要、及时反映；年报要求揭示完整、反映全面；季报和半年报在披露会计信息的详细程度方面，则介于二者之间。半年度、季度和月度财务会计报告统称为中期财务会计报告。季度和月度财务会计报告仅指会计报表，但国家另有要求，则应按国家要求增加相关资料。会计报告是反映业务活动、财务状况和经营成果的书面文件，包括会计报表及会计报表附注或说明。会计报告必须真实、完整、及时。会计报表包括资产负债表、利润表、现金流量表、业务状况报告表和其他相关附表。

活动步骤2. 了解会计报表的组成

1. 资产负债表（表10-2-1）

资产负债表是反映银行在某一特定日期财务状况的财务报表，是一张重要的报表。它包括三个方面的内容：

（1）银行所有或控制并预期可给银行带来经济利益的资源，即银行的资产；

（2）银行过去交易或事项形成的并预期会导致银行经济利益流出的现时义务，即银行的负债；

（3）银行所有者在银行资产中享有的经济利益，即所有者权益。

同时，还反映了依据一般会计准则所披露的或有事项、承诺及其他财务事项。

表 10-2-1 资产负债表　　　　　　　　　　　　会企　01表

编制单位：模拟银行西城支行　　　2020年12月31日　　　　　　　单位：元

资产	期末余额	年初余额	负债和所有者权益（或股东权益）	期末余额	年初余额
资产：			负债：		
现金及存放中央银行款项			向中央银行借款		
同业存放款项			同业及其他金融机构存放款项		
贵金属			拆入资金		
拆出资金			交易性金融负债		
交易性金融资产			衍生金融负债		
衍生金融资产			卖出回购金融资产		
买入返售金融资产			吸收存款		
应收利息			应付职工薪酬		
应收股利			应交税费		
发放贷款和垫款			应付利息		
债权投资			应付股利		
其他债权投资			应付债券		
长期股权投资			递延所得税负债		
投资性房地产			其他负债		
固定资产			**负债合计**		
无形资产			所有者权益（或股东权益）：		
长期待摊费用			实收资本（或股本）		
递延所得税资产			资本公积		
其他资产			盈余公积		
			一般风险准备		
			未分配利润		
			其他综合收益		

续表

资产	期末余额	年初余额	负债和所有者权益 （或股东权益）	期末余额	年初余额
			所有者权益合计		
资产总计			负债及所有者权益总计		

2. 利润表（表10-2-2）

利润表是反映银行一定会计期间经营成果的财务报表。它反映了一定期间银行的收入和相应的成本、费用以及最终形成的利润。我国采用的是多步式利润表，即分步进行计算，包括主营业务利润、营业利润、利润总额以及净利润。这种多步式利润表提供了财务报表分析所需的中间数字，有利于揭示利润的形成和原因，从而对银行的获利能力作出预测。

表10-2-2 利润表　　　　　　　　　　　　　　　会企　02表

编制单位：模拟银行西城支行　　　2020年12月　　　　　　　　单位：元

项目	本期金额	本年累计金额
一、营业收入		
利息净收入		
利息收入		
利息支出		
手续费及佣金净收入		
手续费及佣金收入		
手续费及佣金支出		
投资收益（损失以"-"号填列）		
公允价值变动收益（损失以"-"号填列）		
汇兑收益（损失以"-"号填列）		
其他业务收入		
二、营业支出		
税金及附加		
业务及管理费用		
资产减值损失		
其他业务成本		

续表

项目	本期金额	本年累计金额
三、营业利润（亏损以"－"号填列）		
加：营业外收入		
减：营业外支出		
四、利润总额（亏损以"－"号填列）		
减：所得税费用		
五、净利润（净亏损以"－"号填列）		
六、其他综合收益的税后净额		
七、综合收益总额		
八、股收益		
（一）基本每股收益		
（二）稀释每股收益		

3. 现金流量表（表10-2-3）

现金流量表是以现金（包括库存现金以及可以随时用于支付的存款）及现金等价物（一般指在未来3个月内能够变现，价值变动风险很小的投资）为编制基础，反映银行一定期间的现金（含上述现金及现金等价物，下同）流入、流出以及净流量增减变动情况的财务报表。现金流量表提供了银行在经营、筹资和投资活动中的现金流量状况。

表10-2-3 现金流量表   会企 03表

编制单位：模拟银行西城支行　2020年度　　　　　　　　　　单位：元

项目	行次	本期金额	上期金额
一、经营活动产生的现金流量			
客户存款和同业存放款项净增加额	1		
向中央银行借款净增加额	2		
向其他金融机构拆入资金净增加额	3		
收取利息和手续费净增加额	4		
收到其他与经营活动有关的现金	5		
经营活动现金流入小计	6		
客户贷款及垫款净增加额	7		
存放央行和同业款项净增加额	8		
支付给职工以及为职工支付的现金	9		
支付的各项税费	10		
支付的其他与经营活动有关的现金	11		

续表

项目	行次	本期金额	上期金额
经营活动现金流出小计	12		
经营活动产生的现金流量净额	13		
二、投资活动产生的现金流量			
收回投资收到的现金			
取得投资收益收到的现金			
收到其他与投资活动有关的现金			
投资活动现金流入小计			
投资支付的现金			
购建固定资产、无形资产和其他长期资产支付的现金			
增加在建工程所支付的现金			
支付其他与投资活动有关的现金			
投资活动现金流出小计			
投资活动产生的现金流量净额			
三、筹资活动产生的现金流量			
吸收投资收到的现金			
发行债券所收到的现金			
收到其他与筹资活动有关的现金			
筹资活动现金流入小计			
偿还债务支付的现金			
分配股利、利润或偿付利息支付的现金			
支付其他与筹资活动有关的现金			
筹资活动现金流出小计			
筹资活动产生的现金流量净额			
四、汇率变动对现金及现金等价物的影响			
五、现金及现金等价物净增加额			
加：年初现金及现金等价物余额			
六、期末现金及现金等价物余额			
附注			

4. 银行业务状况报告表（表10-2-4）

银行业务状况报告表反映了银行总账各科目的期末余额、当期累计发生额和期末余额情况，是体现银行本期业务状况和结果的报表，分为月度业务状况报告表和年度业务状况报告表。

表 10－2－4　银行业务状况报告表

编制单位：模拟银行西城支行　　　2020 年 12 月 31 日　　　　　　　　单位：元

科目代号	科目名称	期初余额		本期发生额		期末余额	
		借方	贷方	借方	贷方	借方	贷方
	一、资产类						
	……						
	二、负债类						
	……						
	三、所有者权益类						
	……						
	四、资产负债共同类						
	……						
	五、损益类						
	……						
	表内合计						
	六、表外类						
	或有事项类						
	委托代理业务类						
	备查登记类						

【项目活动 2】财务报告的编制要求

【活动目标】

了解银行财务报告的编制要求。

【案例引入】

2021 年 1 月 1 日，模拟银行西城支行向上级行提交财务报告。

【活动步骤】

活动步骤 1. 了解财务报告的编制要求

财务报告为报表使用者提供对经济决策有用的财务状况、经营成果和财务状况变动的会计信息。由于不同的报表使用者对信息的需求不同，并受经济、法律、政治和社会环境的影响；财务报告只提供报表使用者需要的通用会计信息，不提供全部信息资料。为了最大限度地满足财务报告使用者的需要，充分发挥财务报告的作用，编制财务报告时应遵循以下要求：

1. 真实可靠

虚假的会计报表会导致会计报表使用者对会计主体的财务状况、经营成果和现金流量情况作出错误的评价与判断，致使其作出错误的决策，所以会计报表中的各项数字必须真实准确。为保证这一点，必须按规定结账、认真对账、进行账产清查和试算平衡，在账证相符、账账相符、账实相符的基础上编制会计报表。同时，做到会计报表之间、会计报表各项目之间有对应关系的数字应相互一致，会计报表中本期与上期的有关数字应相互衔接。

2. 全面完整

会计报表应全面披露银行的财务状况、经营成果和现金流量情况，完整地反映银行财务活动的过程和结果。为了保证会计报表的全面、完整，在编制会计报表时，应按照《企业会计准则》和《企业会计准则应用指南》规定的格式和内容填报。如果某些重要会计事项报表中没有列项或某些非数量化的事项难以表达，应用附注等形式列示，不得漏报或任意取舍。

3. 相关可比

银行会计报表所提供的财务会计信息必须与报表使用者的决策需要相关。只有提供相关可比的信息，才有助于报表使用者分析银行在整个社会特别是在同行业中所处的位置，了解、判断银行过去、现在的情况，预测银行未来的发展趋势，从而为报表使用者进行决策服务。

4. 编报及时

为保证财务会计信息的时效性，银行必须按规定的时间编制、报送报表，使会计信息得到及时利用。否则，由于编报不及时，会使会计报表的真实可靠性、全面完整性、相关可比性失去意义。

5. 便于理解

由于会计报表是为广大会计报表使用者提供服务的，如果提供的会计报表晦涩难懂、不可理解，使用者就不能据此作出准确的判断，会计报表的作用也会受到影响，这就要求编制会计报表时做到清晰明了、便于理解。

活动步骤 2. 财务报告的局限性

（1）它只反映某一会计主体的会计信息，并不代表全部产业和整个行业；

（2）许多会计信息来自判断确认和近似计量，不一定精确；

（3）它只反映与价值流相关的信息流，不是决策所需的全部信息。

参考文献

[1] 吴胜. 商业银行会计 [M]. 第3版. 北京：高等教育出版社，2019.
[2] 王海霞. 商业银行会计 [M]. 北京：机械工业出版社，2019.
[3] 丁元霖. 银行会计 [M]. 第5版. 上海：立信出版社，2019.
[4] 赵丽梅. 银行综合柜台业务 [M]. 北京：中国金融出版社，2018.
[5] 唐丽华. 金融企业会计实训 [M]. 第5版. 大连：东北财经大学出版社，2018.
[6] 施晓春. 商业银行会计 [M]. 第2版. 北京：中国财政经济出版社，2018.
[7] 中华人民共和国财政部. 企业会计准则 [M]. 北京：经济科学出版社，2006.